Horst Schawohl

Das Einzel-AAT oder:
Respekt ist keine Einbahnstraße

Arbeit mit gewaltbereiten Jugendlichen im Einzel-Anti-Aggressivitäts-Training

2020
Mönchengladbach
Forum Verlag Godesberg

Bibliographische Information der Deutschen Nationalbibliothek

Die Deutsche Nationalbibliothek verzeichnet diese Publikation in der Deutschen Nationalbibliographie: detaillierte bibliografische Daten sind im Internet über http://dnb.d-nb.de abrufbar.

Inhaltsverzeichnis

Ein thematisches Perpetuum mobile
oder: Alles bleibt anders

Es gibt Thematiken mit scheinbar dauerhafter Aktualität – beispielsweise das Thema Jugend und Gewalt. Insbesondere im Kontext vermeintlicher gesellschaftlicher Ereignisschwerpunkte finden Diskussionen statt, die in Teilen durchaus konstruiert und daher eher tendenziell motiviert scheinen.

Als weiteres permanentes Phänomen ist daher festzustellen, dass gleichsam einem Dauer-Treibsatz eine unverantwortliche Brisanz befördert wird, da „die von den Printmedien, Fernsehen und Rundfunk mitproduzierte öffentliche Meinung Politiker wie Praktiker unter einen ständigen Erklärungs-, Legitimations- und Handlungsdruck [setzen]"[1], obwohl mit gleicher Dauerpräsenz Stimmen zu vernehmen sind, die eine weniger aufgeregte, sondern eine sachlich-kritische Sichtweise anmahnen: „Ich hätte es begrüßt, wenn man sich [...] der Tatsache gestellt hätte, daß sich die Massenmedien seit Jahr und Tag weithin darauf konzentrieren, Themen, die sich auf Gewalt und Unmoral beziehen, dem Volk insgesamt und der jungen Generation völlig wahllos offerieren"[2] – man bedenke: Eine Einlassung aus dem Jahre 1972.

Wird nun die eingangs genannte Thematik auf der Folie unterschiedlicher Interessen betrachtet und zudem durch

1   Colla 2001, S. 55
2   Bicher 2017, S. 30

die mediale Berichterstattung nicht selten mit der Attitüde zusätzlicher Dramatisierung angereichert, resultieren daraus weniger sachliche Darstellungen als vielmehr sensationell aufgebauschte Berichte, da die „Medienrealität eigenen Gesetzen folgt. [...]. Die mediale Perspektive vergrößert nicht nur, sie verzerrt auch – und darin ist manches Missverständnis angelegt. [...]. Indem Medien über Kriminalität berichten, bilden sie den Gegenstand ihrer Betrachtung nicht lediglich ab, sondern erschaffen ihn selbst"[3] und tendieren nicht selten zur Dramatisierung, denn „es ist nicht die Zeit für leise Töne"[4]: „Hängt sie höher, sperrt sie ein, weist sie aus!"[5]; „Wie gefährlich ist der Jungfernstieg?"[6]; „So brutal raubte die Teenie-Gang am Jungfernstieg"[7] – der mediale Fokus blickt auf „'die Jugendkriminalität', vor allem die ,steigende Jugendkriminalität'"[8].

Solche Aufgeregtheiten sind selten konstruktiv, sondern eher der ebenso verführerischen wie flüchtigen Augenblicksaufmerksamkeit der Print- sowie zunehmend der digitalen Bildberichterstattung geschuldet. Durch diesen „Hype um Kriminalitätsberichterstattung"[9] werden ,spektakuläre Fälle' eben auch ,gemacht'[10] – „schließlich ver-

<hr>

3 Hestermann 2012, S. 15
4 Amann et al. 2017, S. 17
5 Lamprecht/Lange 2016, S. 10
6 Hirschbiegel 2017, S. 2/3
7 Hirschbiegel 2019, S. 8
8 Albrecht/Lamnek 1979, S. 11
9 Hummelmeier 2012, S. 80
10 Vgl. Hummelmeier 2012, S. 83

läuft alles im Sande, bis zum nächsten Mal"[11]. Und diese nächsten Male gibt es mit sicherer Gewissheit wieder und immer wieder. Daher widmen sich zahlreiche Personengruppen aus den unterschiedlichsten Disziplinen diesem Phänomen, ohne dabei den Anspruch erheben zu können, eine abschließende präventive Methodik mit zugesicherter Nachhaltigkeitsgarantie zur Anwendung zu bringen.

Gleichwohl sind durch ein interdisziplinäres Zusammenwirken unterschiedliche praxistaugliche Modifizierungen bekannter Ansätze entwickelt und fortgeschrieben worden. So hat sich in den Methodenkanon im Laufe der vergangenen drei Jahrzehnte unter anderem die sogenannte Konfrontative Pädagogik[12] etabliert. Dieser Ansatz kann bei kompetent-professioneller Praxisumsetzung gute perspektivische Möglichkeiten für die betreffende Klientel bieten und eröffnen[13].

Die Fortschreibung der Methodik hat als weitere Modifizierung im Sinne einer passgenaueren Anwendbarkeit das Angebot des Einzel-Anti-Aggressivitäts-Trainings (Einzel-AAT)[14] generiert.

Dieses Angebot scheint für die Beteiligten eine Reihe von Vorteilen bereitzuhalten, die in diesem Buch im Einzelnen erläutert werden.

11 Gleißner 2004, S. 9
12 Vgl. Weidner/Kilb 2011
13 Vgl. Schawohl 2014
14 Schawohl 2016, S. 100 ff.

Zudem werden die beiden Aspekte *Beziehung* sowie *Kommunikation* im Kontext mit der Begrifflichkeit *Respekt* in ihrer interdependenten Bedeutsamkeit dargelegt. Des Weiteren soll eine Praxisentwicklung veranschaulicht werden, die für den Verfasser immanenter Bestandteil der Weiterentwicklung der Konfrontativen Pädagogik ist, ohne dabei die Grundlagen der Methode insgesamt in Frage zu stellen. Es ist ein schrittweiser Entwicklungsprozess vom ‚heißen Stuhl' zur konfrontativ-individualisierten Tatkommunikation.

Die Erläuterungen und Darlegungen werden anhand zahlreicher Dialogbeispiele gleichsam eines Theorie-Praxis-Transfers verdeutlicht.

Entwicklungsschritte:
Anmerkungen zur Konfrontativen Pädagogik

Ein Blick zurück in das Jahr 1986: Die Leitungskonferenz der Jugendanstalt Hameln beauftragt im Herbst „eine interdisziplinäre Arbeitsgruppe unter Beteiligung von gewaltaffinen Insassen mit der Erarbeitung eines Anti-Aggressivitäts-Trainings für inhaftierte Gewalttäter. [...]. [Dadurch wurde] die Konzeption des Anti-Aggressivitäts-Trainings für Gewalttäter als Pilotprojekt des Vereins für Jugendhilfe in der Jugendanstalt Hameln in die Praxis umgesetzt"[15].

Ein Blick in das Jahr 1998: Der renommierte Kriminologe Fritz Sack äußert sich skeptisch über das Anti-Aggressivitäts-Training (AAT): „Die Erwartungen an die Programme sind sehr hoch. Ich habe ein bisschen das Gefühl, es ist eine Modeerscheinung wie viele andere Projekte auch"[16].

Ein Blick in das Jahr 2008: In Mannheim findet an der Hochschule, Fakultät für Sozialwesen, der Kongress 20 Jahre AAT statt. Die Einladung richtet sich an „sämtliche Akteure, ganz gleich ob Ausbildungsanbieter, Ausbildungsanwender, Initiatoren/innen jeder Art an Instituten und Hochschulen, Kritiker/innen wie Verfechter/innen"[17].

15 Weidner 1997, S. 126ff.
16 Schriever 1998, S. 4
17 Weidner/Kilb 2007

Im Jahre 2017 lädt die Fachhochschule Mannheim zu einem fachlichen „Austausch zu Weiterentwicklungen Konfrontativer Pädagogik"[18] ein, unter anderem, um über „individualisierte konfrontative Verfahren"[19] konzeptionelle Einordnungen vorzunehmen, und auch diesbezüglich wird der „Umgang mit einer neuen ambulanten Hilfe"[20] im fachlichen Austausch diskursiv betrachtet.

Nunmehr im Jahr 2019 lautet eine aktuelle Information: „Heute werden in Deutschland und der Schweiz in über 100 Trainingsprogrammen über 2000 Probanden jährlich betreut"[21].

Es ist also festzustellen, dass es sich beim AAT offensichtlich um Substanzielleres als eine bloße Modeerscheinung handelt.

Vielmehr ist die Entwicklung vom Gruppenangebot *Anti-Aggressivitäts-Training* hin zur konzeptionellen Festschreibung als Einzel-AAT gleichsam ein methodischer Schritt vom ‚heißen Stuhl' zur konfrontativ-individualisierten Tatkommunikation. Dieser Entwicklung lag eine abwägende Betrachtung der jeweiligen Vor- sowie Nachteile zugrunde, die mit einer Gruppen- beziehungsweise einer Einzelmaßnahme einhergehen. Beiden Angeboten lassen sich explizite Begünstigungsfaktoren zuschreiben, ebenso stehen jeweils entsprechend nachvollziehbare Aspekte des

18 Kilb 2017
19 ebd.
20 Rehbein 2018, S. 99ff.
21 Homepage IKD, Stand: 15.02.2019

Misslingens gegenüber, die für jeden Einzelfall im Vorwege zu beachten und hinsichtlich ihrer möglichen Aus-
wirksamkeit zu berücksichtigen sind[22].

22 Vgl. Rehbein 2018, S. 99ff.

Exkurs I: Anmerkungen zur Kritik am AAT

Dieses Kapitel sei mit dem Vermerk eingeschoben, dass die in den zurückliegenden Jahren geäußerten kritischen Stimmen die Debatte bezüglich des AATs einerseits sehr wohl beeinflusst, gleichwohl nicht unbedingt hemmend beeinträchtigt haben. Andererseits scheinen die diese Pädagogik – und damit die hier betrachtete spezifische Maßnahme – argumentativ tragenden Stimmen sich bei einem Teil der Kritikaster nicht wirklich Gehör verschaffen zu können. Angemerkt sei, dass der Verfasser sich dabei sehr wohl zu den skeptischen Stimmen zählt, wobei diese wohlwollende Skepsis die eigene Arbeitspraxis in den vergangenen zwanzig Jahren belebt und bereichert hat, da von Beginn an folgender Leitgedanke begleitend Berücksichtigung gefunden hat: „Der Skeptiker will sehen, und ‚Skepsis‘ heißt eigentlich prüfendes Betrachten. Seine Skepsis ist kein Zweifeln, das zum Verzweifeln führt […], sondern zur Behutsamkeit im Umgang mit Menschen, zu der Fähigkeit, unentschiedene Situationen auszuhalten und selbst in der Erfolglosigkeit nicht zu resignieren. Den bloßen Machern hat der skeptische psychosoziale Arbeiter und Wissenschaftler voraus, daß er, wo er nicht mehr einzugreifen vermag, wenigstens noch sehen kann. Anstelle steriler Aufgeregtheit und Betriebsamkeit übt er gelassene Aufmerksamkeit. Da aber im menschlichen Zusammen- und Gegeneinanderleben keine Situation so bleibt, wie sie ist, wird seine Aufmerksamkeit im Zusammenwirken mit Geduld und Phantasie nach Phasen skeptischen Innehaltens wieder Gelegenheiten für helfende Eingriffe finden"[23]. Diese entspannte und entspannende Sichtweise passt unverändert und somit auch für das hier betrachtete Themengebiet.

Unter dieser Vorgabe mag eine erneute Publizierung[24] dieses Kapitels an dieser Stelle gleichsam als ein verständnisförderndes Angebot betrachtet werden, um für die kritische Seite eine Tendenz zugunsten einer vorurteilsfreien und ideologieentlasteten Offenheit begünstigen zu können, damit die guten Absichten der diesen Ansatz vertretenden und praktizierenden Akteure eventuell nachvollziehbarer oder gar in einem besseren Licht erscheinen mögen – es handelt sich also beinahe um eine „diskrete Rechtfertigung"[25].

Die Konfrontative Pädagogik ist im Laufe von über 30 Jahren ganz unterschiedlich besprochen, hinterfragt und überprüft worden – zumindest wurde eine Debatte in Gang gebracht. Deduktiv rückt der Bereich des AATs dabei in den Vordergrund der Kritik, was vereinzelt(e) Irritationen hervorgerufen hat. Obwohl zum möglichen Abbau der Irritationen bereits vor Jahren Beiträge geleistet worden sind[26], wurden im Nachhinein fortlaufend Artikel publiziert, die die bestehenden Irritationen gleichsam zu konservieren versuchten, da es heißt: „In der Fachliteratur äußern sich vor allem Heilemann, Kilb, Schawohl und Weidner"[27];

23 Gottschalch 1988, S. 18
24 Vgl. Schawohl 2014
25 Lenz 2017, S. 141
26 Kilb 2006; Weidner 2004
27 Plewig 2007, S. 364

„Die Veröffentlichungen der Vertreter der Konfrontativen Pädagogik stellen – bei allem Respekt Einzelner für das Bemühen, ihre Praxis und allgemeine Überlegungen vorzustellen – insgesamt einen Offenbarungseid dar. Sie wissen nicht, wovon sie reden"[28] – ein wenig mehr Substanz steht schon dahinter. Bemerkenswert an dieser in globo formulierten Runduminjurie ist die Tatsache, dass der Kritisierende trotz seiner angenommenen juristischen Kenntnisse und Tätigkeiten dazu tendiert, entgegen einer gebotenen Einzel(fall)betrachtung pauschal zu urteilen – global schlussfolgernde Annahmen verkünden „das Konzept ist theoretisch nicht fundiert, methodisch nicht gerechtfertigt und rechtlich unzulässig"[29]; weiterhin: „Die Fachwelt hat diesen Ansatz viele Jahre aus nachvollziehbaren Gründen kaum der öffentlichen Diskussion für würdig befunden"[30]. Demgegenüber lautet die Einschätzung des Bundesverfassungsrichters Landau: „Ich halte das Anti-Aggressivitätstraining für eine wichtige Maßnahme im Umgang mit Gewalttätern und habe mich immer dafür eingesetzt, dass es als Sanktion in der Rechtsprechung Berücksichtigung findet"[31], und eine evaluierende Stimme merkt an: „Kaum ein Konzept hat die fachwissenschaftlichen Gemüter in den letzten zehn Jahren so erhitzt wie das der 'Konfrontativen Pädagogik'"[32]; aus nachvollziehbaren Gründen wurden

28 Plewig 2013, S. 87
29 Plewig 2010, S. 163; Plewig 2010, S. 437
30 Plewig 2007, S. 363
31 Weidner 2011, S. 13
32 Schäfer 2011, S.95

16

von der Fachwelt zu dieser Thematik zahlreiche Beiträge veröffentlicht, die zu Fortschreibungen und Modifizierungen der ersten Curricula geführt haben, und „nur mit Hilfe der hierbei engagiert und teilweise sogar vehement ausgetragenen Debatten und Diskurse konnte sukzessive eine neue Kultur (sozial) pädagogischer Handlungspraxis entstehen, in der konfrontierende Verfahren und Haltungen schließlich immer mehr zu integrierten Bestandteilen wurden"[33]. Dieser Diskurs wird kontinuierlich fortgesetzt und publiziert, um die jeweiligen Entwicklungsschritte transparent darzustellen.

Unbestritten hat das AAT sich in den zurückliegenden Jahren als regelhaftes Angebot im Kanon der Möglichkeiten der Straffälligenhilfe für Jugendliche und junge Heranwachsende bewährt und erweitert den Katalog an Handlungsoptionen und eröffnet dadurch geeignete Möglichkeitsräume. „Häufig genannte Maßnahmen zur Gewaltprävention sind Aufklärung und Verdeutlichung von Tatfolgen und das Aufzeigen alternativer Handlungsmöglichkeiten [...]. An Kompetenzen orientierte Trainingskurse (Anti-Aggressivitäts-Trainings für Täter [...]) werden [...] häufig vorgeschlagen"[34], und es ist anzunehmen, dass sich durch das AAT Möglichkeiten zum Besseren generieren sowie Perspektiven schaffen lassen[35]. Solche lakonischen Einlassungen widersprechen insbesondere jenen Stimmen,

33 Weidner/Kilb 2011, S. 7
34 Taefi/Görgen/Kraus 2013, S. 58/59
35 Vgl. Schawohl 2012; vgl. Schawohl 2016 S. 100 ff.

die es seit Jahren für angezeigt halten, das Anti-Aggressivitäts-Training per se als „aggressiv"[36] oder als „unpädagogische Disziplinierung, Dressur und Unterwerfung"[37] oder gar als „psycho-terroristische Sonderbehandlung"[38] durch einen „Folterknecht"[39] zu deskribieren, deren Pädagogik mittels „Verachtung und Beschämung"[40] begründet sowie betrieben würde. Zudem wird seitens der KritikerInnen versucht, den Aspekt der Beziehungsarbeit dahingehend zu entstellen, dass diese lediglich qua permanenten Insistierens der Praktiker Berücksichtigung fände – die konfrontative Pädagogik behaupte nur eine gute Beziehung, „ohne diese Behauptung an mehr zu binden [,] als das eigene Erleben der Therapeuten"[41], – es würden professionelle Machtmonopole reproduziert, „die Fragen nach der Beziehungsqualität des Arbeitsbündnisses zwischen konfrontativem Akteur und Trainingsteilnehmern in interaktionistischen Machtspielen aufgehoben sehen"[42].

Folgt man einem solchen Irrglauben, lässt sich auch ein Satz unwidersprochen goutieren, der meint betonen zu müssen, „Anti-Gewalt-Pädagogik steht – im Gegensatz zur umstrittenen Konfrontations-Maxime des Anti-Aggressions-Trainings – für ein Methodenspektrum, das die erlebte

36 Plewig 2010, S. 430
37 Herz 2005, S. 367
38 Kunstreich 2003, S. 41
39 Winkler 2003, S. 45
40 Dörr 2010, S. 200
41 Rödler 2005, S. 349
42 Heuer 2012, S. 200

18

Gewalt von Jugendlichen reflektiert und Konfrontation als Ergebnis eines gelungenen Beziehungsaufbaus begreift"[43]. Ohne jegliche Überraschung kann festgehalten werden: Die Konfrontation ist beim Gruppen- sowie beim Einzel-AAT ebenso nichts anderes als das Ergebnis eines gelungenen Beziehungsaufbaus, gemäß der dem Curriculum immanenten Triade Transparenz–Kooperation–Konfrontation[44].

Moderater vernimmt sich die aktuelle Version der vorab bereits erwähnten Ausschreibung, da es nunmehr heißt, „Anti-Gewalt-Pädagogik steht für ein Methodenspekrum, das die erlebte Gewalt von Jugendlichen reflektiert und Konfrontation als Ergebnis eines gelungenen Beziehungsaufbaus begreift.

Die Person hinter ihrer Gewalthandlung zu verstehen, ist unabdingbar mit diesem Prozess verbunden. Die Eckpunkte werden durch wertschätzende Gesprächsführung, Körperübungen, szenische Darstellungen und auch durch die Würdigung von Traumatisierungserfahrungen markiert [...]"[45].

Diese Formulierungen implizieren sowohl Bedenken als auch Offenheit sowie einladende Bereitschaft zum Austausch unterschiedlicher Ansichten und widersprechender

43 DVJJ 2013
44 Vgl. Schawohl 2001, S. 48
45 DVJJ 2018

Meinungen, so dass eine weiterführende Debatte angeregt werden kann.

In einem Zwischenergebnis über die ‚Konfrontative Pädagogik' wird unter der Überschrift Theoretischer Irrgarten wie folgt bilanziert: „Allein die Auflistung der von den Vertretern des Anti-Aggressions-Trainings bzw. der Konfrontativen Pädagogik (vor allem Colla, Heilemann/ Frischwasser [!] von Proeck, Kilb/Weidner) erwähnten theoretischen Bezüge lässt erkennen, dass es an der gebotenen analytischen Durchdringung fehlt. Die einzelnen Ansätze bzw. Theorien werden nicht auf ihren je spezifischen Erkenntniswert hin und schon gar nicht auf ihre wechselseitige Verträglichkeit hin geprüft. Diese gravierenden wissenschaftlichen Mängel sind in jedem einzelnen Fall vorhanden. Vielfach meinen die Autoren bzw. die zitierten Konzepte etwas anderes oder gar Gegensätzliches als das, wozu sie im AAT benutzt werden. Die psychisch hochgradig belastenden und verfassungsrechtlich zweifelhaften Methoden der Konfrontation und des ‚Heißen Stuhls' wurden von Therapeuten unter ganz anderen Umständen eingesetzt, als dies nun in professionell bedenklicher Weise mit angelernten ‚Trainern' in Totalen Institutionen des Strafvollzugs geschieht. Die Protagonisten der Konfrontativen Pädagogik provozieren in ihrer Selbstdarstellung mit ihrem Sprachgebrauch [Anmerkung: Das mag zum Teil nachvollziehbar sein[46]]. Ihnen fehlt jede Anstrengung, sich der Mühsal wissenschaftlicher – theoretischer, methodi-

---

46 Vgl. Heilemann 2018, S. 212ff.

20

scher und diagnostischer – Herleitung zu unterziehen. Mit diesem Zwischenergebnis ist das willkürlich begründete Konzept des Anti-Aggressions-Trainings mit dem ‚Heißen Stuhl' in der vorgestellten Form fachlich nicht akzeptabel. Damit ist aber nicht die Aufgabe erledigt, eine konstruktive Perspektive für den Umgang mit abweichenden (aggressiv-gefährlichen) jungen Menschen zu entwickeln"[47]. Beiläufig ein Einschub: Diesem Anspruch genügt erwiesenermaßen durchaus das AAT – wenn dieses als Angebot den jungen Menschen jedoch nicht offeriert werden soll und andere Maßnahmen für diese Klientel bisher ebenfalls nicht als geeignete Alternative genutzt werden konnten, wäre es weiterführend, wenn bei aller Kritik eine zusätzliche Möglichkeit zur gewünschten Erweiterung der Angebotspalette genannt würde. An anderer Stelle lautet das Zwischenergebnis:

„Das Fundament der Methode bzw. des Handlungsstils Konfrontative Pädagogik besteht aus einer Liste stichwortartig zitierter theoretischer Bezüge (Lerntheorie, Psychoanalyse, Entwicklungspsychologie, sozialkognitives Lernen, peer-group-Erziehung, Provokative und Konfrontative Therapie mit ‚heißem Stuhl'). Weder die jeweilige Fundiertheit der Bezugstheorie und deren Übertragbarkeit auf das AAT noch gar die wechselseitige Verträglichkeit werden von den Vertretern des Ansatzes analysiert.

47 Plewig 2010, S. 156

Kriminologische Erkenntnisse, speziell zur Wirksamkeitsforschung, kommen nicht zur Sprache. Aber da das AAThS darauf aus ist, mentale Haltungen und Verhaltensweisen der jungen Straffälligen zu brechen, ist das zerstörerische Element des Konzeptes Teil des Programms. Es ist nicht der Einwand exzessiver ‚Konfrontation‘ allein, der diese Methode obsolet macht. Ungeklärte fundamentale Fragen, wie der erziehungswissenschaftlichen Begründung von Strafe und der Aspekt der Interventionsberechtigung, kommen hinzu. [...]"[48]. Dieser Duktus wird unbeirrt beibehalten: „Keiner der theoretischen Bezüge ist angemessen erfasst und durchdacht worden"[49].

Ein wenig mehr als diese Unterstellungen steht beim AAT schon dahinter, wie der geneigte und sich umfassender informierende Interessierte entsprechenden Publikationen durchaus hätte entnehmen könne[50], und auch die Schlussfolgerung, dass „das Programm stark provokativ und konfrontativ angelegt [ist], [hat] wahrscheinlich auch zu seiner medialen und pseudowissenschaftlichen Beliebtheit geführt"[51], ist so singulär nicht zutreffend, denn es „[...] bleibt [...] zu konstatieren, dass [...] das AAT im Vergleich zu anderen Gewaltpräventionsmaßnahmen [...] durchaus an der Spitze in puncto Evaluation anzusiedeln ist"[52]. Eine weitere Stimme verweist darauf, dass „seit ihrem Auftre-

48 Plewig 2010, S. 432
49 Plewig 2013, S. 87
50 Kilb/Weidner 2011; Kilb/Weidner 2004; Schawohl 2009
51 Köhler 2009, S. 414
52 Leutner 2010, S. 71

ten in der Sozialen Arbeit Konzept und Methoden der Konfrontativen Pädagogik intensiv diskutiert [wurden]" [53]. Von daher dürfte die Annahme zulässig sein, dass die Verbreitung resp. Beliebtheit durchaus auf gut begründetem Fundament ruht. Somit ist es wohl nicht nur eine „allgemeine Auffassung"[54], wenn auf positive Effekte der Maßnahme Anti-Aggressivitäts-Training verwiesen wird. Werden nun diese Evaluationen schlicht nicht berücksichtigt, ergeben sich unter anderem Bedenken „aus dem allgemeinen verfassungsrechtlichen Grundsatz der Verhältnismäßigkeit, wonach die Ausübung staatlicher Gewalt geeignet, erforderlich und angemessen im engeren Sinne sein muss […]. Das Kriterium der ‚Erforderlichkeit' erscheint – schon angesichts der dürftigen empirischen Befunde (vgl. Ohlemacher u.a. 2001) – zweifelhaft, da bei gleicher Eignung mildere Maßnahmen möglich und vorrangig einzusetzen sind"[55]. Ob einer solchen Einlassung mag der Laie staunen, die diese Arbeit praktizierenden Fachleute jedoch wundern sich allemal. Es kommt schon einer antichambrierenden Verzweiflung nahe, wenn ausschließlich auf Ohlemacher et al. 2001 verwiesen wird, ohne dabei andere im Laufe der Jahre hinzugefügte Evaluierungen zumindest zu erwähnen, als da – wie zum Teil oben bereits genannt – unter anderem wären:

53 Ullenboom 2014, S. 3
54 Fritsch 2011, S. 35
55 Plewig 2010, S. 437

- Schanzenbächer (2003),
- van Rennings (2003),
- Kilb (2003),
- Kilb/Weidner (2003),
- Schanzenbächer (2004),
- Toprak (2004),
- Rau (2006),
- Hein (2006),
- Feuerhelm/Eggert (2007),
- Schawohl (2009)[56]

– solche Auslassungen, so darf angenommen werden, passieren nicht aus Versehen. Die beabsichtigte Intention mag die geneigte Leserschaft in eigener Vermutung zu ergründen suchen. An dieser Stelle sei auf einen lapidaren, gleichwohl berechtigten, Einwand verwiesen, der es begrüßen würde, „wenn sich AAT/CT-Kritiker [...] – trotz ihrer Bedenken gegen das konfrontative Handeln in der Sozialen Arbeit und Erziehungswissenschaft – zukünftig die Mühe geben würden, diese Ergebnisse korrekt wiederzugeben"[57].

Gerne wird auf die vorab bereits erwähnte Ohlemacher et al.-Studie verwiesen und dabei ebenso gerne den folgenden Lesarten beigepflichtet: „Die Frage, ob konfrontative Techniken tatsächlich anderen Formen der pädagogischen und therapeutischen Intervention überlegen sind, kann

56 Vgl. dazu: Leutner 2010, S. 66ff.
57 Weidner 2010, S. 77

zum jetzigen Zeitpunkt nur verneint werden. Entgegen der selbstbewussten Interpretation der Protagonisten kann keineswegs davon ausgegangen werden, dass mit AAT und CT Verhaltensänderungen einhergehen, die in ihrer Qualität und Nachhaltigkeit anderen Formen der systematischen, fachlichen pädagogisch-therapeutischen Intervention überlegen sind"[58], und: „So wird in einer Evaluation des Anti-Aggressivitäts-Trainings in einer Jugendstrafvollzugsanstalt bei weitestgehender Parallelisierung der Kontrollgruppe für die Behandelten wie für die Unbehandelten eine Quote des Rückfalls mit Gewaltdelikten von etwa 35 % festgestellt. Eigentlich müsste dies zu dem Schluss führen, dass ein solches Trainingsprogramm eben keine besonderen Wirkungen mit sich bringt, und dass derartige Interventionen, da offensichtlich zusätzliche Kosten bei fehlendem Nutzen verursachend, überflüssig sind. Dieser Schluss wird freilich nicht gezogen; vielmehr wird die verwirrende und außerdem vollkommen überflüssige Feststellung getroffen, das Trainingsprogramm sei zwar nicht besser, aber auch nicht schlechter als Anderes. Evaluationsforschung wird damit fast beliebig"[59].

Der unterstellte Überlegenheitsanspruch ist so von den Protagonisten nicht und nie behauptet worden und weiterhin ist es mindestens ebenso verwirrend, wenn der ganz und gar nicht überflüssige Hinweis außer Acht gelassen wird, dass die Kontrollgruppe eben keine Unbehandelten,

58 Simon 2006, S. 40
59 Albrecht 2003, S. 230

sondern vielmehr Personen waren, „die neben Schule oder Berufsausbildung in der Sozialtherapie, im Gesprächskreis Tötungsdelikte oder im Speziellen Sozialen Training ebenfalls deliktspezifisch behandelt wurden. Die Studie vergleicht also <u>behandelte</u> Gewalttäter mit <u>behandelten</u> Gewalttätern [Unterstreichungen durch den Verf.; Anm.] und kommt bei beiden Gruppen zu dem erfreulichen 2/3 Ergebnis"[60]. Das lässt sich im Übrigen auch der Einlassung der Verfasser der Studie entnehmen, die bereits bei der Veröffentlichung zwar einen Wirkungsvorteil des AATs negieren, gleichwohl darauf hinweisen, „ein Ausbleiben von Unterschieden in der Legalbewährung würde folglich lediglich eine Wirkungsgleichheit der verschiedenen sozialpädagogischen Behandlungsangebote zum Ausdruck bringen"[61].

Solch ein prominenter Aspekt dürfte zumindest Erwähnung finden – es genügte der lakonische Hinweis: „Zusammenfassend lässt sich festhalten, dass das AAT zwar offensichtlich eine wirksame Methode zur Gewaltreduzierung darstellt, überlegen ist sie anderen Maßnahmen jedoch nicht"[62] – so simpel lässt sich diese Tatsache formulieren. Unisono wird in diesem Kontext an anderer Stelle tenoriert, es ließe „sich ein erschreckendes Forschungsdefizit feststellen. Dies ist umso bedeutsamer[,] da bisherige Studien zur Wirksamkeit (Validitätskriterium der Legalbe-

60 Weidner 2010, S. 76
61 Hirtenlehner/Hiebinger 2013, S. 58
62 Schäfer 2011, S. 100

26

währung) zu wenig erfreulichen Ergebnissen gekommen sind: das AAT scheint nämlich nicht besser, aber auch nicht schlechter zu wirken als eine Standardbehandlung im Jugendstrafvollzug (vgl. Ohlemacher et al., 2001). Wenn bereits das Hamelner Original-Programm keine besseren Resultate bringt als herkömmliche Behandlung, erscheint die Wirksamkeit abgewandelter und teils ‚zusammengeflickter' Trainings noch fraglicher"[63]. Diese durchaus unlogische Schlussfolgerung ist in mehrfacher Hinsicht bemerkenswert:

- Sollten Unzulänglichkeiten im Hamelner Original-Programm vorhanden sein, gehörten diese doch allemal korrigiert;
- sollte die Umsetzung des Programms aufgrund personeller Disqualifizierungen unzureichende Ergebnisse verursachen, wäre diesbezüglich selbstverständlich Handlungsbedarf gegeben;
- werden korrigierende Modifizierungen dann jedoch als abgewandelte resp. ‚zusammengeflickte' Trainings abqualifiziert, scheint wohl eher die Ablehnung in globo intendiert zu sein.

Korrekturen sind gleichwohl bei vermuteter Geeignetheit einer Maßnahme nichts anderes als eine professionalisierte Qualifizierung, um erkannte Mängel sowie festgestellte Defizite zukünftig zu vermeiden.

63 Köhler 2009, S. 416

Diese Einlassungen berücksichtigen den fallibistischen Vorbehalt, denn „der fallibistische Vorbehalt, dass es in jedem pädagogischen Handeln so kommen kann, macht die pädagogische Handlungsperspektive [...] zu einer offenen Perspektive"[64]; daher sei ergänzend angemerkt, „die Entwicklung der Konfrontativen Pädagogik als Handlungsmethode erfolgte einerseits erfahrungsbasiert und in hypothesengestützter Form, angelehnt an wissenschaftliche Befunde aus der Lerntheorie, der Kognitionspsychologie, der Konfrontativen und Provokativen Therapie; andererseits wurden die ersten Curricula in experimenteller Form eines Trial-and-error-Verfahrens in der Praxis erprobt"[65], und „in manchen unserer Planungen und Tätigkeiten liegt ein Risiko; wir entdecken es zuweilen erst, wenn es sich erfüllt hat"[66] – es bleibt immer eine Ungewissheit, derer man sich bewusst sein muss. Mit den Worten des Philosophie-Professors Fraenkel, die für diese Betrachtung entlehnt werden können, meint das: „In die Gespräche, die ich versuche zu praktizieren, kann man nicht ohne zwei Voraussetzungen gehen: erstens, dass die eigenen Überzeugungen stimmen, und zweitens, dass diese Überzeugungen möglicherweise falsch sind. Mit dieser Ungewissheit, der sogenannten Fallibilität, leben zu können, erscheint mir sehr wichtig"[67] – das gilt es zu bedenken, wenn der Mut aufgebracht sowie das Wagnis eingegangen werden, Neues in die Welt gelan-

<hr>

64 Hörster 2004, S. 38
65 Kilb/Weidner 2013, S. 14
66 Lenz 2011, S. 118
67 Droemer/Fraenkel 2016, S. 50

gen zu lassen, damit es sich bewähren kann oder eben nicht – in diesem Falle hat das hier betrachtete Sujet sich trotz aller berechtigten und unberechtigten Kritiken bewährt.

Dem „Prinzip des kritischen Wohlwollens"[68] folgend, ließe sich möglicherweise eine Versachlichung in der anhaltenden Debatte begünstigen, die durch die hier publizierte Weiterentwicklung des Ansatzes unterstützt werden soll und somit eine diskursive Fortschreibung ermöglicht[69].

Die Überlegung, dass „sowohl das klassische AAT oder auch ein noch zu qualifizierendes ‚Konfrontatives Einzeltraining nach AAT' auf den Gruppenkontext bezogen interkultureller, auf das mögliche Einzeltraining hin kulturspezifischer [zu] gestalten"[70] wäre, prononciert das Potential der zukünftigen Gestaltungsmöglichkeiten der Konfrontativen Pädagogik.

Die Umsetzung eines Einzeltrainings erfolgt dabei bereits seit 2015 durch den Jugendhilfeträger Nordlicht e.V.[71] in Hamburg.

Die seitdem durchgeführten Einzel-AATs bilden die praktischen Bezüge für den hier dargestellten Theorie-Praxis-Transfer dieser Methode. Zunächst sei die Überlegung angestellt, wie die motivationale Arbeit mit der Klientel begünstigt werden kann.

68 Vasek/Beckers 2019, S. 21
69 Vgl. Rehbein 2018, S. 99ff.
70 Kilb 2017
71 Schawohl: Konzept Einzel-AAT 2014

Exkurs II: Über Motivationsarbeit im Kontext der Konfrontativen Pädagogik

Die Motivationsforschung stellt zwei wichtige Fragestellungen in den Mittelpunkt:

1. *Wonach* streben Menschen?

2. *Woher* rührt dieses Streben?

Es sind gleichsam die Fragen nach dem Ziel und dem Zweck sowie nach dem Ursprung menschlichen Handelns.

Die Bedeutsamkeit dieser Fragestellungen bringt Vollmers so auf den Punkt: „Menschen streben, solange sie leben"[72], was mit Goethe bedenkenswert ergänzt werden kann, wenn er anfügt: „Es irrt der Mensch, solang er strebt"[73].

Die Darlegung, woher ein Mensch „Lust und Mut für neue Taten"[74] schöpft, erfolgt hier kontextuell anhand von Passagen aus Dialogen der Einzel-AATs sowie aus den reflektierenden Gesprächen, die mit den Teilnehmern zum Abschluss des Einzel-AATs geführt worden sind.

Konfrontative Pädagogik arbeitet sowohl in der Gruppe als auch beim Einzeltraining mit einer spezifischen Klientel: aggressiv-enthemmte, gewaltbereite, gewalttätige Jugendliche sowie junge Heranwachsende, die vereinzelt oder wiederholt gewaltimmanente Aktivitäten von unterschiedlicher Intensität ausüben/ausgeübt haben[75], die im Kon-

---

72 Vollmers 1999, S. 11
73 Goethe 1984, S. 16
74 Goethe 1984, S. 180
75 Vgl. Schawohl 2013

takt mit der Justiz stehen: „Dem Angeklagten werden folgende Weisungen und Auflagen erteilt: [...]. Bis zum Antritt [der oben genannten Maßnahme] hat er weiterhin regelmäßig [...] Gespräche mit dem [...] Trainer des früheren Antiaggressionstrainings zur weiteren Aufarbeitung seiner Aggressionsproblematik zu führen und die Teilnahme seinem Bewährungshelfer nachzuweisen"[76]. Die Begegnung zwischen einem jungen gewaltbereiten Menschen und einer pädagogischen Fachkraft erfolgt im Kontext der konfrontativen Pädagogik somit in der Regel aufgrund einer richterlichen Weisung (Siehe Rechtsgrundlagen).

In jedem Falle gilt: Das Recht kann „ein weithin sichtbares Muster für einen menschenrechtsfreundlichen Umgang mit abweichendem Verhalten sein"[77], demnach sowohl perspektivische Wirkung entfalten für einen Täter als auch für die Gesellschaft, da mit Blick auf eine zukünftige Vermeidung weiterer Opfer ein wesentlicher Aspekt zum Gemeinwohl beigetragen werden kann. Für die Auseinandersetzung mit den hier im Fokus stehenden jungen Menschen bedeutet das für die spezifisch qualifizierten Professionellen[78] sowohl enorme Herausforderung als auch Anforderung, denn es gilt eventuell jemandem Respekt erweisen zu müssen, „der mit etwaigen Tötungsabsichten gegen zentrale Wertvorstellungen der Gesellschaft (und damit auch der Fachkraft) verstößt"[79], und dennoch muss es gelingen,

76 Beschluss des Landgerichts Hamburg 2018
77 Hassemer 2009, S. 114
78 Vgl. Weidner/Kilb 2011
79 Kähler 2005, S. 121

den Probanden den die Vertrauensbasis schaffenden Respekt entgegenzubringen, damit aus wenig oder gar nicht motivierten Menschen möglichst aktive Partner am Hilfeprozess werden[80]. In der Motivationsarbeit rücken „die Person des [Trainers] und die Beziehung zwischen ihm und seinem Klienten in den Mittelpunkt der Betrachtung, sie sind wesentliche ‚Kontextfaktoren'"[81], wird betont.

Zudem ist darauf hinzuwiesen, dass „die Beziehungsarbeit reflektiert aus der Fallkonzeption für jeden (!) Einzelfall abzuleiten"[82] ist.

Jedes Einzel-AAT ist ein interpersonales Unikum. Für diese interpersonale Arbeit ist unbedingt die Reihenfolge einzuhalten: Erst der Beziehungsaufbau, dann die Konfrontation. Die Konfrontation erfolgt nur mit der Interventionserlaubnis der konkret Betroffenen, daher muss das gesprochene Wort die Bereitschaft für diese Erlaubnis bei den jungen Menschen generieren[83].

Dieses Verständnis und diese Sichtweise bringen – nach einem Brecht-Zitat – zum Ausdruck, dass die Jugendlichen und jungen Heranwachsenden „Menschenantlitz tragen wie wir"[84]; gleichsam ‚entwaffnend egalitär' – um eine lakonische Bemerkung aus der *Zauberflöte* zu bemühen –, ist anzumerken, dass das Gegenüber beim Einzel-AAT „ein

80 Vgl. Schawohl 2009
81 Klug 2012, S. 338
82 Klug 2012, S. 339
83 Vgl. Schawohl 2009, S. 99ff.; Schawohl 2011, S. 157ff.
84 Fischer/Röttger 2007, S. 5

Mensch wie Du"[85] ist. Dabei bietet die konfrontative Herangehensweise einen Zugang zu dieser Klientel, denn: „Konfrontation heißt: Ich mag Dich"[86] und beinhaltet die Botschaft: „Du wirst nicht abgelehnt, sondern wir suchen mit Dir Wege, daß du wieder zu dir kommst und die Chance erhälst, trotz der Tat, eine gute biografische Perspektive zu entwickeln"[87]. Dabei beinhaltet eine angemessene Reaktion „bei delinquentem Verhalten immer beides: Die juristische Sanktion und die Überlegung, wie pädagogisch therapeutisch reagiert werden kann"[88].

Ein zwanzigjähriger Einzel-AAT-Absolvent, hat es rückblickend als *Riesenglück* empfunden, nicht auf die wiederholt von ihm begangenen Körperverletzungs- sowie Raubdelikte reduziert worden zu sein, sondern dass *„immer wieder darüber gesprochen wurde, was noch alles wichtig ist für mich und was ich in Zukunft besser machen kann. So am Ende muss ich sagen, Sie werden mir irgendwie voll fehlen, weil das für einen selbst gut gewesen ist, wenn man weiß, dass für die Zukunft trotz der Akte, die man so hat, noch Möglichkeiten da sind"*, so dass aus der Gegenwart heraus für zukünftige positive Biografiemomente gearbeitet worden ist. Dem jungen Menschen wurde eine perspektivische Option geboten, gleichsam „die Möglichkeit der Ansprache, die Gelegenheit, [die] Taten zu hinterfragen und zu verarbeiten, [um] für sich selbst herauszufinden, wie es zur Straftat kommen

85 Blum 2016, S. 4
86 Diening/Toprak 2018, S. S 1
87 Böhnisch 1999, S. 213
88 Günter 2011, S. 23

konnte und wie sie sich in Zukunft vermeiden lässt"[89]. Es gilt Voraussetzungen zu schaffen, „dass der junge Mensch sich zukünftig gesetzeskonform verhalten kann. Es wird unterstellt, dass der junge Mensch mit der ‚Welt', nicht nur mit dem eigenen Milieu auskommen will"[90], was mit den Worten des Rappers Xatar bestätigend so ausgedrückt werden kann: „Alle wollen von [der Straße] weg – wer was anderes erzählt, ist nicht von der Straße. Das Leben da ist einfach scheiße, glaub mir. […]. Bruder, am Ende geht es allen um Anerkennung. Soziale Anerkennung"[91]. Dieses Über-den-Horizont-Hinaus-Blicken, um eine gelingende perspektivische Biografiefortschreibung begünstigen zu können, wird im kontinuierlichen Dialog mit den Teilnehmern erarbeitet, wobei das Wissen von autobiografischen Studien diese Herangehensweise unterstützt, da diese erkannt hat, dass „Menschen in der Lage [sind], die Vergangenheit neu zu deuten, diese bewusst mit der Gegenwart in Einklang zu bringen und sich selbst in einem neuen Licht zu sehen"[92].

Motivierend wirkt dabei eine konsequent zukunftsorientierte Argumentation, denn „dann fällt es dem[Gegenüber] leichter, sich kooperativ zu zeigen, auch wenn er das ursprünglich nicht wollte"[93]. Diese gleichsam stringente Konsequenz findet ihren Anfang beim Vorgespräch und

89 Heinrichs 2008, S. 274
90 Colla 2007, S. 44
91 Fröhlich/Hajabi 2017, S. 160
92 Köber/Habermas 2016, S. 31
93 Motamedi 1999, S. 85

ermöglicht somit das Schaffen einer annehmbaren Gesprächsatmosphäre. „So verschieden die Menschen sind, so verschieden ist das, was sie an Beziehungsangeboten brauchen. Welches Vorgehen als erfolgreich[...] zu betrachten ist, hängt sehr stark von den individuellen Bedürfnissen und Interaktionsmustern des Klienten ab"[94].

Die annehmbare Gesprächsatmosphäre wird zudem dadurch mitgestaltet, indem Beachtung findet, was unter anderem für einen guten Therapieverlauf festgestellt wurde und hier analog Geltung finden kann: Es ist bekannt, „dass es den Therapieerfolg fördert, wenn Therapeuten ihren Patienten Zuversicht, Hoffnung und Optimismus vermitteln und wenn sie den von ihnen vertretenen Behandlungsansatz [...] überzeugend präsentieren"[95].

Das spezifisch ausgerichtete Einzeltraining berücksichtigt biografische Aspekte sowie die jeweiligen altersbedingten Erfahrungshorizonte, denn man darf sich „das Hineinwachsen junger Menschen in die Sozial- und Rechtsordnung komplexer Gesellschaften nicht als einen einfachen, gleichmäßig fortschreitenden und linearen Prozess vorstellen, sondern vielmehr als eine recht störanfällige Entwicklung [...]"[96].

Störanfällig kann unter anderem bedeuten, dass selbst die Begehung weiterer Straftaten während der aktuellen Teilnahme an einem Einzel-AAT nicht auszuschließen ist.

94 Klug 2012, S. 339
95 Wöller 2016, S. 62
96 Walter 2008, S. 154

Allerdings steht nunmehr ein geeigneter Rahmen für eine zeitnahe Reflektion des Geschehens zur Verfügung, wenn dieses Setting denn dafür anerkannt und angenommen wird.

Intention der Maßnahme ist gleichwohl, diesbezügliche Störanfälligkeiten zu vermeiden und dadurch eine Entwicklung mit einer Perspektive über das bisherige Milieu hinaus bewirken oder begünstigen zu können. Das verlangt von den Professionellen ein Hinterfragen sowie ein Überprüfen der persönlichen Haltung. Anderenfalls wird eine konfrontative Arbeit mit dieser Klientel nicht möglich sein können. Dafür kann ein kritischer Einwurf Winklers möglicherweise als bedenkenswertes Korrektiv angesehen werden, weil auf eine eventuelle Gefährlichkeit hingewiesen wird, die für jene besteht, die die konfrontative Pädagogik „betreiben. Man kann nämlich selbst verrohen, obwohl oder jedoch gerade weil man Zivilisation erzwingen möchte. Jeder, der im Gefängnis seinen Dienst versieht, weiß um die Ambivalenzen, die mit dem Geschehen dort verbunden sind. In der Sozialen Arbeit und der Sozialpädagogik muss daher mit der Gewalt der Zivilisation vorsichtig umgegangen werden, in einer Weise, die allen Akteuren die Würde belässt. Sie muss abgefedert sein durch Praktiken der Kooperation, geleitet von der Sorge um den Anderen und um die Fähigkeit ihm die soziale und kulturelle Welt in ihren Regeln zu zeigen, aber nicht aufzuerlegen, sondern der Reflexion und der eigenen Übung zugänglich zu machen"[97]. Diese Einlassung ist für diese Arbeit beachtens- und befolgenswert.

Perspektivische Vorhaben, die eine legal legitimierbare Entwicklung ermöglichen, können bei einer bestimmten Klientel mit Hilfe konfrontativ-pädagogischer Einflussnahme begünstigt werden. Die aus einem Trainingskurs resultierende Anregung für einen jungen Menschen, in seinem Interesse sich antreiben zu lassen, etwas zu tun, also sich motivieren zu lassen, bedeutet *Tätigkeit und Teilhabe* am Leben dieses Menschen, in diesem Falle unter anderem durch *Gegenwirkung und Unterstützung*, nämlich:

- „Gegenwirkung gegen Einflüsse von außen oder Neigungen von innen, die dem weiteren Leben des [Menschen] schädlich sein könnten;
- Unterstützung seiner eigentümlich-individuellen ebenso wie seiner sozialen Entwicklung"[98].

Die Begrifflichkeiten der Motivation sollen nachfolgend eingehender betrachtet werden, um ihre Bedeutsamkeit für die praktische Umsetzung des Einzel-AATs zu verdeutlichen.

Der wissenschaftliche Begriff der Motivation ist ein Kunstgriff, gleichsam „eine *analytische Konstruktion*. Motive sind nicht direkt beobachtbar und auch nicht messbar [...]. [Wer Handlungen eines Menschen beobachtet oder sich diese

97 Winkler 2014, S. 53
98 Flitner 2004, S. 81/82

nachträglich schildern lässt] konstruiert gleichsam innere Zustände des Akteurs und dazu passende Ziele in der Umwelt, wenn er als Wissenschaftler nach den Ursachen von Handlungen fragt"[99].

Drei Begrifflichkeiten sind an dieser Stelle definitorisch auseinanderzuhalten: Motiv, Motivaktivierung sowie die Motivation.

„Motiv: Der hypothetische Begriff M. bezeichnet relativ dauerhafte psychische Dispositionen. Motive werden durch soziale Interaktionen im Bezugssystem der Person entwickelt und bilden darin kognitive, affektive und wertgerichtete Teilsysteme. Im Prozess der Motivation werden Motive aktiviert. Sie sind die Beweggründe (Ursachen) einer Handlung und bestimmen, was diese für die Person bedeutet.

Motivaktivierung: Die Anfangsphase im zeitlich gedehnten Motivationsprozess. In der Motivaktivierung gewinnt eine bisher latente Bedeutungsdisposition (ein Motiv) Einfluss auf das Verhalten. Die Einflussstärke steigt bis zu einem spezifischen Aktivierungsniveau an.

Motivation: Ein hypothetischer Begriff zur Erklärung der gesteuerten Dynamik des Verhaltens, der Erwartung von Handlungsfolgen und der gefühlhaften Besetzung von Absichten.

Motivationen sind Abstraktionen aus dem Sinnzusammenhang der immer schon gegebenen Aktivität des Menschen.

---

99 Vollmers 1999, S. 12; vgl. Schawohl 2009

38

[...]. Psychische Vorgänge, die wir mit folgendem Namen bezeichnen, sind Motivationsprozesse: Antrieb, Strebung, Bedürfnis, Trieb, Tendenz, Drang, Wille, Wunsch, Absicht"[100].

Grundsätzlich formulieren alle Motivationstheorien eine Interdependenz zwischen Mensch und Umwelt hinsichtlich der Erklärung für die möglichen Motivationsquellen; dabei sollen physiologische Mangel- sowie Krankheitszustände entweder von vornherein vermieden oder diese gegebenenfalls überwunden werden. Als Beispiel einer solchen Überwindung kann die Einlassung eines Einzel-AAT-Absolventen (19 Jahre) angesehen werden, der seine Teilnahmeentscheidung damit begründet, dass er *„endlich mal lernen will, über einige Sachen hinwegzugucken, und ich will meine aggressive Seite nicht immer so rauslassen"*. Es steht also zumindest die Erwartung einer Besserung gegenüber der bisherigen Situation für den jungen Heranwachsenden in Aussicht. In der Forschung hat sich der Begriff des *Motivs* „zur Bezeichnung von thematisch abgrenzbaren Bewertungsdispositionen durchgesetzt"[101], es handelt sich gleichsam um Dispositionen, die das Verhalten für einen bestimmten Zeitraum ausrichten.

Die jeweiligen Bewertungsdispositionen der teilnehmenden Probanden sind für eine erfolgreiche Absolvierung zu nutzen. Dafür sind sowohl Person- als auch Situationsfaktoren zu berücksichtigen. Das Aufeinandertreffen von Mo-

100 Schiefele 1974, S. 455/456
101 Schneider/Schmalt 2000, S. 15

tiv – als personenseitige Verhaltensdeterminante – sowie Anreiz – als situationsseitige Verhaltensdeterminante – wird als Motivanregung bezeichnet, „aus dem ein Zustand der Motivierung resultiert"[102]. Ein 21-jähriger Proband hat diese Motivierung beim Vorgespräch so ausgedrückt: *„Ich muss für mich jetzt klarstellen, dass ich das jetzt endlich ernst meine, wenn ich sage: ‚Ich mach nichts mehr, was kriminell oder schlecht für andere Menschen ist. Meine Freundin hat auch gesagt, dass ich das jetzt auch mal beweisen muss und nicht immer nur so sagen. Jetzt will ich das schaffen und hoffe, dass ich hier bei Ihnen an der richtigen Adresse bin."*

Einen anderen Aspekt der Motivanregung schildert ein Kursabsolvent beim reflektierenden Abschlussgespräch (Interview I), da er eine gravierende Veränderung seiner individuellen Lebenssituation als mitentscheidend für die Entwicklung eines ziehenden Faktors benennt:

I: Sie erinnern sich vermutlich auch noch an das sogenannte Referat, als Sie die Begriffe Freude, Trauer, Angst, Wut, Glück und Gewalt auf die drei Bereiche Familie, Schule oder Ausbildung oder Job und Freunde zugeordnet haben.

K: Ja, natürlich.

I: Da haben Sie bei der Kombination Freude – Familie sofort Ihren Sohn erwähnt.

I: Ja.

102 Schneider/Schmalt 2000, S. 19

K: Und dann haben Sie erwähnt, Ihr Sohn sei ,das Beste', was Ihnen in Ihrem Leben bisher passiert ist.

I: Stimmt.

I: Ist Ihnen das von Anfang so klar gewesen, als Sie erfahren haben, dass Ihre Freundin schwanger gewesen ist?

K: Ne, da sowieso schon mal gar nicht.

I: Wie war Ihre erste Reaktion?

K: Ja, scheiße erst mal irgendwie, aber dann auch irgendwie, ja, schon, …so, wenn man sich vorstellt, da kommt jetzt ein Kind und du bist der Vater – dann doch schon so, dass wir uns gefreut haben, ja. Also, da war dann auch klar, dass das Kind bleibt auf jeden Fall.

I: Das heißt, es gab die Überlegung, ob das Kind abgetrieben werden soll?

K: Bei mir schon zuerst, aber meine Freundin wollte das gar nicht, also die wollte von Anfang an, dass das Kind auf die Welt kommt.

I: Und heute sind Sie froh darüber.

K: Auf jeden Fall! Das wäre gar nicht gegangen!

I: Sagen Sie heute.

K: Sag ich heute, weil ich ja jetzt weiß, wie das ist mit dem Kind.

I: Mit Ihrem Kind, mit Ihrem Sohn.

K: Mit meinem Sohn, ja.

I: Da strahlt der stolze Papa über das ganze Gesicht.

K: Ja klar!

I: Der Junge hat Ihr Leben komplett verändert – oder?

K: Auf jeden Fall. Ohne ihn wäre ich immer noch anders unterwegs vermute ich mal.

I: ‚Anders unterwegs‘ heißt: Kriminell unterwegs?

K: Denke ich mal. Auf jeden Fall würde ich immer noch so ein bisschen was machen. Nicht mehr so crazy wie früher, aber da würde schon noch mal was passieren können – weiß man ja nie so.

I: Was war denn früher ‚so crazy‘?

K: Ja, schon so einige Sachen, die wir gemacht haben. Das war dann aber auch noch als ich jeden Tag gekifft habe. Völlig verpeilt eigentlich, kann man so sagen.

I: ‚Völlig verpeilt‘ meint was?

K: Ja, so nichts gecheckt eigentlich. Man hat das Ganze auch nicht alles so ernst genommen, kann man sagen.

I: Da präsentieren Sie sich ja heute ganz anders, was Ernsthaftigkeit und Vernunft angeht – das hatten wir ja vorhin schon. Also hat die Vaterrolle Sie vernünftiger werden lassen.

K: Kann man so sagen, ja.

I: Und stolz obendrein.

K: Ja.

I: Gut so. Ohne die Geburt Ihres Sohnes würden Sie heute auch immer noch kiffen?

K: Denke mal schon, ja.

I: Ist ja schon so etwas wie ein Hauptgewinn der Kleine, oder wie Sie es gesagt haben ‚das Beste‘ was Ihnen je passiert ist.

K: Das Allerbeste, ja!

Die Motivationspsychologie kennt das Erwartung-Wert-Modell; danach wägt eine Person die Wertschätzung für ein bestimmtes Handlungsziel mit den zur Verfügung stehenden Realisierungschancen ab. „Neben der Bewertung eines Handlungsziels beeinflussen auch die wahrgenommenen Realisierungschancen die Motivation. Aus beiden [...] lassen sich Grundzüge von Motivationsprozessen rekonstruieren"[103]. Dabei gewinnt unter anderem die exponierte Beziehung TrainerIn – Proband enorm an Bedeutung – insbesondere während der Anfangsphase des Einzel-AATs. In diesem Kursstadium erfolgt die grundlegende Arbeit, um die Voraussetzungen für das Gelingen des in der Regel auf fünfzehn Termine vorgesehenen Trainings zu schaffen.

Fehlt diesbezüglich eine hinreichende Motivation kann dies für ein eventuelles Scheitern verantwortlich sein, denn es kann eine positive Beziehung zwischen Veränderungsmotivation und Behandlungserfolg konstatiert werden[104].

Seine Teilnahmemotivation und die damit verbundene Erwartung schildert ein junger Heranwachsender so: *„Klar, das Ganze ist vom Gericht so vorgegeben worden, aber ich habe das selbst vorgeschlagen. Ich weiß, dass ich ohne solche Hilfe nie aus meinem Aggro-Tunnel rauskomme, in den ich immer wieder reingerate, wenn bei mir ein bestimmter Punkt überschritten ist*

---

103 Schneider/Schmalt 2000, S.14
104 Vgl. Petry 1993, S. 55

und die Lampen alle auf Rot funkeln. Wenn ich da nicht weg-
komme, ist bald nur noch Rot angesagt und deshalb muss mir
jemand zeigen, wie ich davon wegkomme, bevor es zu spät ist.
Und das muss jemand sein, der gut Ahnung davon hat." Die
Interdependenz der Beziehung ‚Proband – Trainer' kommt
zum Ausdruck, da beide „die Ergebnisse ihres Handelns
nicht ausschließlich selbst kontrollieren. Jeder kann einen
Teil seiner Motive und Ziele nur mit Hilfe der Interaktions-
partner und nicht gegen deren Willen realisieren. [...]. Professionelles Handeln zeichnet sich – im Unterschied zu all-
täglichem Handeln – dadurch aus, dass es begründet, methodisch geleitet, fall- und situationsangemessen ist"[105],
deswegen ist umso mehr darauf zu achten, „welche Personen mit welcher Qualifikation nach welchem inhaltlichen
Konzept die Trainingsmaßnahme durchführen"[106].

Analog gilt, da Motivation als ein prozesshaftes Geschehen
betrachtet werden kann, bezüglich dieses Settings, was
eine Studie der Universität in Provo, Utah, hinsichtlich der
Frage nach einem guten Therapieverlauf nachgewiesen
hat: „Wenn es einem Patienten bereits innerhalb der ersten
drei Sitzungen besser geht, ist es wahrscheinlich, dass auch
der weitere Verlauf erfolgversprechend ist"[107]. *„Ich kann*
Ihnen jetzt schon sagen, dass ich dieses Training hier machen
möchte, da muss ich gar nicht weiter überlegen", äußert ein junger Heranwachsender bereits beim Vorgespräch eine opti-

105 Sieland/Tarnowski 2009, S. 121
106 Köhler 2009, S. 416
107 Hertzer 2002, S. 49

mistische Erwartung, *„weil ich glaube, dass das zwischen uns schon mal ganz gut passt. Sie haben gut Ahnung davon und bringen das gut rüber, und man kann gut mit Ihnen reden – also machen wir das."*

Der Begriff der Behandlungsmotivation lässt sich weiter fassen, indem eine Differenzierung zwischen drei Bestimmungsstücken vorgenommen wird, die für den Motivationsprozess von Bedeutung sind:

- die Behandlungsdisposition,
- die Behandlungsbereitschaft,
- die Behandlungsaktivität[108].

Die ***Behandlungsdisposition*** meint den Aspekt der Behandlungsmotivation und thematisiert die subjektive Auseinandersetzung des Probanden mit der Entwicklung seiner deviant-delinquenten Karriere. Der eventuell zunehmende Druck, zum Beispiel durch das Einschreiten der Justiz, durch familiäre Einflussnahme, durch Beziehungsabbrüche, durch schulische oder berufliche Konsequenzen oder ähnliches, kann eine Veränderungsmotivation erzeugen mit dem Wunsch als Folge, das Gewaltverhalten einzustellen. *„Aber irgendwann"*, so ein Kursabbrechender (21 Jahre), *„muss ich ja mal die Kurve so kriegen, weiß ich ja auch. Ich hab mir ja auch schon so mal 'n Kopf gemacht, dass ich nicht ewig so weitermachen kann mit diesen Sachen [meint: unter anderem Körperverletzungen; Anm. d. Verf.], und dann nerven*

---

108 vgl. Petry 1993, S. 104ff.

wieder alle. [...]. Polizei, Gericht, meine Mutter, meine Freundin, alle eben", ist zumindest die subjektive Auseinandersetzung vorhanden, ohne jedoch soweit zu tragen, dass eine Behandlungsbereitschaft oder gar eine Behandlungsaktivität generiert werden konnte.

Die **Behandlungsbereitschaft** kann als „zeitlich veränderbare Empfänglichkeit für eine Behandlung [verstanden werden], d. h. ein aktuell bestehendes Potential, von einer Behandlung profitieren zu können, so dass sich daraus der optimale Zeitpunkt für die Anwendung einer therapeutischen Maßnahme ergibt"[109]. Damit sind als motivationale Bedingungen folgende Items verbunden:

- eine Situation oder eine Problem muss vom Probanden ohne die Inanspruchnahme fremder Hilfe als unerträglich empfunden werden (Leidensdruck und Hilfewunsch);
- ein anvisiertes Hilfsangebot muss als erfolgreich betrachtet werden (Erfolgserwartung);
- die zu erwartenden Belastungen dürfen nicht zu stark sein (Kosten).

Aus Probandensicht lässt sich dieses Stadium wie folgt beschreiben: „[...] *Sie müssen das so sehen"*, erläutert ein Absolvent (19 Jahre) seine damalige Situation, *„ich hätte doch sonst alles verkackt, kann man so sagen. Ich wäre wieder in den Knast gegangen, meine Eltern wären gar nicht mehr damit klargekom-*

109 Petry 1993, S. 134

men, meine Ausbildung hätte ich abschreiben können, meine Freundin wäre weg gewesen, und überhaupt alles wäre weg gewesen: Freiheit, Familie, Freundin, Freunde, wieder in der Zelle hocken – das muss ich mir nicht noch mal geben [...]. Und dann musste ich eben sehen, dass mir da mal Leute wie Sie Feuer unterm Arsch machen [...]. Und dann sag ich mir doch, ich geh lieber hier einmal die Woche hin, als wenn ich da im Knast sitze und dann auch nichts besser wird für mich in Zukunft"[110], wird die Empfänglichkeit für ein Angebot deutlich, da ein Hilfewunsch, eine Erfolgserwartung sowie die Kosten explizit respektive implizit benannt werden.

Die **Behandlungsaktivität** impliziert eine eindeutige Abkehr: Es muss der Schritt von der Änderungsmotivation hin zur Abstinenzmotivation gelingen[111]. Eine weitergehende Unterscheidung wird bei der Behandlungsaktivität durch die Begrifflichkeiten der *Akzeptanz* sowie der *Persistenz* vorgenommen.

Die Behandlungs*akzeptanz* zielt auf das Engagement der betroffenen Person ab, so kann zum Beispiel ein Jugendlicher oder junger Heranwachsender, der bereits gerichtsauffällig und wiederholt straffällig geworden ist, keinerlei Engagement zeigen – *„[...] ich hatte keine Lust, so weit zu fahren, [...] keine Lust, mich jedes Mal abends in den Bus zu setzen, [...], dann so lange da zu sitzen, voll Zeitdruck und dann abends noch nach Hause und keine Freizeit mehr"* – oder aber er kann gleichzeitig mehrere Angebote beziehungsweise Auflagen

---

110 Schawohl 2009, S. 74
111 Vgl. Schwoon 1990, S. 166ff.

oder Weisungen wie Einzel-AAT, ambulante Suchtberatung sowie die Ableistung von Arbeitsauflagen wahrnehmen, so dass ein Teilnehmer (18 Jahre) neben dem Einzel-AAT noch auflagenbedingte Termine bei der Drogenberatung und beim Jobcenter wahrzunehmen hat.

Die Behandlungs*persistenz* betrachtet die Ausdauer mit der eine Maßnahme genutzt wird. Somit wäre eine hohe Intensität dann gegeben, wenn ein Proband vom Vorsatz der Aufnahme in das Einzel-AAT, also vom Zeitpunkt für die Anmeldung und der daraus resultierenden Einladung für das Vorgespräch, bis zum Abschluss des Trainings und eines möglichen Nachfolgetreffens alle Termine wahrnimmt und die definierten Ziele, zum Beispiel Gewaltabstinenz und ein straffreies Leben, beibehält.

Klug erwähnt unter Verweis auf das von Prochaska und Norcoss entwickelte transtheoretische Modell der Verhaltensänderung auf den in mehreren Stufen stattfindenden Verlauf von Motivationsprozessen. Diese „Stufen werden […] wie folgt beschrieben:

1. Absichtslosigkeit […]: Keine Intention, das problematischeVerhalten in den nächsten sechs Monaten zu verändern. Klienten befinden sich in einer Abwehrhaltung gegenüber [einem] Veränderungsvorschlag […].

2. Absichtsbildung […]: Es findet eine bewusste Auseinandersetzung der Betroffenen mit ihrem Risikoverhalten statt, allerdings fällt keine Entscheidung zur Verhaltensänderung.[…].

3. Vorbereitung [...]: Mit der festen Absicht, in den nächsten 30 Tagen das Verhalten zu verändern, werden erste Schritte unternommen [...].

4. Handlungsstufe [...]: Das Zielverhalten wird seit weniger als sechs Monaten gezeigt, der Betroffene findet die Arbeit an der Verhaltensänderung anstrengend, gleichzeitig ist er keineswegs davor gefeit, rückfällig zu werden.

5. Aufrechterhaltung [...]: Das Zielverhalten wird seit sechs Monaten beibehalten. Die Zuversicht steigt, dass es erfolgreich sein könnte.

6. Stabilisation [...]: Es ist keine situative Versuchung mehr vorhanden, die Rückfallgefahr ist nicht mehr gegeben"[112].

Festzuhalten ist, es „werden Ziele umso eher in Handlungen umgesetzt,

- je genauer die Ziele hinsichtlich Ort und Zeit der notwendigen Handlung spezifiziert sind,
- je wichtiger Ziele sind,
- je größer das Vertrauen in die eigene Wirksamkeit ist und
- wenn die Ziele selbstbestimmt sind" [113].

Einige der von Teilnehmenden an einem Einzel-AAT zu Beginn formulierten Ziele lauten beispielsweise:

112 Klug 2012, S. 332
113 Schneider/Schmalt 2000, S. 31

- „Das Thema ‚Aggressionen' vertiefen. Noch sicherer ‚Nein!' sagen können";
- „Ich will mehr Kontrolle für mich in bestimmten Situationen haben. Nicht bei jeder Provokation mitmachen";
- „Cool bleiben, wenn es darauf ankommt. Mehr Respekt gegenüber anderen zeigen";
- „Nicht gleich an die Decke gehen, wenn mir was nicht passt. Misstrauen und Eifersucht unter Kontrolle bekommen. Aggressionen unter Kontrolle bekommen. Mit Kritik umgehen. Angemessen reagieren";
- „Einfach mal ‚über den Dingen stehen' können";
- „Mein Adrenalin soll nicht so schnell hochgehen, wenn ein Gewitter auftaucht. Ruhiger werden";
- „In Stresssituationen anders verhalten. Bei Provokationen ruhiger reagieren";
- „Meine Aggressivität unter Kontrolle bekommen. Endlich mal ein bisschen entspannter durchs Leben gehen. Mich nicht so schnell provozieren lassen";
- „Wenn eine Situation mich wütend macht, nicht gleich durchdrehen. Mich von meinen Freunden nicht negativ beeinflussen lassen";
- „Nicht so auf übertrieben dumme Sachen eingehen. Locker und gelassen bleiben, wenn es eng wird".

Die Ziele und Vorhaben der interviewten Teilnehmer sind den Gesprächen jeweils vorausgestellt, so dass diese Auflistung im Interviewteil mit weiteren Beispielen fortgeführt wird.

Das anfangs zitierte Goethe-Wort *Lust und Mut für neue Taten* könnte unter gelingenden Voraussetzungen zukünftig mit überwiegend positiv-perspektivischer Konnotation wirken, oder mit den Worten eines Absolventen (20 Jahre) ausgedrückt:

„So ein Training sollten alle mal machen, die sich nicht sicher sind, ob diese kriminellen Aktionen wirklich nötig sind. Wenn man mal ein bisschen nachdenkt und ein vernünftiger Mensch ist, dann weiß man doch, dass dieses ganze ‚Gewalt-Bimbam' so eine Art Flucht ist – das ist ein einfacher Weg. Ich bin ja auch gerade in einer mentalen Umbruchphase, und da muss ich sagen, hat man hier gut Reflektion und neue Einsichten gekriegt, die einem zeigen, dass es auch gut ohne diese pubertären Showeinlagen gehen kann. Das Nachdenken, wenn man hier redet, ist zwar auch manchmal richtig anstrengend, muss ich zugeben, aber dafür bringt es auch was. Das hab ich doch jetzt gut zusammengefasst, oder?"

Diese reflektierende Zusammenfassung kann so stehenbleiben.

Solche Darlegungen der individuellen Motive verdeutlichen die jeweiligen Motivationslagen von den jungen Teilnehmern und lassen sich zudem an anderer Stelle ausführlich nachlesen.[114]

114 Schawohl 2009

Vom Nutzen der Autorität

„Autorität, die nicht durch meinen Respekt entsteht, verwerfe ich [...]"[115], so formuliert es Bertolt Brecht pointiert und bringt damit die Bedeutsamkeit dieses hohen Gutes zum Ausdruck, und gibt explizit zu verstehen, dass Respekt ‚geschuldet' wird, „man verdient ihn oder hat etwas an sich, was Respekt ‚hervorruft'. Diese (alltags-)sprachlichen Verwendungsformen des Begriffs verweisen darauf, dass das Gegenüber aus Sicht dessen, der respektiert, bestimmte Merkmale besitzt, welche Beachtung und eine angemessene – respektvolle – Reaktion rechtfertigen"[116]. Die Arbeit mit gewaltbereiten und gewalttätigen jungen Menschen gehört seit jeher zu den bedeutsamen sowie anspruchsvollen Tätigkeitsbereichen der sozialpädagogischen Arbeit. Allerdings ist die Klientel nun nicht von vornherein gewillt, sich der Sozialpädagogik vorbehaltlos anzuvertrauen:

„Ich muss Ihnen aber gleich sagen, dass ich nicht gleich alles über mich erzählen kann. Das dauert bei mir immer so ein bisschen, bis ich weiß, ob ich jemandem vertrauen kann. Also am Anfang ist erst mal Kennenlernen wichtig, bevor ich dann über mich und meine Probleme was sagen kann", formuliert ein 21-Jähriger beim Vorgespräch zunächst seine abwartend-skeptische Haltung. Immerhin: Die Bereitschaft, etwas zu sagen über ‚mich und meine Probleme', ist scheinbar vorhanden. Diese Bereitschaft ist nunmehr gezielt zu aktivieren, da die

115 Brecht 1998, S. 203
116 Reichart 2015, S. 21

sozialpädagogische Tätigkeit dahingehend verstanden werden kann, einen Raum für Neuanfänge herzustellen. Es ist eine Verständigungsebene zu vereinbaren und ein Rahmen zur Verfügung zu stellen, um Offenheit ermöglichen zu können für neue lebensweltliche Erfahrungen[117]. Nun versteht sich die konfrontative Pädagogik zwar ausdrücklich als delikt- und defizitspezifisch, gleichwohl dient diese Spezifität ebenso ausdrücklich als Basis für eine Lebensweltorientierung[118], so dass der individuelle Bezug durch den angestrebten Transfer in die lebensweltlichen Bereiche des Einzel-AAT-Teilnehmers an Bedeutung gewinnt.

Diese Lebenswelt meint jene „dem Menschen selbstverständliche Wirklichkeit, die ihn umgibt"[119].

Um diese selbstverständliche Wirklichkeit auszuleuchten beziehungsweise diese curricular-relevant kontextuieren zu können, ist die Anfangsphase des Einzel-AATs bedeutsam.

Durch die Erfassung einiger biografischer Daten sowie das Erstellen der sogenannten Wandzeitung zu den Überschriften *Hobbies, Stärken, Schwächen, Freundschaft, typisch männlich, typisch weiblich, Wut* und *Stolz* werden Offenheit fördernde Methoden zielführend genutzt. Hier erfolgen durchaus wohlwollend-konfrontative Annäherungen, da eine „Gegenüberstellung von einander widersprechenden

---

117 Vgl. Hörster/Müller 1996, S. 617 f.
118 Weidner/Kilb 2004, S. 7
119 Stimmer 1996, S. 304

Meinungen, Sachverhalten od. Personengruppen"[120] nicht auszuschließen ist; der kommunikative Prozess ist gleichsam dahingehend begünstigend zu gestalten, dass der Klientel verständlich wird, dass diese Begünstigung in doppelter Hinsicht Wirkung erzielen kann: Zum einen soll bei Wahrung der erforderlichen Distanz eine vertrauensvolle Offenheit generiert werden, zum anderen soll dadurch wiederum jene Nähe entwickelt werden, die einen perspektivischen Veränderungs- oder Erneuerungsprozess bezüglich separater Lebensaspekte befördern kann. Dieser Anspruch tangiert eine Kernproblematik (sozial)pädagogischen Handelns, was bedeutet: „Professionelles Handeln unterscheidet sich vom laienhaften Alltagshandeln darin, dass es fähig ist, Nähe und Distanz zu seinen Adressaten und deren Problemen auf kunstvolle Weise zu verschränken und miteinander zu vermitteln. […]. ‚Das Versprechen, intime Probleme der Menschen zu lösen, *ohne* ihnen zu nahe zu treten, ist die große Zauberformel der klassischen Professionen […]'"[121]. Diese wohlwollend-konfrontative Annäherung intendiert eine Zugangsmöglichkeit für die Freilegung prosozialer Verhaltensweisen. Das Wohlwollende sollte jedoch nicht dahingehend missverstanden werden, dass Indifferenz der Tenor des sozialpädagogischen Handelns ist, da Permissivität zum Agieren ohne Berücksichtigung und Einhaltung von Normen oder anderer Rahmenbedingungen führen und verleiten kann.

120 DUDEN 2011, S. 564
121 Müller 2007, S. 141/142

Der gezielt-konfrontative Kommunikationsstil, der einerseits die Lebenswelt der Klientel zu berücksichtigen hat, andererseits einer Realitätsprüfung standhalten soll, muss beim sozialpädagogischen Personal keineswegs dahingehende Befürchtungen wecken, den Bezug zur Klientel zu verlieren oder die Zugangsmöglichkeit zur vertrauensvoll-dialogischen Auseinandersetzung zu verbauen. Diese Bedenken wären insofern brisant, da die bewusst verzeihenden SozialpädagogInnen/-arbeiterInnen dazu tendieren, „in einer Art und Weise auf antisoziales Verhalten zu reagieren, die dazu beiträgt, dass es aufrechterhalten wird"[122]; das sollte weder im probanden-individuellen noch im gesellschaftlichen Interesse liegen.

Es wird gar die Förderung realitätsfremder biografischer Entwicklungen vermutet, wenn insbesondere in der sozialpädagogischen Arbeit mit schwierigen Einzelnen [...] anbiederndes und meist auf eigenen Ängsten aufbauendes Verständnis für extreme Regelverletzungen aufgebracht wird. Daher wird ein handlungsbezogenes Verhaltensinventar mit einer möglichst großen Breite im Spektrum zwischen Akzeptanz und Verhaltensverstärkung einerseits sowie Kritik, Konfrontations- und in extremen Situationen auch Verurteilungs- und sogar Ablehnungsvermögen des Klientenverhaltens propagiert.

Dabei wären für den konfrontierenden Pol „folgende pädagogische Haltungen (Stile) und Techniken relevant:

122 Bandura 1979, S. 115

56

- die *Verhaltensspiegelung* in der Einzelfallarbeit [...];
- die Konfrontation als Level in oder als Glied/Stufe einer *verhaltensbezogenen Reaktionskette* in der pädagogischen Beziehung bei Regelverletzungen [...];
- die *personale Konfrontation* mit einer geschädigten Einzelperson oder Gruppe mit dem Ziel, erlittenes Opferleid nachempfinden und/oder ausgleichen zu können;
- die *intrapersonale Konfrontation* mit sich selbst in therapeutischen Prozessen [...];
- die *interpersonale Konfrontation* als Gegenüberstellung unterschiedlicher Interessen und Konfliktverständnisse in Streitschlichtungen [...];
- die provokative Konfrontation als Training (Desensibilisierung)"[123].

Für die gelingende pädagogische Praxisumsetzung bedeutet dies, Vertrauen in die eigene Autorität zu haben sowie diese Autorität in der face-to-face-Begegnung mit der Klientel einzu- und durchzusetzen. Dieses Vertrauen sollte auf dem eigenen Zutrauen in sowie dem Wissen um eine fundierte und professionelle Kompetenz basieren. Weiterführend ist die Beachtung der Dudendefinition, da der Begriff Autorität wie folgt erklärt wird:

123 Kilb 2004, S. 160f.

„1. [...] auf Leistung oder Tradition beruhender maßgebender Einfluss einer Person oder Institution u. das daraus erwachsende Ansehen.

2. einflussreiche, maßgebende Persönlichkeit von hohem [fachlichem] Ansehen"[124].

Da den Professionellen aufgrund eines Studiums und/oder weiterführender qualifizierender Ausbildungen der Nachweis erforderlicher Leistungen möglich und ob eines gelungenen Theorie-Praxis-Transfers das fachliche Ansehen erworben und erbracht sein sollte, gilt es, exakt diese Leistung(en) und dieses Ansehen selbstbewusst in die Arbeit mit dem jeweiligen Teilnehmer in dessen Interesse einzubringen. Diese Voraussetzung sollte seitens eines Jugendlichen oder jungen Heranwachsenden erwartet werden können. Erinnert sei an Rousseaus im Jahre 1762 veröffentlichtes Werk *Émile ou de l' education*, da er die Erfahrung der Älteren als jene Autorität bezeichnet, die den Jüngeren leiten muss oder anders ausgedrückt: „Was uns bei der Geburt fehlt und was wir als Erwachsene brauchen, das gibt uns die Erziehung"[125]. Die Älteren, also der/die Trainer/in, stehen somit in der Verantwortung gegenüber den Jüngeren, also dem Einzel-AAT-Teilnehmer.

Die Übernahme dieser Verantwortung impliziert zwangsläufig manche Konfrontationen; Konfrontationen mit jungen Menschen, die ihre Forderungen, Erwartungen, Inter-

---

124 Duden 2011, S. 131/132
125 Rousseau 1998, S. 168

essen und Denkmuster durchzusetzen versuchen, testend, ob zuvor nach Absprache aufgestellte Regeln seitens des autoritativen und in diesem Zusammenhang ebenso autoritären Gegenübers zur Einhaltung angemahnt werden; und nichts spricht gegen Regeln sowie deren Einhaltung und die Einforderung der Einhaltung, wenn diese nachvollziehbar und orientierungsgebend sind. Ein autoritatives Verbot ermöglicht dem Teilnehmer eine eindeutige Orientierung und vermeidet Missverständnisse.

Dabei geht es nicht um eine stigmatisierende oder reduzierende Interaktionsvariante, sondern vielmehr um eine ehrliche, offene, einfühlsame sowie wertschätzende Dialogbereitschaft. Dadurch wird dem Gegenüber Respekt erwiesen und zugleich die Beachtung und die Achtung für die zuvor festgelegten Vereinbarungen bestätigt, um dem Duktus der curricular-immanenten Triade *Transparenz-Kooperation-Konfrontation* zu folgen, so dass den Beteiligten Klarheit für die und Sicherheit in der Situation gewährleistet werden kann. Hier sei auf den Begriff der *pädagogischen Generativität* verwiesen, „der zunächst einmal in einem allgemeinen Sinne ‚Ermöglichung von Bildungsprozessen der jüngeren Generation durch die je ältere' meint"[126]. Dieses pädagogische Generationenverhältnis ermöglicht die Schaffung eines spezifischen Raumes „für die Auseinandersetzung mit den adoleszenztypischen, alltäglichen, mitunter bedrängenden Lebensthemen"[127], zu denen neben

126 King 2007, S. 60
127 King 2007, S. 69

den individuell-biografischen Aspekten eben hier auch die strafrechtlich relevanten Fragestellungen gehören. Der spezifische Raum wird maßgeblich mitgestaltet durch das Expertenwissen und mitbegründet durch die Autorität der Professionellen. Die diesbezüglich für den Teilnehmer gebotene sowie zugesagte Verlässlichkeit hinsichtlich der ihm gegenüber eingenommenen Haltung und die gegebenenfalls zur Verfügung stehenden Stile unterschiedlicher Konfrontationen – personal, intrapersonal, interpersonal, provokativ – generieren jene Belastbarkeit der pädagogischen Beziehung, die für den zeitlich begrenzten Rahmen eines Einzel-AATs sowie darüber hinaus perspektivische biografische Erweiterungen ermöglicht. Das bedeutet für den/die Trainer/in: Es darf kein Solidarisierungsangebot im Sinne eines Konfliktvermeidungsbündnisses erfolgen; vielmehr ist ein wohlwollendes Konfrontationsbündnis angesagt, um einer permissiven Tendenz jegliche Basis zu entziehen. Ohne Expertentum, ohne ein „ausgewiesenes, gesellschaftlich anerkanntes und benütztes Spezialwissen, eine Position, die von der der Laien deutlich und bewusst abgehoben ist"[128], kann eine professionelle Praxisumsetzung nicht gelingen, denn „Sozialarbeit muss den Alltag (der Betroffenen) konfrontieren mit den Möglichkeiten der Interpretation, die über das Alltagswissen hinausgehen; (dieser Alltag) muss hinsichtlich besserer Möglichkeiten kritisiert werden können"[129]. Dadurch sollen Alternativen

128 Thiersch 1986, S. 241
129 Thiersch 1986, S. 252

zu bisherigen Verhaltensweisen und Bewertungskonstrukten aufgezeigt und prosoziale Handlungsstrategien erlern- und anwendbar werden. Dieser Anspruch darf bei einem möglichen Einzel-AAT-Teilnehmer vermutet werden, wenn er der/dem Professionellen erstmalig gegenübertritt – mit Erwartungen, Hoffnungen, Wünschen, Vorstellungen und Lebensplanungen, deren jeweilige Tauglichkeit für den Alltag einer umfassenden Realitätsüberprüfung unterzogen werden müssen, damit die jungen Menschen „zu dem befähigt werden, was in ihnen angelegt ist"[130]. An diesem Punkt sind Positionierungen erforderlich, ist orientierungsgebende Haltung gefragt, ist Beständigkeit gefordert. Analog kann hier die Rückmeldung eines Gruppen-AAT-Teilnehmers verdeutlichen, welche Erwartungshaltung seinem Anspruch zugrunde gelegen hat, da er sein Vertrauen mit der vermuteten Erfahrung des Verfassers begründet hat, die dieser besitzt für den Umgang und die Auseinandersetzung *„mit Jugendlichen oder Straftätern [...], und das war schon wichtig, wie Sie darüber denken, weil Sie haben doch eine wenig mehr Ahnung wie ich. [...]. Sie haben mir viel gesagt, wie das richtig gemacht wird [...] – wie man einen Weg gehen kann und jetzt weiß ich genau, was ich für eine Scheiße gebaut hab und wie ich jetzt gehen muss. [...]. Also, nach den Sitzungen abends, wenn ich zu Hause gewesen bin, dann hab ich schon oft darüber nachgedacht, was wir da gemacht haben, oder auch wenn andere jetzt was gesagt haben, was sie sich vorgenommen haben, hab ich auch darüber nachgedacht, ob das*

---

130 Colla 2007, S. 44

überhaupt realistisch wäre für die. Oder auch bei mir hab ich darüber nachgedacht, was kannst Du denn noch ändern bei Dir?" [131]. Das folgende Statement im Rahmen der Reflektion spricht ebenfalls für sich: *„Sie sind für diesen Job echt geboren. Sie machen das echt gut. Sie wissen wovon Sie reden, und das ist der einzige Grund, warum Sie so reden können mit uns – also reden dürfen, ohne dass wir sagen, dass interessiert uns sowieso nicht"* [132].

Das durch Autorität begründete und begründbare Anerkennungsverhältnis wird gleichsam als conditio sine qua non formuliert. Implizit wird ausgedrückt, dass Glaubwürdigkeit sowie Autorität miteinander korrespondieren, die Glaubwürdigkeit durch diese Autorität überhaupt erst möglich wird. „Wer anderen aufgrund ihrer Rolle, ihrer Erscheinung oder symbolischer Zeichen von Macht den Status von Autoritäten verleiht, vereinfacht die Informationsverarbeitung, indem er sich auf deren Expertentum und Vertrauenswürdigkeit verlässt" [133]. Dieses Vertrauen seitens der Klientel nimmt die Professionellen in die Pflicht und ist zudem unabdingbare Voraussetzung für eine gelingende Kooperation.

Um die vermutete oder erwartete Autorität des professionellen Gegenübers erfassen zu können, sind für die Klientel zwei Fragen von Bedeutung:

131 Schawohl 2009, S. 83
132 Schawohl 2013, S. 36
133 Zimbardo 1995, S. 714

1. Ist die Autoritätsperson tatsächlich ein Experte?

2. Inwieweit können wir diesem Experten vertrauen?[134]

Beide Aspekte werden von dem Teilnehmer nach seinen eigenen Maßstäben überprüft, was der Klient (K) im Fallbeispiel II so zum Ausdruck bringt:

K: […] …diese Termine hier bei Ihnen waren ja nicht mal die, die mich genervt haben – das war ja sogar gut, dass ich hier mal jemanden hatte, mit dem ich reden konnte und der mich auch versteht – wissen Sie, was ich meine? Ich muss Ihnen nicht alles erst erklären, weil Sie auch so wissen, was ich meine. Zu Hause mit meinem Vater kann ich das nicht besprechen – der hat selbst genug Probleme; der ist krank, wissen Sie ja, der war im Krankenhaus und sitzt im Rollstuhl jetzt, da kann ich ihm nicht noch mit meinen Geschichten kommen und ihm die ganze Gerichtskacke vor die Nase halten, der hat selbst mit sich genügend Probleme.

I: Das heißt, dieser Teil der Auflage war für Sie jetzt nicht der Unangenehmste?

K: Gar nicht, nur eben die Zeit und dass ich das dann jedes Mal mit meinem Chef vorher klarmachen musste, dass ich die Schichten dann so legen kann, dass das hier passt, das war nervig irgendwie. Aber hier selbst das war ja sogar gut für mich, weil ich hier eben auch mal jemanden habe, der weiß, was bei mir alles stattfindet, also, der das eben auch versteht, wenn ich so hier und da und überall Stress habe und mir das dann einfach alles zu viel

---

134 Cialdini 2006, S. 290

wird – so eben. Hier wusste ich immer: Das passt – jedes Mal, wenn ich hier raus bin, habe ich mich besser gefühlt als vorher. Aber ich will einfach, dass ich endlich mal meine Ruhe habe und nicht immer diese Paranoia haben muss, dass alle was von mir wollen. Ich mach ja auch nichts mehr – das müssen die doch auch endlich mal in ihre Köpfe reinkriegen, oder wollen die mich mein ganzes Leben lang damit nerven?

I: Wenn Sie sagen ‚Das passt [und] jedes Mal, wenn ich hier raus bin, habe ich mich besser gefühlt als vorher', – können Sie sagen, wodurch das hier für Sie gepasst hat und inwiefern es Ihnen nach den Terminen besser ging?

K: Wie gesagt: Sie wissen, was ich meine, also: Sie verstehen mich. Das war schon mal immer ganz wichtig für mich, dass ich weiß, ich muss Ihnen nicht alles drei-, vier-, fünfmal erklären, bevor Sie wissen, was ich meine. Und besser ging es mir schon mal deshalb, weil hier auch geguckt wurde, was es bedeuten könnte, wenn ich niemals damit aufhöre – so dies-das, bli-bla-blub. Ich weiß das ja auch alles mittlerweile, aber das ist trotzdem gut, wenn man ab und zu immer noch mal daran denkt und darauf gebracht wird, und bei mir war das immer so, wenn ich hier raus bin, habe ich mir eine Zigarette angesteckt und noch mal überlegt, was wir hier so geredet haben. Und das war dann auch so, wenn ich draußen unterwegs war, dann hab' ich das auch so im Kopf: Du hast die Termine bei Herrn Schawohl. Sie haben mich begleitet, obwohl Sie nicht bei mir waren, wissen Sie, wie ich meine?

Diese Einlassung gibt zu verstehen, dass die Begrifflichkeiten Dialog, Beziehung, Autorität, Konfrontation, Reflektion und Perspektive im Zusammenhang gedacht werden können. Das Zusammenwirken dieser Faktoren generiert die essentielle Wirksamkeit des Verstanden-Werdens ('Sie verstehen mich'). „Verstehen bedeutet kognitives und emotionales Einordnen von neuen in alte, von unbekannten in bekannte Zusammenhänge [...]. Verstehen ist Rekonstruktion im Dialog. Menschen wollen sich verstanden fühlen, weil dies Isolation reduziert, Verbindung schafft und Unterstützung sichert und weil es Anerkennung und Wertschätzung bedeutet. ,Verstehen' ist so gesehen der wirksamste Gesprächsförderer"[135].

Verwiesen sei an dieser Stelle auf einen Aufsatz Geisslers[136], da dieser sich explizit damit beschäftigt, nicht dem Fehlschluss zu folgen, Amtsautorität sei mit pädagogischer Autorität zu identifizieren. Diese Identifizierung ist per se gerade nicht gegeben, „so kann man durchaus vom Amt her Autorität haben, für die Menschen aber überhaupt keine Autorität sein. Jene schon vorgegebene Bedeutung des Amtes auch im Ansehen der Menschen zur Geltung zu bringen, das eben ist die besondere pädagogische Aufgabe einer jeden Autorität. Deshalb liegt tatsächliche Autorität nicht schon dort vor, wo man sich auf das Amt stützt, sondern erst dort, wo man auch wirkliche Anerkennung findet"[137]. Dieser Anerkennungsprozess lässt sich durchaus gestalten, zumindest jedoch beeinflussen, da folgende Annahmen zugrunde gelegt werden:

135 Widulle 2011, S. 96
136 Geissler 2000, S. 76 ff.
137 Geissler 2000, S. 77

- Autorität meint ein bestimmtes Verhältnis von Menschen zueinander;
- diese Autoritätsverhältnisse haben etwas mit *sozialer Macht* zu tun;
- *soziale Macht* wird verstanden als Einfluss, der das Wollen und das Handeln von Untergebenen bestimmt;
- soziale Macht kann durch Autorität wie auch durch Zwang und Gewalt ausgeübt werden;
- Zwang fragt nicht nach einem freien Willen des Betroffenen, wohingegen Autorität nicht gegen den freien Willen wirkt;
- daraus ergibt sich, dass jemand einer Autorität folgt und dieser gehorcht, wenn und weil er selber es will;
- durch diese freie Zustimmung gewinnt Autorität ihre Macht;
- Freiheit ist hier so zu verstehen, dass diese stattfindet im Rahmen einer gemeinsamen gesellschaftlichen Ordnung;
- Autorität hat, wem andere von sich aus gehorchen wollen;
- unabdingbar ist ein Vertrauensverhältnis;
- die Vertrauenswürdigkeit schafft die Überzeugungskraft einer Autorität;
- Autorität muss zurücktreten, wenn Heranwachsende sich zunehmend neue Bereiche der Selbstständigkeit erschlossen haben; als Autorität wird anerkannt, wer andere zuvor als Person bestätigt hat.

Diese Autoritätsgenese ist beim Einzel-AAT zu berücksichtigen, da ohne diese Berücksichtigung ein beziehungsfördernder Einstieg nicht gelingen wird. Dieses Beziehungsverhältnis ist erst dann hinreichend belastbar für die weitere – durchaus konfrontative sowie konfrontierende – Arbeit, wenn die Zustimmung des Probanden erfolgt. Nur durch diese Zustimmung können die Professionellen die ihnen angetragene Machtposition ohne jeglichen Missbrauch ausüben. „Macht als Autorität gewinnt ihren Einfluss durch eine freie Zustimmung"[138], ist zu betonen, da eine Person eben erst dann Autorität besitzt, „wenn eine andere ihr diese zuspricht. Autorität ist die Anerkennung des ‚mehr' an Wissen, ‚mehr' an Einblick, ‚mehr' an Erfahrung. Die Urteile und Einschätzungen der Person, die ich im bestimmten Sinne als Autorität schätze, beziehe ich in meine eigene Urteilsfindung mit ein, je unwissender ich in meinem Gebiet bin, um so mehr, Autorität ist also zum Einen eine Lernbeziehung, indem ich andere autorisiere, für mein Lernen maßgeblich zu sein, zum Anderen eine Ermächtigungsbeziehung, die die Wirksamkeit der maßgebenden Person ermöglicht und verstärkt"[139]. Wenn nun diese Zustimmung seitens der teilnehmenden Person erfolgt, impliziert das in der Regel die Basis für die Bereitschaft, eine Lern- und Arbeitsbeziehung einzugehen und diese für den Zeitraum der Trainingsdauer zu nutzen, um die daraus gewonnenen Lerninhalte über das Kursende

138 Geissler 2000, S. 79
139 Wintergerst 2001, S. 26

hinaus nutzen und in die und für die individuelle Lebenswelt übernehmen zu können.

Eine weitere Unabdingbarkeit für eine erfolgversprechende Umsetzung ist das Fehlen jeglicher Beliebigkeit bei der Umsetzung des Einzel-AATs. Ein wohlwollend-zugewandter Gesprächsstil steht nicht im Widerspruch zu eindeutig formulierten Vorgaben und Rahmenbedingungen, die Halt, Struktur und Sicherheit für die Beteiligten ermöglichen.

Eine unmissverständliche Kommunikation generiert das Vertrauen der teilnehmenden Person für die erwartete und tatsächliche Umsetzung dessen, was zugesagt und zuvor angekündigt worden ist. Somit impliziert diese Autorität Verlässlichkeit. Ein explizites Wissen sowie die Bereitschaft, dieses Wissen in die Praxis zu transferieren, bedeutet selbstverständlich auch, sich angreifbar zu machen.

Gleichwohl: Angriffe gegen die eigene Person oder gegen die Fachlichkeit müssen bei hinreichender Autorität nicht gefürchtet werden. Ein fundierter Theoriehintergrund ermöglicht einen gelingenden Praxistransfer, da „das Erlernen individueller Verantwortungskompetenzen [...] gerade darauf zurückgeführt werden kann, dass pädagogische Fachkräfte eine gelungene Balance zwischen zu verstehenden Hintergrundkontexten und fordernden, infrage–stellenden, zuweilen auch konfrontativ-verurteilenden Verhaltenssequenzen herstellen können" [140]. Aufgrund

<hr>

140 Kilb/Weidner 2001, S. 176

solcher erlebten und akzeptierten Autorität bilden sich für die Klientel des Einzel-AATs Chancen für die Eröffnung einer perspektivischen Biografieerweiterung. Empathie und Emphase erlauben die Vermittlung konfrontativer sowie provokativer Inhalte, was ohne das Wissen um die eigene Zuständigkeit, Geeignetheit und Leistungsfähigkeit und -bereitschaft nicht gelingt. Das Wissen um die eigene professionelle Kompetenz verhindert dabei zugleich, dass der Blick für die emotionalen Belange des Gegenübers verloren geht. Die Bedeutung dieser Komponente betont Böhnisch, da er von der erwachsenen Bezugsperson ein Gespür für das Verstehen dafür erwartet, wie man einem jungen Menschen so begegnet, dass dieser wiederum spürt, dass ein Interesse an ihm da ist, „dass sich hier – trotz aller Provokation und Konfrontation – eine hoffnungsvolle Gegenseitigkeit aufbaut, welche überdauert [...], auch wenn der Jugendliche im therapeutischen Prozess immer wieder in die Hilflosigkeit gestoßen wird"[141].

Das vorhandene Interesse an seiner Person sowie für seine Belange muss für den jungen Menschen von Beginn an zu bemerken sein, um den motivationalen Prozess für den Einstieg begünstigend beeinflussen zu können[142]. Neben der curricular-immanenten Triade Transparenz-Kooperation-Konfrontation steht gleichberechtigt die interdependente Triade professionelle Kompetenz-gelingender Takt-

141 Böhnisch 1999, S. 223
142 Vgl. Schawohl 2012

wirksame Autorität – eine „klare Linie mit Herz"[143] kann hier nach wie vor maßgebend und richtungsweisend sein, und das beinhaltet eine vermeintliche Widersprüchlichkeit, die bei erforderlichem Verständnis sowie kurzem Nachdenken sinnvoll und zielführend sein kann:

„Moderne Autorität ist in sich widersprüchlich. Sie muss verbindlich und großzügig zugleich sein"[144] – diese Sichtweise ist kein Entweder – oder, sondern ein Sowohl – als auch. *„Sie haben mir Gehör geschenkt und ich habe Ihnen zugehört, weil ich gemerkt habe, dass Sie Ahnung davon haben, worüber wir hier gesprochen haben. Und wissen Sie, was mich am meisten wundert? Sie haben nicht ein einziges Mal gesagt ‚Du musst' oder ‚Du sollst' oder so, sondern Sie haben eigentlich immer mir überlassen, wie ich mich entscheide; aber ohne Sie wäre ich gar nicht in diese Situation gebracht worden, dass ich mir das überlegen muss, und ich glaube, deshalb hat mir das hier was gebracht und deshalb hab ich überhaupt so intensiv mitgemacht hier"*, lautet die abschließende Einlassung eines 18-Jährigen am Ende des Einzel-AATs (Interview I). Hier wurde offenkundig „in einer Weise [gearbeitet], die allen Akteuren die Würde belässt. Sie muss abgefedert sein, durch Praktiken der Kooperation, geleitet von der Sorge um den Anderen und um die Fähigkeit ihm die soziale und kulturelle Welt in ihren Regeln zu zeigen, aber nicht aufzuerlegen, sondern

143 Weidner 2006, S. 31
144 Bergmann 2001, S. 213

der Reflexion und der eigenen Übung zugänglich zu machen"[145] – „Konfrontative Pädagogik: it works!"[146].

145 Winkler 2014, S. 53
146 Schawohl/Weidner 2014, S. 38

Der entscheidende Faktor: Kommunikation
oder: Kommunikation ermöglicht Beziehung ermöglicht dialogische Konfrontation

„Respekt entsteht in der Beziehung [...]. Erst in einer konkreten Situation [...] erkennt man, ob man den anderen als gleichwertigen Partner anerkennt oder nicht"[147], und „alles muß schließlich über diese Beziehung, also durch persönliche Vermittlung transportiert werden. Immer geht es darum, daß Menschen unmittelbar auf andere Menschen einwirken, um zu erreichen, was sie sich vorgenommen haben"[148] – das ist eine gehalt- und verantwortungsvolle Vorgabe, um die alles entscheidende grundlegende Voraussetzung für die angestrebte dialogische Konfrontation zu begründen – noch kompakter: „Beziehung ermöglicht die seelische Integration von sozialer Werthaltung, Respekt und Grenzsetzung"[149].

In ausführlicher Ergänzung sei angemerkt: „Voraussetzung allen pädagogischen Handelns ist Diagnose im weiten Sinn, verstanden als Rekonstruktion der lebensweltlich gesehenen Situation und als Konstruktion einer gemeinsamen Entwicklung, des Entwurfs, der Korrektur, des Neuentwurfs von Deutungs- und Handlungsoptionen. Die Entwicklung solcher Diagnose ist immer auch die Auseinandersetzung mit der Eigenheit und Fremdheit des Anderen, die es zu respektieren gilt.[...]. Es braucht Möglichkeiten

147 Reichart 2015, S. 18
148 Giesecke 1999, S. 16
149 Bärsch/Rohde 2008, S. 121

und Raum, dass AdressatInnen sich ihrer eigenen, oft nicht so geklärten, aber für sie evidenten Deutungen und Handlungskonzepte vergewissern, die sie im mäeutischen Gespräch erst entdecken können. Dazu dienen vor allem auch Gelegenheiten zu biografischen Erzählungen [...]"[150], die beim Einzel-AAT beispielsweise beim sogenannten ,Referat' (Siehe: Methodische Inhalte) thematisch im Fokus stehen. Als beispielhafte Erläuterung mag der folgende Ausschnitt aus Interview I dienen:

I: Bei der Wandzeitung haben Sie bei der Überschrift Stolz als erstes erwähnt ,Auf meinen Sohn' – dieser kleine Mensch hat Ihr Leben vollkommen verändert wie es scheint.

K: Ja, auf jeden Fall. Wie schon gesagt, das ist das Beste, was mir passieren konnte. Ohne ihn kann ich mir mein Leben gar nicht mehr vorstellen.

I: Hatten Sie irgendwann – vor oder nach der Geburt – mal das Gefühl, die Vaterrolle nicht schaffen zu können?

K: Dass ich jetzt kein guter Vater bin oder kein guter Vater sein kann, meinen Sie?

I: Gar nicht mal diese Zuschreibung ,guter Vater', sondern eher in die Richtung gedacht, dass Sie aus Ihrem Elternhaus ja nun kein Vorbild dafür hatten, was eine gelingende Vater-Sohn-Beziehung ausmachen sollte, wenn es diese denn geben würde.

K: Ach, so meinen Sie das. Ne, da hab ich mir gleich gesagt, dass mein Sohn auf jeden Fall einen richtigen Vater bekommt, also

150 Thiersch 2007, S. 42

74

jemand, der auch wirklich für ihn da ist und nicht so dieses scheißegal, was mit meinem Sohn ist – soll er doch selbst sehen, wie er zurechtkommt, interessiert mich doch nicht.

I: Was bedeutet die Formulierung ‚richtiger Vater‘ für Sie?

K: Ja, dass ich für meinen Sohn also da bin, immer da bin, dass er sich darauf auch verlassen kann zu hundert Prozent. Er soll wissen, dass seine Eltern sich um ihn kümmern und er für die nicht egal ist, also dass den Eltern nicht egal ist, was mit dem Kind passiert – so mein ich das.

I: Diese Gleichgültigkeit haben Sie in Ihrer Kindheit so erlebt?

K: Nur, ja.

I: Wer hat sich denn um Sie gekümmert, wenn Sie Hilfe oder Unterstützung benötigt haben?

K: Niemand eigentlich wirklich. Wenn mal was war in der Schule oder so, dann hat meine Mutter immer gesagt: ‚Jetzt muss ich mich wieder um Deinen Scheiß kümmern, immer muss ich mich um Deine Scheiß-Angelegenheiten kümmern –wieso immer ich?‘. So auf diesen ging das dann, aber so richtig interessiert hat die das dann auch nicht, die war einfach nur genervt, wenn wieder mal was war, wo sie dann so keine Zeit hatte, um ihren Kram zu machen.

I: ‚Ihren Kram machen‘ meint was?

K: Rauchen, saufen, fernsehen, rumhängen einfach nur – was anderes hat die ja nie gemacht.

I: Und Ihr Vater war auch nicht da, das haben Sie beim Referat ja bereits erwähnt.

K: Der hat den Namen ,Vater' gar nicht verdient. Wenn jemand nur Vater heißt, ohne Vater zu sein, dann ist er kein Vater. Und mein Vater war niemals Vater, der war im Knast. Der war eigentlich immer nur im Knast: Bei meiner Geburt, als ich zur Schule gekommen bin, wenn irgendwas mit den Lehrern zu klären war – der war immer weg. Und dann war er mal kurz draußen und dann ist er abgeschoben worden und darf jetzt fünf oder sechs Jahre oder so nicht wieder zurück nach Deutschland. Also kann man auch so sagen: Mein Vater war eigentlich immer irgendwie nicht da und meine Mutter war zwar schon da, aber irgendwie immer so abwesend, also auch keine Hilfe für mich. Asi-Eltern eben – ist so.

I: Sie haben jedenfalls Ihre klare Meinung dazu.

K: Ja, kann ich ja auch nicht mehr ändern jetzt.

I: Allerdings selbst besser machen, was Ihnen für den Anfang als stolzer Papa ja scheinbar auch ganz gut gelingt.

K: Das muss auch so bleiben.

Diese vorab skizzierte respektvolle Grundlage basiert auf dem gesprochenen Wort, „mit Klartext und Empathie, mit Nachdruck und Emphase. Das verlangt [...] unter anderem: Mit Aufmerksamkeit und Geduld hinzuhören und zuzuhören und daraus resultierend (zu)treffende Fragen zu stellen"[151], denn „auch wenn wir wenig sagen, sagen wir viel"[152], und „jedes Wort enthält auch die Person, die

---

151 Schawohl 2004, S. 99
152 Franck 2019, S. 18ff.

es ausspricht, die Situation, in der sie es ausspricht, und den Grund, warum sie es ausspricht"[153]. Bemerkenswerterweise erwähnt eine Jugendrichterin im Gespräch zweimal, wie sie den jungen Menschen begegnet: „Ich nehme sie ernst. Ich höre Ihnen zu. […]. Ich nehme sie ernst und höre ihnen zu, vielleicht ist das schon mehr, als sie sonst bekommen"[154]. So kann es gelingen, etwas zu befördern, freizulegen, zu initiieren, was ohne ein Gespräch so nicht möglich gewesen wäre.

Dabei sind die Professionellen „normale Mitwirkende einer sozialen Praxis und zugleich ‚Organon‘. Sie sind diejenigen, die das Neue in der Praxis, als Person und für die Person des jungen Menschen hervorbringen, Sie haben eine produktive, erzeugende Kraft"[155]. Die Faktoren Beziehungsrespekt sowie Funktion als Organon sind implizit in dieser Interviewpassage (Interview II) enthalten, da abschließend gesagt wird:

I: Im Grunde war während des gesamten Trainings Ihr Tenor: Ich will meine Ruhe und weg von dem kriminellen Weg, den ich jahrelang gegangen bin. Zumindest gibt es etliche Zitate von Ihnen, die bei den Wochenrückblicken zu finden sind, bei der Wandzeitung, bei den Aussagekarten – ich glaube fast, es hat nicht eine Sitzung gegeben, in der Sie nicht in diese Richtung gedacht oder geredet haben.

153 Havel 1990, S. 217
154 Reinhard/Schorn 2018, S. H3
155 Winkler 2016, S. 49

K: Das stimmt auch. Und ich muss sagen, dass mir das auch jedes Mal deutlicher geworden ist, wenn ich jede Woche hier gewesen bin – das hat mir sozusagen die Bestätigung dafür gegeben oder sogar die Erkenntnis gebracht, dass das so auf jeden Fall richtig ist.

I: Vielmehr kann von so einem Einzel-AAT ja gar nicht erwartet werden. Und all das wäre ohne Ihre Mitarbeit und ohne Ihr Mitwirken nicht zustande gekommen. Wobei Sie ja auch von Beginn an mit großer Bereitschaft dabei waren.

K: Weil ich das ja auch wollte. Ich hab das ja selbst so bei der Bewährungshilfe vorgeschlagen, dass ich so ein Einzel-AAT hier machen will. Und hab' ich ja schon gesagt: Nach jedem Termin bei Ihnen habe ich mich besser gefühlt als vorher und dann hab' ich jedes Mal gewusst, dass das auf jeden Fall richtig war. Und das war auch immer so vorbereitet oder wurde von Ihnen immer so mit den Gesprächen so geleitet, dass das wie für mich gemacht war, das muss ich schon sagen.

I: Danke für das Kompliment, M. – nur nochmal: Das war ja nur ein Teil, der andere Teil kam von Ihnen, also geht das Kompliment ebenso an Sie zurück.

K: Dann sag ich auch danke. Haben wir beide das also gut gemacht, kann man sagen.

I: Sagen wir es so.

Bei dieser Passage lässt sich unter Verweis auf Colla mitdenken und nachvollziehen, dass „die jungen Menschen die PädagogInnen nicht als ‚Verkünder großer Worte' erleben, sondern primär als konkrete Personen mit jeweils eigener Expressivität und Wirkung im pädagogischen Umgang und in seinem ihm innewohnenden Balanceakt von Nähe und Distanz"[156].

Es klingt hier zudem an, dass zunächst der Beziehungsaufbau erfolgt und dann die Konfrontation. Die Konfrontation wiederum erfolgt nur mit der Interventionserlaubnis der konkret Betroffenen, daher muss das gesprochene Wort die Bereitschaft für diese Erlaubnis bei den jungen Menschen generieren[157]. Da dem gesprochenen Wort eben dieser hohe Bedeutungsgehalt beigemessen wird, „muss dieser Gesprächskontakt gewissen Anforderungen genügen: ‚Veränderung erfordert, dass Synapsen, die noch nicht so gut gebahnt sind, über möglichst lange Zeit hin immer wieder so oft und intensiv wie möglich aktiviert werden. Wenn man sich die Veränderung von dem Gespräch selbst erwartet, kann man sie nur damit erreichen, dass man an einem Problem dranbleibt, es wirklich von allen Seiten bearbeitet, damit immer wieder die an den problematischen neuronalen Schaltkreisen beteiligten Neuronen aktiviert werden'[158]. Das wiederum lässt sich nur dann gewährleisten, wenn die Gespräche vorbereitet, inhaltlich gut strukturiert und im Bewusstsein geführt werden, dass sie nachhaltig wirken sollen"[159]. Eine solche Strukturierung kann bei-

156 Lauermann 2016, S. 37
157 Vgl. Schawohl 2009, S. 99ff.; Schawohl 2011, S. 157ff.
158 Grawe 2004, S. 55, zit. n.: Klug 2012, S. 340
159 Klug 2012, S. 340

spielsweise zu einer nachhaltigen Einsicht führen, wie sie von einem der Teilnehmer in Interview III geäußert wird:

I: Wann haben Sie sich eigentlich davon verabschiedet, zu sagen: ,Nebenbei kann ich ja auch immer noch Geld machen. Ich habe mir eine Fassade aufgebaut mit meinem Job, und was hinter der Fassade stattfindet, bekommt ja eh keiner mit'?

K: Das hatten wir ja vorhin schon gesagt, dass ich damit ein viel zu hohes Risiko eingehen würde und damit alles aufs Spiel setzen würde, was mir wichtig ist – die Rechnung kann für mich nicht aufgehen. Wenn ich mittlerweile hier was gelernt habe, dann, dass diese kriminelle Schiene für mich nichts bringt. Irgendwann muss ich das ja mal akzeptieren – sonst lande ich früher oder später doch noch im Gefängnis. Ich finde, man muss das Schicksal auch nicht auf übertrieben reizen – ich hab jedenfalls für mich verstanden, dass der Weg so für mich nicht gut sein kann, also der kriminelle Weg. Der legale Weg ist entspannter und führt nicht ins Gefängnis.

I: Nicht einmal Richtung Gefängnistor. Also ist Ihr Entschluss endgültig: Der S. von damals tritt nie wieder öffentlich in Erscheinung?

K: Der S. von damals kann gar nicht mehr öffentlich in Erscheinung treten, weil der S. von heute ihm lebenslänglich verpasst hat – so sieht es aus.

I: Und da heißt lebenslänglich dann wirklich lebenslänglich?

K: Lebenslänglich und SV [meint: Sicherungsverwahrung; Anm.] – der taucht nie wieder auf.

Die Beziehung zwischen einem Teilnehmer und einem Trainer exemplifiziert die komplementäre Bedeutung von Wohlwollen plus Konfrontation, von Gewährenlassen plus Gegenwirkung, von Empathie plus Emphase. Diese Stilelemente schließen einander nicht aus – vielmehr gestatten eingeforderte Verbindlichkeit und respektvolle Zuwendung[160] den Zugang zur Klientel. Konkordant gilt Kilbs Formulierung, es seien „eher die ‚kantigen‘, die fordernden, konfrontierenden und gleichzeitig auffangenden PädagogInnen, die Erinnerungs-Eckpunkte in der Retrospektive früherer AdressatInnen der Jugendhilfe markieren und nicht die ‚immer-und-alles-akzeptierende‘ Fraktion"[161]. In Parenthese sei ein solcher Erinnerungs-Eckpunkt in der autobiografischen Betrachtung angeführt, da die pädagogische Bezugsperson erinnert wird als diejenige, über die sich retrospektiv sagen lässt: „Ohne Sie, ohne die liebevolle Hand, die Sie nach dem kleinen armen Kind ausstreckten, das ich war, ohne das, was sie mich lehrten und das Beispiel, das Sie mir gaben, wäre nichts von alledem passiert"[162].

Da nicht selten jene junge Menschen der Jugendhilfe oder der Jugendstraffälligenhilfe überstellt werden, die zuvor medienwirksame Resonanz hervorgerufen haben und für eine bestimmte Lebensphase der Einstellung folgen oder gefolgt sind „mit Brutalität kann ich mir Respekt verschaf-

160 Vgl. Schawohl 2012
161 Kilb 2004, S. 160
162 Braun 2013

fen"[163], soll diese Denkweise nunmehr zugunsten einer legal-perspektivischen Sichtweise im Rahmen eines Einzel-AATs möglichst nachhaltig dekonstruiert werden, um einen dahingehenden Beitrag zu leisten, dass der ‚S. von damals nicht mehr öffentlich in Erscheinung tritt', wie es vorab beschrieben worden ist.

Die Beziehung zwischen Menschen wird ganz wesentlich durch den kommunikativen Aspekt geprägt und bestimmt. Es klingt simpel, ist allerdings nicht ohne Schwierigkeiten umzusetzen, wenn es zweierlei zu bedenken gilt: Zum einen, „dass man ihre Sprache sprechen muss, um wirkungsvoll mit Menschen reden zu können"[164], zum anderen, was ein Bediensteter für die polizeiliche Ansprache als maßgeblich voraussetzt, dass „du dir in jedem Fall Respekt verschaffen [musst]"[165], um dadurch wiederum ein Wagnis zu initiieren, von dem beide am Dialog Teilnehmenden ‚betroffen' sind, da „man sich riskieren [muss], Neues wagen, sich zur Disposition stellen, in Kauf nehmen, dass man in den eigenen Aussagen ernst genommen wird"[166]. Um diesem gewagten Verständnis Nachdruck zu verleihen, erfahren die möglichen Teilnehmer beim obligatorischen Vorgespräch, dass ein Einzel-AAT den Vorteil mit sich bringt, dass sie ernst genommen werden mit dem, was sie sagen – dass es gleichwohl einen damit einhergehenden Nachteil

163 Preuß/Özuak 2019
164 Farrelly/Brandsma 1986, S. 159
165 Wahba 2019, S. 26
166 Krüger 2016, S. 55

82

geben könnte, nämlich den, dass sie tatsächlich ernst genommen werden, mit dem, was sie sagen.

Das eventuell Einfache beinhaltet somit durchaus Potential für Komplikationen. Die möglichen Schwierigkeiten können dabei auf mehreren Ebenen bedeutsam werden:

- es können unterschiedliche Muttersprachen zugrunde liegen;
- das Sprachverständnis kann unterschiedlich ausgeprägt sein;
- das Ausdrucksvermögen differiert;
- die Diskussionskultur weicht voneinander ab;
- die Dialogbereitschaft ist unterschiedlich ausgeprägt;
- die Dialogfähigkeit ist unterschiedlich ausgeprägt;
- das Interesse an einer dialogischen Kommunikation ist gering oder nicht bedingungslos vorhanden;
- der Glaube an die Wirksamkeit des gesprochenen Wortes wird abweichend voneinander bewertet.

Somit muss zum Teil gegen diese Hemmnisse oder Widerstände eine kommunikative Basis geschaffen werden, um mit einem in der Regel jüngeren Menschen einen um seiner Sache willen auseinandersetzenden sowie herausfordernden Dialog mit der oben erwähnten Empathie und Emphase führen zu können. Intention dieser Dialogbereitschaft ist stets das Schaffen einer perspektivischen Begünstigungsmöglichkeit, um sowohl das Sprachverhalten als auch das Verhaltensrepertoire des Teilnehmers erweitern zu können. Hinsichtlich des Sprachverhaltens von Jugendlichen sowie jungen Heranwachsenden kann angenommen werden, dass dieses „sowohl in formaler als auch in inhaltlicher Hinsicht [...] deutlich durch die Art des Sprachverhaltens von erziehenden Erwachsenen beeinflusst wird"[167] – eine für die praktische Arbeit durchaus zu exponierende Annahme, damit den bisherigen strafbaren Taten Worte und diesen Worten nunmehr gewaltfreie Taten folgen können.

Zum Ausdruck zu bringen ist hier „weniger schmerzliche Betroffenheit oder gar Sehnsucht nach dem Einssein mit dem anderen, als freundliche Distanz und nüchterne Güte"[168].

Das berücksichtigt eine Intention, die für die Beziehungsarbeit mit intensivbetreuten jungen Menschen bedeutsam ist, da „Offenheit, Ehrlichkeit und Transparenz in der Zusammenarbeit im Sinne eines echten Interesses am Probanden [wesentliche Beziehungsfaktoren sind], ohne diesem aber seine Eigenverantwortung und eigene Entscheidungsfreiheit zu nehmen.

Wichtig für die Beziehungskonstanz ist hierbei auch, die in diesem Prozess häufigen Richtungswechsel und Fehlversuche zu akzeptieren und den Entwicklungsprozess daraufhin immer wieder neu anzupassen. Eine Fehler verzeihende und Rückschläge akzeptierende Haltung ermöglicht eine tragfähige Beziehungskonstanz"[169].

167 Tausch/Tausch 1973, 79f.
168 Gottschalch 1988, S. 13
169 Walsh/Hausenberger et al. 2016, S. 244

Erwiesener sowie akzeptierter Respekt generiert jene Atmosphäre, die Bubers Einschätzung bestätigt, nach der in der Sphäre des Vertrauens an die Stelle des Widerstandes gegen das Erzogen-Werden ein eigentümlicher Vorgang tritt, da der ‚Zögling' den Erzieher als Person annimmt, weil „er fühlt, dass er diesem Menschen vertrauen darf, dass dieser Mensch nicht ein Geschäft mit ihm betreibt, sondern an seinem Leben teilnimmt, dass dieser Mensch ihn bestätigt, ehe er ihn beeinflussen will"[170], geht es doch auch darum, „die Unterschiede zu verstehen"[171] und diese annehmen zu können, um dem Gegenüber wertschätzend entgegenzukommen. Diese Art der konfrontativ-dialogischen Zuwendung bedeutet Annahme des anderen Menschen, nicht Ablehnung, Hinwendung zu seinen Belangen und den ihn bewegenden Themenfeldern mit den dazugehörigen jeweils unterschiedlich ausgeprägten Individualaspekten, die im Kontext eines Einzel-AATs hinreichend Berücksichtigung finden können und dem jungen Gegenüber dadurch zu verstehen geben wollen, dass diese Modifizierung des konfrontativ-pädagogischen Settings für ihn gleichwohl ein vertrauensgestaltendes Gesprächsangebot eröffnet – mit anderen Worten: „Vertrauen in der Interaktion setzt nicht auf ein bestimmtes Resultat, sondern setzt auf Sinn für beide Seiten. Vertrauen in Interaktionen bedeutet nicht, ich vertraue darauf, dass mein Gegenüber mich genauso versteht, wie ich denke und spreche bzw.

170 Buber 1953, S. 68
171 Lang/Toscani 2018, S. 17

dass mein Gegenüber denkt und handelt, wie ich es ihm sage. Es bedeutet vielmehr, dass ich davon ausgehe, dass mein Sprechen und Handeln für ihn sinnvoll ist und dass er mir dasselbe umgekehrt zutraut. Vertrauen produziert Sinn, und Sinnerfahrung produziert Vertrauen und Selbstvertrauen [...]. Vertrauen ist also immer eine Antizipation von Positivem"[172] und wird durch die interdependente Bedeutung und Ausformung der TrainerIn-Proband-Dichotomie nachvollziehbar gestaltet.

Eine Passage aus Interview VIII dient der praktischen Erklärung dieser theoretischen Einlassung:

I: Sie haben bei einem der Wochenrückblicke mal gesagt: ‚Ich fühl mich tiefenentspannt, besonders, wenn ich hier gewesen bin‘ – wodurch kommt diese Tiefenentspannung für Sie zustande?

K: Durch das Reden denke ich mal. Das ist doch hier so, dass man gut miteinander reden kann so. Man hat doch auch so seine Probleme und weiß nicht immer, wie man bestimmte Situationen gut klären kann, ohne dass es eben gleich knallt oder wieder Polizei mit dabei ist. Oder eben auch einfach so, dass ich was sagen kann, ohne dass das gleich an die große Glocke kommt danach, weil man ja weiß, dass Sie das nicht überall rumerzählen dann. Man sieht die Sachen auch mal anders und kann dann auch mal sagen, dass man nicht nur immer so Recht hat in bestimmten Sachen – auf sowas kommt man dann ja auch gar nicht alleine so. Wer malt sich denn schon solche Felder auf [meint: Vier-Felder-Matrix, siehe oben; Anm.] und sieht dann, wie wenig das dann gut ist,

---

172 Hoppe 2009, S. 138 f.

weil es ja eigentlich meistens nur Nachteile gibt. Wenn man das mal vorher machen würde, versteht man das viel eher, wie unnötig das eigentlich ist.

I: Zumindest haben Sie jetzt für sich die Möglichkeit, im Vorwege zu entscheiden, wie Sie sich entscheiden, denn Ihre vier Felder waren ja auch sehr eindeutig ausgefüllt.

K: Das kann man wohl sagen: Hunderttausend Nachteile und zwei oder drei klitzekleine Vorteile, wenn man das denn überhaupt Vorteile nennen kann. Das zum Beispiel ist doch gut, wenn man sowas hier lernt bei Ihnen. Manche Sachen versteht man auch erst manchmal so beim Reden – dann wird einem auf einmal klar: Schwachsinn, was Du da machst oder bringt doch gar nichts, wenn Du das jetzt so und so machen willst, lass mal lieber, bleibst Du frei, hast Deine Familie und Deine Ruhe, und musst Dir keinen Kopf machen mit Gericht und Polizei und Gefängnis. Da, wenn ich da jetzt schon wieder drüber rede so, dann ist das genau das, was ich meine: Man versteht das dann alles besser, weil einem das dann richtig klar wird.

Eine freundliche Distanz sowie nüchterne Güte und der dazugehörige pädagogische Takt – ein Begriff, den Herbart bereits 1802 in die Pädagogik eingeführt hat und der als „Scharnier zwischen (empirischer) pädagogischer Wissenschaft, also Theorie, und pädagogischer Praxis gilt"[173] – verleihen für die dialogische Kommunikation eine Situationssicherheit, die zur Wahrung der Würde der Person und

173 Colla 1999, S. 349

zur Wahrung der Gleichwertigkeit der Gesprächspartner
beiträgt. Diese Gleichwertigkeit ignoriert nicht die von Kilb
konstatierte mögliche temporär-situative Gegnerschaft[174],
die unter anderem die Kompetenz eines differenzierten pädagogischen Gestaltungs- und Reaktionsvermögens beinhaltet – bei gleichzeitiger Angemessenheit des konfrontierenden Verhaltens, denn „Motivation, Freiwilligkeit und
Veränderungsbereitschaft sind ein in der Sozialen Arbeit
gut gepflegter Mythos, häufig aber keine Realität. [...]. Es
ist daher eine hilfreiche Grundhaltung, Veränderung als
unabdingbar zu sehen, aber Veränderungs–bereitschaft
und Motivation von Gesprächspartnern [...] nicht einfach
vorauszusetzen"[175]. Die differenzierte Kompetenz berücksichtigt, dass die teilnehmende Klientel zum einen in be-
sonderem Maße in Krisen- sowie Grenzsitua–tionen gerät
und zum anderen nur begrenzt über verlässliche Bezie-
hungserfahrungen verfügt; daher benötigt sie „wohlwollende, verständnisvolle und zugleich konturierte Bezugs-
personen, die sich ihnen in der Beziehung stellen"[176]. Unmissverständliche Positionierungen um einer richtungs-
weisenden, haltgebenden Orientierung willen sind somit
auf der professionellen Seite unabdingbar. Das gesprochene Wort benennt diese Positionierungen und beugt jeglicher Indifferenz seitens der sozialpädagogisch Agieren-
den vor. Dadurch wird jeder Anschein der Permissivität
vermieden und zugleich die Tendenz der bewusst verzei-

174 Kilb 2009, S. 57 f.
175 Widulle 2011, S. 53
176 Ahrbeck 2004, S. 75 f.

henden SozialpädagogInnen und SozialarbeiterInnen unterbunden, „in einer Art und Weise auf antisoziales Verhalten zu reagieren, die dazu beiträgt, dass es aufrecht erhalten wird"[177], was weder im Interesse der teilnehmenden Person noch im gesellschaftlichen Interesse liegen sollte. Eventuell ginge mit der erwähnten Permissivität eine Förderung realitätsfremder biografischer Entwicklungen einher, wenn insbesondere in der sozialpädagogischen Arbeit mit sogenannten schwierigen Einzelnen anbiederndes und meist auf eigenen Ängsten aufbauendes Verständnis für extreme Regelverletzungen aufgebracht würde. Junge Menschen, gleichsam möglicherweise die Einzel-AAT-Klientel, „durchbrechen in der Kommunikation die Altersbegrenzungen und versuchen, sich auf gleiche Augenhöhe mit den Erwachsenen zu stellen. [...]

Sie suchen eine direkte und klare Kommunikation – oftmals auch hart und verletzend – und wollen darin respektiert, angehört, ernst genommen und wertgeschätzt werden"[178], mit den Worten eines russischstämmigen YouTubers: „Das erleben wir nicht oft, dass ein Deutscher eine klare Sprache spricht, Respekt"[179]. Diese Option(en) wird/werden beim Einzel-AAT definitiv geboten, basierend auf dem weiter oben erwähnten handlungsbezogenen Verhaltens- und Kommunikationsinventar.

177 Bandura 1979, S. 115
178 dos Santos-Stubbe/Noyon 2009, S. 169
179 von Uslar 2018, S. 42

Die gelingende Umsetzung zieht als Resultat die reflektierende Betrachtung eines 20-jährigen Absolventen nach sich, der den Kommunikationsstil als ‚Respektgarantie' bezeichnet hat, *„weil ich jedes Mal vorher sozusagen meinen Modus geändert habe, wenn ich hier zum Training gegangen bin: Ghettomodus aus und Respektmodus ein – dann war das sozusagen sowas wie die Respektgarantie dafür, dass es hier keinen Ärger gibt und keine Gewalt"*. Diese ‚Respektgarantie' könnte und sollte über das Einzel-AAT hinaus gelten und für den jungen Mann allgemeingültig bleiben.

Freundliche Distanz und nüchterne Güte plus vorurteilsfreie Zuwendung für das gesprochene Wort des jungen Gegenübers eröffnen neue Möglichkeitsräume, die zuvor unbeachtet oder gar unzugänglich gewesen sind, so dass „die Erkenntnis des einen zur Erkenntnis des anderen führen [kann]"[180].

Es kann ein Gedanke der motivierenden Gesprächsführung berücksichtig werden, da die Auffassung zugrunde gelegt wird, „dass eine Person mit problematischem Verhalten [...] nicht generell unmotiviert ist, sondern einer Veränderung eher ambivalent gegenüber steht"[181]. Diese Vermutung korrespondiert mit dem bereits zuvor erwähnten Gedanken Collas, nach dem unterstellt wird, „dass der junge Mensch mit der ‚Welt', nicht nur mit dem eigenen Milieu auskommen will"[182], den ein 19-Jähriger so bestä-

180 Hürter 2018, S. 52
181 Vgl. Hörster/Müller 1996, S. 617 f.
182 Colla 2007, S. 44

tigt: „*Auf Dauer ist es doch – Entschuldigung, wenn ich das so
sage –, aber es ist doch für'n Arsch sozusagen, wenn ich glaube,
dass ich in meinem Ghetto der King bin, und woanders bin ich
der Kasper, weil da ein anderer auf King macht; also überleg ich
mir doch, wie ich mit weniger Ärger klarkommen kann, wenn ich
mir dadurch eine bessere Zukunft aufbauen kann*". Exakt eine
solche perspektivische Intention muss beim Einzel-AAT
immer mitberücksichtigt werden, geht es doch um die Sache der Klientel – oder anders gesagt: „Der Nutzen des Ler-
nens muss für das jeweilige Individuum erkennbar sein
(‚Was bringt mir das?')"[183]. Dieser hinterfragte, gleichsam
erwartete perspektivische Individualnutzen verleiht dieser
Angebotsmöglichkeit eine exponierte Bedeutung. „*Wenn
ich das früher gewusst hätte, dass das hier für einen selbst so viel
bringt, dann wäre ich schon viel früher hierher gekommen*", bewertet ein Absolvent (20 Jahre) nach Erhalt des Zertifikates
den wahrgenommenen Nutzen des Einzeltrainings.

Auf Nachfrage werden folgende prospektive Effekte von
dem Teilnehmer aufgezählt:

- „Ich habe mein Ziel erreicht [‚Nicht mehr so aggressiv
  reagieren bei Provokationen. Respektvoller sein.
  Nichts mehr mit Polizei und Gericht zu tun haben;
  Anm. d. Verf.];
- es hat keine Anzeigen mehr gegeben, weil ich nichts
  mehr gemacht habe;
- Job läuft besser;

183 Mitzel 2016, S. 417

- die Stimmung zu Hause ist entspannter irgendwie;
- es gibt insgesamt weniger Stress;
- die Beziehung läuft – also: Alles gut!".

Diese Selbstwirksamkeit und Zuversicht ausdrückende Auflistung bestätigt, dass sich „im Gespräch Perspektiven und Wege auf[tun], an die zunächst gar nicht zu denken war"[184].

Die praktische Umsetzung des konfrontativen Ansatzes zielt nicht darauf ab, jemandem despektierlich zu begegnen oder jemanden herabzuwürdigen[185] – es geht nicht darum, mein Gegenüber kommunikativ „in die Enge [zu] treiben, sondern ihm Optionen [zu] lassen, sein Gesicht zu wahren"[186,] damit für diese Person deutlich wird, dieses Angebot „gilt zunächst und vor allem dir, deinem einsamen Ich, deinem verschütteten, hilferufenden Menschentum"[187]. Um nunmehr dieses Angebot mit individueller Gültigkeit erkennen und annehmen zu können, ist aus Klientensicht unabdingbar darauf zu vertrauen, dass das professionelle Gegenüber mit einem diesbezüglichen Expertentum aufwarten kann. Die dieses Einzeltraining durchführenden Personen sind gleichsam Lernhelfer, „die ihr Handwerk planmäßig und zielorientiert auszuüben verstehen. Sie sind Menschen, von und mit denen man etwas lernen kann: Sie wissen oder können etwas, was andere nicht

---

184 Schmid 2017, S. 37
185 Vgl. Schawohl 2012
186 Ebert/Pastoors 2018, S. 50
187 Nohl 1927, S. 13

wissen oder können, und sie sind in der Lage, mit diesen anderen eine produktive Lerngemeinschaft einzugehen; beides zusammen macht den Kern pädagogischen Handelns aus"[188].

Erwartetes Expertentum sowie die praktische Umsetzung der Expertise verlangen somit Vertrauen, denn „ohne Vertrauen ist keine Kommunikation möglich, ohne Kommunikation kein Vertrauen"[189], und „für den Erfolg in der Kommunikation kommt es vor allem auf das personale Vertrauen an"[190]. Des Weiteren wird darauf hingewiesen, dass Vertrauen in einer Kommunikation davon abhängt, „wie der Sprecher das Gespräch gestaltet und wie ein Hörer dies wahrnimmt und deutet. Es genügt nicht, Vertrauens- und Glaubwürdigkeit zu proklamieren, sondern wir müssen uns der Tragweite einer damit verbundenen Wertorientierung für die Kommunikation und Interaktion bewusst sein. Nach Bergler und Hubig sind folgende Faktoren für die Zuschreibung von Vertrauens- oder Glaubwürdigkeit entscheidend [...]:

- Verständlichkeit der Kommunikation. Unverständlichkeit führt zu Entfremdung, Distanzierung, Demotivation und Destruktion
- Offenheit und Transparenz in Information und Kommunikation

---

188 Giesecke 1996, S. 395
189 Ebert/Pastoors 2018, S. 58
190 Ebert/Pastoors 2018, S. 56

- (Pro-)Aktives und konkretes Informationsverhalten. Konkrete Informationen sind überprüfbar
- Überschaubarkeit und Nachvollziehbarkeit des eigenen Denkens und Handelns
- Konstanz des Handelns
- Geschlossenheit (Stimmigkeit) des Handelns und Verhaltens (Stil)
- subjektiv nachprüfbare Leistungen
- eine die Maßnahmen begleitende Kommunikation
- wechselseitiger Austausch über Bedürfnisse und Erwartungen
- die Übermittlung von Sicherheitssignalen
- Reputation (guter Ruf, Leumund)
- Übernahme gesellschaftlicher Verantwortung

Für den Erfolg der Kommunikation ist es von entscheidender Bedeutung, ob wir als zuverlässiger und berechenbarer Partner wahrgenommen werden. Indem wir zu unserem Wort stehen, beweisen wir unseren Mitmenschen, dass wir sie ernst nehmen. Wir können deshalb erwarten, dass andere uns ebenfalls korrekt behandeln"[191].

Eine gelingende, von Respekt getragene Kommunikation, kann durch die Beachtung folgender Grundregeln[192] ermöglicht werden:

- Aufmerksamkeit schenken;
- aufmerksames Zuhören;

191 Ebert/Pastoors 2018, S. 59ff.
192 Ebert/Pastoors 2018, S. 333ff.

94

- ehrliche Kommunikation;
- Authentizität;
- zum gegebenen Wort stehen;
- verantwortungsvolles Handeln;
- Freiräume gewähren;
- Dankbarkeit zeigen;
- andere Meinungen achten,
- Selbstachtung.

Das ist durchaus gehalt- und anspruchsvoll formuliert, lohnt gleichwohl die Bemühung, um eine dialogische Konfrontation initiieren zu können, da im und durch das Gespräch Perspektiven und Möglichkeiten aufgezeigt und entwickelt werden können, die anderenfalls weniger oder gar keine Beachtung gefunden hätten.

Das mag Bestätigung finden, wenn die abschließende Passage des Interviews zu Fallbeispiel X herangezogen wird, da der Klient (K) SC auf die Frage, ob ihm das Training etwas gebracht hätte, antwortet:

K: Hundertprozentig ja, würde ich sagen. Sogar einiges.

I: Was denn zum Beispiel?

K: Also: Auf jeden Fall ist mir klar geworden, was da alles so dranhängt, also was nach so einer Straftat noch alles kommt – nicht nur so wie bei dem Opfer, was Sie in dem Urteil vorgelesen haben, aber auch für einen selbst; und ich muss sagen, dass mir auch das Reden selbst gut gefallen hat und dass mir das auf jeden Fall richtig viel gebracht hat, weil man sich schon extrem mit sich selbst beschäftigt dadurch und auch richtig viel zum Nachdenken kommt; und man bekommt so ein anderes Bewusstsein, wenn man sich so intensiv damit auseinandersetzen muss, finde ich, also so, dass man dann auch immer noch beim Rausgehen darüber nachdenkt – bei mir war das jedenfalls so, dass mein Kopf dann immer noch so seine Gedankenzündungen hatte, sag' ich mal, weil das nicht sofort auf null runtergespult werden kann danach.

I: Hört sich reflektiert und reflektierend an.

K: Reflektieren – genau, das ist das richtige Wort dafür. Ich bin reflektierter geworden und dadurch eben auch bewusster, dass niemand wirklich etwas Gutes von solchen Aktionen hat.

I: Wenn dass das Ergebnis Ihrer Reflektion ist, behalten Sie das immer in Erinnerung.

K: Ja, und an das Training hier werde ich mich auch gerne erinnern. Das hat richtig Spaß gebracht und wir hatten immer gute Gespräche miteinander, finde ich jedenfalls so aus meiner Sicht – das hatte immer irgendwie Tiefgang und dadurch musste man sich schon einigermaßen anstrengen, um da auch gut mitreden zu können. Wo führt jemand wie ich denn schon mal solche Gespräche?

I: Resultiert diese Hymne jetzt aus diesen von Ihnen erwähnten Gedankenzündungen?

K: Vielleicht so, ja; aber so ungefähr war das dann jedes Mal hier für mich, ja.

I: Setzen Sie diese Gedanken entsprechend um, dann passt es.

Summa summarum kann hier als Zwischenfazit festgehalten werden: Für eine bestimmte Klientel kann der hier skizzierte Kommunikationsstil angemessen und hilfreich sein und dabei sowohl Respekt als auch durchaus Sympathie ausdrücken. Dadurch wird eine tragfähige Basis für die sozialpädagogische Beziehungsarbeit geboten, die auf das gesprochene Wort setzt und somit Dialogangebote generiert. So soll perspektivisch der curriculare Gedanke realisierbar werden: Den (bisherigen strafbaren) Taten folgen Worte, damit den Worten (nunmehr gewaltfreie) Taten folgen[193].

193 Vgl. Schawohl 2005, S. 308

Überall zählt Respekt, überall fehlt Respekt oder: Respekt bewirkt Respekt

Die erste Regel beim Einzel-AAT lautet: Respekt. Und diese eine Regel ließe alle weiteren Regeln bei konsequenter Beachtung und Befolgung beinahe überflüssig erscheinen.

Bemerkenswerterweise sehen die angemeldeten Teilnehmer das nahezu uneingeschränkt ebenso. Respekt wirkt und passt und zählt in der Regel überall, ist er doch gleichsam der „Kitt der Gesellschaft"[194,] gleichwohl wird vielfach das Fehlen desselben beklagt und angemahnt, und dabei „kostet Respekt nichts. Insofern stellt sich die Frage, warum auf diesem Gebiet Knappheit herrschen sollte"[195]. Für viele Facetten lassen sich täglich Beispiele aus den unterschiedlichsten Bereichen finden, insbesondere auf dem Boulevard – auch dem der Medien, wenn man sich die betreffenden Bereiche anschaut: Politik, Sport, Kultur, Arbeit, Religion, Familie, Erziehung, Schule, Justiz, Therapie – es handelt sich um ein ubiquitäres Phänomen:

- Die „Respekt-Rente"[196] („Eine Frage des Repekts"[197]) wird debattiert;
- ein Fußballspieler verdiene „Respekt für seine Lebensleistung [...und] für seine sportlichen Erfolge"[198];

194 Reichart 2015, S. 14
195 Sennett 2002, S. 15, zit. n.: Ebert/Pastoors 2018, S. 331
196 Dreves/Neuburger 2019, S. 2/3
197 Eubel 2019, S. 4
198 Hirschbiegel 2019, S. 3

- eine Bundesministerin lässt im Interview wissen, sie beobachte „den Verlust von Respekt"[199];
- der ehemalige Bundespräsident wünscht sich ein Klima, „in dem bei Konflikten nicht weggeschaut, sondern offen thematisiert und kritisiert wird, wenn Lehrerinnen respektlos behandelt werden"[200];
- eine Lehrerin bemerkt: „Ich habe hier schon vor Wut geheult, wie respektlos die Kinder sein können"[201];
- ein Psychologe stellt im Kontext Gewalt gegen Lehrer fest, dass „Autoritäten [tatsächlich] auch in anderen Zusammenhängen weniger respektiert [werden]"[202];
- ein muslimischer Autor mahnt, der Staat müsse „seine Gesetze mit aller Härte anwenden. Damit […] verschafft er sich Respekt bei der muslimischen Bevölkerung"[203];
- ein Politologe und Islamwissenschaftler konkludiert, „wenn nötig, muss die Staatsmacht sich auch mit Gewalt Respekt verschaffen"[204];
- politische Widersacher bemerken, man hätte sich „mit Respekt zugehört und […] Respekt zurückerhalten"[205];
- laut einer Psychotherapeutin „steigert eine gute Entschuldigung meinen Respekt mir selbst gegenüber.

199 Cleven 2018, S. 4
200 Gauck 2018, S. 9
201 Großekathöfer 2019, S. 59
202 Sadigh/Pfetsch 2018, S. 3
203 Ul-Haq 2018, S. 3
204 Burger/Ghadban 2018, S. 4
205 Kohlenberg 2018, S. 10

Und sie bringt mir auch den Respekt der anderen ein"[206];

- afrikanische und deutsche WissenschaftlerInnen führen „in gegenseitigem Respekt"[207] ein Forschungsprojekt durch;
- ein Funktionär des Deutschen Fußballbundes ordnet ein Foto, auf dem zwei Nationalspieler mit einem Politiker zu sehen sind, als unvereinbar mit den Werten des Fußballs ein, da jener Politiker „eben nicht für Respekt, Toleranz und Fairplay steht"[208];
- ein Dirigent zeigt „Respekt vor dem Klang eines Orchesters"[209];
- ein Autor verweist „eingedenk der respektablen Geschichte"[210] eines Verlages auf dessen daraus resultierende Verantwortung für die Zukunft;
- ein Pastor weist darauf hin, mediale Hetze gegen Täter zeige keinen „Respekt den Opfern gegenüber"[211];
- ein ehemaliger Polizist stellt fest: „Früher hatte unsere Klientel noch Respekt vor uns. […]. Heute ist das anders"[212] („Ich kenn keinen Respekt vor den Cops"[213];

---

206 Thiele/Lerner 2017, S. 29
207 Brockschmidt 2019, S. 25
208 Horeni/Grindel 2018, S. 35
209 Amling 2019, S. 19
210 Lenz 2015, S. 93
211 Eisenreich/Wilm 2018, S 2
212 Gohlis 2018, S. 14
213 Jaeger 2019, S. 3

„Kein Respekt vor der Polizei"[214]; „Eine Frage des fehlenden Respekts"[215]);

- „Ermittler berichten: Schon Kinder lachen Polizisten
  hämisch an, weil sie gelernt haben, keinen Respekt vor
  ihnen zu haben"[216];
- ein Inklusionsaktivist betont, die Vorenthaltung des
  Wahlrechts für behinderte Menschen zeuge „von tie-
  fer Respektlosigkeit"[217];
- eine Sopranistin hat „Riesenrespekt vor den alten Sachen"[218];
- ein Veranstalter beklagt mit Blick auf die Konzertbe-
  sucher deren „respektloses Verhalten"[219];
- ein Schauspieler und Regisseur betont: „Ich respektiere meine Zuschauer"[220];
- ein anderer Schauspieler wiederum erklärt, er „habe
  ein Problem mit allen, die mich nicht respektieren"[221];
- eine Journalistin kritisiert, in den meisten Raptracks
  würde „über Shisha-Bars respektvoller gesprochen als
  über Frauen und Homosexuelle"[222];
- ein Minister hätte sich „flügelübergreifend Respekt
  verschafft"[223];

---

214 Gözübüyük 2017, S. 1
215 Burger 2014, S. 5
216 Backes et al. 2019; S. 14
217 Klapsa/Krauthausen 2019, S. 4
218 Hagedorn 2019, S. 40
219 Oehmsen 2019, S. 5
220 Scheffel 2019, S. 10
221 Schulz 2019, S. 14
222 Eder/Bortot/Wehn 2019, S. 9
223 Feldenkirchen et al. 2019, S. 17

- ein in der Politik aktiver Journalist benennt als ein wichtiges Thema bereits 1971 den „Respekt von Minderheiten"[224];
- ein Designer erinnert an einen Kollegen, dieser hätte sich „Respekt verschafft, Kraft seines Talents, seiner Raffinesse, seiner Intelligenz"[225];
- ein Chef haue gern mal auf den Tisch, „um sich Respekt zu verschaffen"[226];
- eine Personalchefin hält es für essentiell, „Menschen so zu respektieren, wie sie sind"[227];
- ein Sportpsychologe anerkennt die Aufgabe des Fußballschiedsrichters als „brutal schwierige[n] Job, vor dem ich großen Respekt habe"[228];
- eine Forderung für den Einsatz von Schiedsrichtern im Amateurfußball lautet: „Etwas mehr Respekt, bitte!"[229].

Der Klient in Interview VII legt seine Respekt-Genese wie folgt dar:

I: Wissen Sie noch, welchen einen Vorteil Sie bei einer Beibehaltung bisheriger Verhaltensweisen benannt haben?

---

224 Di Lorenzo 2019, S. 1
225 Joop/Prüfer 2019, S. 30
226 Vasek 2019, S. 43
227 Winter/Kugel 2019, S. 3
228 Böckem 2019, S. 18
229 Jantos 2019, S. 12

K: Ich glaube Respekt, aber das war nur dieser Ghetto-Respekt, also nichts, was wirklich Vorteile hat für mich.

I: Sagen Sie heute.

K: Ja, sicher. Damals hat das irgendwie anders gezählt, also ist für mich mehr wert gewesen. Eigentlich kann man sagen, dass war so der Name, den ich mir gemacht habe – der hat gezählt. Auf den konnte ich mich auch verlassen.

I: Das heißt, Ihr Name hat gezählt, hatte also eine Bedeutung in Ihrem Kiez?

K: Kann man so sagen, ja.

I: Und sobald Sie Ihren Kiez dann mal verlassen haben, war Ihr Name nichts mehr wert oder zumindest nicht mehr so viel wie in Ihrem Kiez oder in Ihrer Hood.

K: Also, man kannte sich schon irgendwie oder hat mal so irgendwas gehört von anderen oder über andere auch. Aber eigentlich ist das schon so wie Sie sagen: Raus aus der Hood und Du bist woanders nur irgendwer, weil da ja wieder die anderen Jungs unterwegs sind. Eigentlich auch albern, wenn man das heute mal überlegt, wie man früher gedacht hat – lächerlich irgendwie muss man sagen.

I: Wie gesagt: Das ist Ihre heutige Bewertung. Damals, oder meinetwegen auch früher wie Sie sagen, war das Ihr Name, Ihr Ruf, Ihr Ansehen, und damit haben Sie sich genau den Respekt erworben, den Sie als einzigen Vorteil benannt haben – das macht schon Sinn.

K: Ja, aber eben auch nur bezogen auf früher.

I: Ein anderer Teilnehmer hat hier beim Training mal gesagt: ,Was andere denken, ist Dein Ruf' [Siehe Interview VI; Anm.] – bezogen auf früher passt dieser Satz doch auch für Sie.

K: ,Was andere denken, ist Dein Ruf' – ja, das stimmt schon. So hab ich früher ja auch gedacht – natürlich ist das ,Dein Ruf'. Aber heute ist mein Ruf eben ein anderer – heute ist mein Ruf so, dass ich Respekt bekomme, weil ich genau das Gegenteil von dem mache, was ich früher gemacht habe, so muss man das Ganze mal sehen.

I: Die Zeiten ändern sich, und die Zeit verändert manchmal auch die Bewertungen und die Maßstäbe der Menschen.

K: So ist das.

Diese Aufzählung ließe sich inflationär fortsetzen, was bemerkenswerterweise nicht unbedingt per se zu einem Mehr an Klarheit beitragen müsste, wie der Blick in den Bereich der Pädagogik zeigt. Zur Klärung eines angemessenen Erziehungsstils gegenüber heranwachsenden Kindern wird auf den demokratisch-partnerschaftlichen Stil des dänischen Familientherapeuten Jesper Juul verwiesen, da er in seinen Büchern dahingehend auf Grenzen verweist, „dass man sie nicht verletzen dürfe, weder die eigenen noch die des Kindes. Juul sagt, Eltern müssten ihren Kindern mit Respekt begegnen. Damit bringt er den schwedischen Psychiater David Eberhard auf die Palme, der den

Respekt vielmehr von den Kindern einfordert"[230]. Insofern passt an dieser Stelle ebenfalls: Respekt ist keine Einbahnstraße.

Gleichwohl: Irgendjemand muss den Respekt mobilisieren, irgendjemand muss von sich aus die Bereitschaft signalisieren: Ich erweise meinen Respekt, ich verhalte mich respektvoll, denn „wer respektiert werden will, muss den ersten Schritt tun, und andere aufrichtig respektieren"[231], oder um es mit Kant zu sagen: „Ein jeder Mensch hat rechtmäßigen Anspruch auf Achtung von seinen Nebenmenschen, und wechselseitig ist er dazu auch gegen jeden anderen verbunden"[232].

Damit trifft Kant im Grundsatz die Intention der hier im Fokus stehenden Klientel, gleichwohl formuliert diese manchmal anders, nämlich mit einer fordernden Erwartung: ‚Wenn mich der Andere respektiert, respektiere ich ihn auch' oder: ‚Wer mir Respekt gibt, bekommt auch Respekt von mir' – allerdings lässt sich in der Regel mit beiderseitigem Verständnis so viel Übereinstimmung schaffen, dass eine gute Voraussetzung für ein gemeinsames Arbeiten begründet werden kann.

Finden nunmehr die eingangs erwähnten Qualitäts-Standards für die Trainingspraxis Berücksichtigung, sollte eine

---

230 Breyer 2017, S. 6
231 Ebert/Pastoors 2018, S. 332
232 Zit. n. Reichart 2015, S. 22

professionelle Umsetzung auf einer wertschätzenden Basis fundamentiert gewährleistet sein.

Analog darf für dieses Setting angenommen werden, was ein Absolvent eines Gruppentrainings dem Verfasser bezüglich des Miteinanders gesagt hat. Rückblickend gelangt er zu der Einschätzung, dass *„es zum größten Teil Spaß gemacht hat, muss ich ehrlich sagen. Ihr habt schon einen Draht gehabt, wenn ihr mit uns geredet habt. Korrekt eben. […]. Ja, wenn wir da alle gesessen haben und unsere Stories erzählt haben und ihr dann immer klar gemacht habt, dass das alles auch immer noch weiter geht und nicht immer so komisch ist, wenn andere fertig gemacht werden, nur weil man selber da so Bock drauf hat. Ihr ward hart, aber fair, kann man sagen. Hart, wenn ihr mit uns geredet habt – so die Konfrontation oder wie das heißt, und fair, dass ihr eben doch nie, ja nie unfair ward eben, also ihr habt nie jemanden beleidigt oder nur fertig gemacht, das war fair. War hart, aber fair. […]. Respekt – das ist es genau. Und was haben Sie noch immer gesagt: ‚Respekt ist keine Einbahnstraße‘"*[233].

Dieser einprägsame konzise Satz mag als unabdingbare Voraussetzung für diese sozialpädagogische Arbeit gelten – zumindest bleibt er manchem der Teilnehmer als Erinnerung im Gedächtnis verankert.

Bei aller Offenheit und Zuwendung für die Menschen, die an einem Einzel-AAT teilnehmen sollen oder wollen, ist die Haltung der Professionellen eindeutig – einerseits um

---

233 Schawohl 2014, S.89

selbst Halt zu finden, andererseits um Halt geben zu können[234].

Das zunächst haltgebende Bindeglied ist nicht selten ein
Konflikt, eine andere Position, eine andere Sichtweise. Dafür ist jeweils ein Gegenüber erforderlich, um den Konflikt,
die andere Position, die andere Sichtweise aushalten, annehmen, akzeptieren und anerkennen zu können. Es
braucht jemanden, „der […] das Austragen des Konfliktes
ermöglicht [und somit] die Voraussetzung für die innere
Auseinandersetzung bietet"[235]. Dabei ist zu beachten: Die
von den Jugendlichen und jungen Heranwachsenden mit-
gebrachten Konflikte resultieren nicht ausschließlich aus
den zuvor begangenen Straftaten. Gleichwohl beruht die
Teilnahme an einem Einzel-AAT auf den zuvor begangenen strafbaren Handlungen der jungen Menschen, so
dass neben anderen thematischen Aspekten das juristisch
als Unrechtshandlung geahndete Verhalten der Klientel
permanente Beachtung findet. Unter Berücksichtigung der
im Rahmen der Qualitätsstandards festgelegten Ausschlusskriterien (siehe: Methodische Inhalte) kann davon
ausgegangen werden, dass bei den jungen Teilnehmern ein
derart hinreichendes Einsichtsvermögen ausgebildet ist,
„dass menschliches Leben zu respektieren ist"[236] und dass
die Annahme getroffen werden kann, dass ein Handeln gemäß dieser Maxime keinen besonderen Reifegrad voraus-

234 Vgl. Reinhard/Vasek/Hürter 2017, S. 18ff.
235 Bergmann 2001, S. 127
236 Hinz 2005, S. 194

108

setzt. Diese Stufe des moralischen Bewusstseins sollte der Klientel auch nicht in globo abgesprochen werden und würde zudem auch durchaus nicht immer als respektvoll verstanden werden, was ein 19-Jähriger gegenüber dem Verfasser an anderer Stelle wie folgt zum Ausdruck gebracht hat: *„Mit 18 bin ich volljährig, darf wählen und Auto fahren, aber bestraft werde ich immer noch wie ein Jugendlicher – das ist doch Schwachsinn"*[237].

Ein 19-jähriger Teilnehmer (Interview VII) äußert sich einvernehmlich:

I: [...]. Sie erinnern sich an die Zeitungsmeldungen, bei denen Sie vier auswählen und beurteilen sollten?

K: Ja, das mit der Rentnerin und dem Kaninchen.

I: Genau. Erinnern Sie sich noch, welche Strafen die Täter jeweils bekommen hätten, wenn es nach Ihnen gegangen wäre?

K: Knast die meisten oder Sozialstunden.

I: Genau. Und Ihre Haftstrafen sind schon ziemlich hoch gewesen. Für die Tat mit der Rentnerin hätten Sie sieben Jahre gegeben, für die gefilmte Prügelei drei bis vier Jahre, für die Tat mit dem Kaninchen Therapie und zweihundert Sozialstunden, und für den Mord lebenslänglich.

K: Ja, für solche Taten muss man doch solche Strafen geben. Sonst denken die doch, die können einfach immer so weiter machen – irgendwie müssen die das doch mal lernen.

---

237 Schawohl 2006, S. 339

I: Und dafür würden Sie solche Strafen als sinnvoll erachten?

K: Ich finde, die haben das nicht anders verdient. Mit mehreren Leuten eine alte Frau zusammenschlagen – die hätte ja auch sterben können dabei. Und der Junge, der von den anderen gefilmt und verprügelt wurde, leidet doch bestimmt auch jahrelang darunter – da können die Jungs dann auch ruhig ein paar Jahre in den Knast, finde ich.

Juristischer Permissivität wird mit diesen Worten eine recht deutliche Absage erteilt, und zumindest darf vermutet werden, dass ein euphemistisches Darüber-hinweg-Sehen als ein inakzeptables Unterstützungsangebot für eine eventuelle Gewalt propagierende Devianz- und Delinquenzkultur (miss)verstanden werden könnte.

Interview IV beinhaltet eine solche Devianz und Delinquenz fördernde beziehungsweise begünstigende Sichtweise, da es heißt:

I: Ihr Auftreten vor einigen Jahren hat aus heutiger Sicht schon so etwas radikal Größenwahnsinniges; darauf komme ich gerade, weil Sie bei dieser Karte 'Es gibt mir ein gutes Gefühl, dass Leute Angst vor mir haben', gesagt haben: ‚Ich hab die alle nicht ernstgenommen: Polizei, Gericht, Sozialstunden, Bewährung – alles albern. Die konnten mir alle gar nichts –ausgelacht hab ich die. Einem Bullen hab ich sogar vor die Füße gespuckt, und was hat dieser Lappen gemacht? Nichts!'– die Macht des Paten.

K: Die Macht des Paten – oh, Mann! Wenn man sich das heute so anguckt, ist das ja wirklich nicht mehr normal gewesen, was wir uns damals erlaubt haben. Das passt so gesehen eigentlich schon ganz gut wie Sie das sagen mit dem Größenwahnsinnigen – unglaublich, aber genau das war damals unser Film.

I: Und Sie hatten eine der Hauptrollen und wollten auch noch Regie führen.

K: Alles! Ich wollte alles damals! Ich hab mich sozusagen hochgearbeitet.

I: Das heißt, Sie hatten Ihren Ruf.

K: Ich hatte meinen Ruf.

I: Stimmt, und Sie hatten ja damals auch die Philosophie: ‚Ein Mensch, der sich einen Namen erarbeitet hat, wird mehr respektiert, als der, der gar nichts mit der Polizei zu tun hat‘. Mit dieser Denke mussten Sie ja die kriminelle Laufbahn einschlagen und vor allem beibehalten.

K: Damals hab ich wirklich geglaubt, das muss so sein, ja.

„Im Grunde genommen würde es reichen, wenn wir uns auf die erste Regel verständigen könnten: ‚Respekt‘“, lautet eine gleichsam standardisierte Formulierung des Verfassers gegenüber den möglichen Teilnehmern an einem Einzel-AAT während des Vorgesprächs, um ergänzend hinzuzufügen: „Allerdings: Wenn sich immer alle daran halten würden, würden Sie gar nicht hier sitzen.“ Beinahe stereotyp wird das mit einem verschmitzt-verlegenen Lächeln quittiert, was durchaus als eine beipflichtende Zustimmung betrachtet werden darf.

Der Blick in die althergebrachten Nachschlagewerke soll an dieser Stelle ein Mehr an Erkenntnis und Aufschluss vermitteln, was der Begriff Respekt genuin bedeutet.

Im Duden für die deutsche Sprache heißt es: „1. Auf Anerkennung, Bewunderung beruhende Achtung [...]"[238]; und im Fremdwörter-Duden findet sich der Eintrag: „[...]; ‚das Zurückblicken, das Sichumsehen; Rücksicht'; 1.a.) Ehrerbietung; schuldige Achtung [...]"[239]; und im Wörterbuch der deutschen Sprache ist zu lesen: „1 *mit leiser Furcht vermischte Scheu;* jmdm. R. einflößen; mit R. gebietender Gebärde; R. vermissen lassen *jmds. Person nicht achten, jmdm. gegenüber dreist sein 2 auf Anerkennung beruhende Achtung;* R! (ugs.) *alle Achtung!, das hätte ich dir nicht zugetraut!;* R. vor jmdm. haben; R. vor jmds. Leistung, Kenntnisse, Fähigkeiten haben [...]"[240] – diesem Duktus folgend erfahren die jungen Menschen beim Vorgespräch bei der Erläuterung der Regeln für das Einzel-AAT, dass sie davon ausgehen können, ‚dass Sie hier anerkannt, geachtet und wertgeschätzt werden und dass wiederum andere, die hier anwesend sind, das auch von Ihnen erwarten – also: Respekt ist keine Einbahnstraße'.

Auch diese Formulierung lädt den Klienten in der Regel zu einem lakonischen Zustimmungsbekenntnis ein, das im Laufe des Trainings nicht selten von einem der Dialogpartner in Erinnerung gerufen und vom jeweiligen Gegenüber bestätigt wird – es ist gleichsam die Einladung, „sich in Beziehung zum Gesagten zu setzen"[241]. Die Bereitschaft, dieser Einladung Folge leisten zu können und zu wollen,

238 Duden 2014, S. 1662
239 Duden 2011, S. 907
240 Wörterbuch der deutschen Sprache 2004, S. 1146
241 Lenz 2014, S. 173

112

kann durch das Vorgespräch zumindest begünstigend beeinflusst werden, indem implizite Hinweise gegeben werden, dass es nicht darum geht, jemanden kommunikativ in die Enge zu treiben, sondern ihm Optionen gelassen werden, sein Gesicht zu wahren[242].

Dennoch wird der Klient nicht im Unklaren darüber gelassen, was ihn im Laufe des Einzel-AATs erwartet, allerdings wird ebenso deutlich benannt, was von ihm im Laufe des Trainings erwartet wird.

Die curricular-immanente Triade Transparenz – Kooperation -Konfrontation[243] gilt unverändert. „Mehr als die soziale Funktion ist es wichtig, die Person, den Menschen als solchen anzuerkennen. Das Schlüsselwort in dieser Hinsicht ist Respekt"[244]. Dazu passt die Einlassung des Klienten (K), der im Fallbeispiel III den Umgang miteinander sowie die Gesprächsatmosphäre so beschreibt:

K: Ja, schon so, dass man hier menschlich miteinander geredet hat. Das war auf jeden Fall so, dass das hier respektvoll von allen Seiten her gewesen ist, also: Sie haben mich mit Respekt behandelt, und ich glaube, ich habe mich Ihnen gegenüber auch mit Respekt gezeigt – und so gehört sich das ja auch unter normalen Menschen würde ich sagen.

I: Respekt passt in der Regel immer und überall.

---

242 Ebert/Pastoors 2018, S. 50
243 Vgl. Schawohl 2001, S. 207
244 Gompertz 2015, S. 33

K: Richtig. Und deshalb finde ich ja auch, dass man das so erwarten kann, wenn man beim Gericht oder bei Frau S. [s.o.; Anm.] ist, aber da ist dann wieder ‚Nase hoch‘.

I: Woran haben Sie denn hier das ‚menschlich-miteinander-Reden‘ festgemacht?

K: Dass Sie mich hier eben so behandelt haben, ja – wie ein Mensch haben Sie mit mir gesprochen und mich auch so als Mensch behandelt. Sie haben jetzt nicht so auf ‚Ich-bin-was-Besseres-als-Du‘ gemacht, sondern immer so, dass man sich nicht schlecht fühlen musste oder dass man gesagt hat, da hab‘ ich keine Lust, mir das anzuhören, da geh‘ ich gar nicht hin. Eigentlich bin ich sogar gerne hierhergekommen, muss ich sagen.

I: G., Ihr Zertifikat bekommen Sie auch ohne vorherige Lobeshymne von mir.

K: Ne, ist ehrlich so.

I: Wann ist Ihnen denn klar gewesen oder klar geworden, dass das hier für Sie passen würde vom Stil her?

K: Eigentlich schon bei dem ersten Mal, als ich hier gewesen bin und wir so gesprochen haben, was hier stattfindet und wie das abläuft alles [meint: Termin für das Vorgespräch; Anm.]. Da hab‘ ich schon gemerkt, dass das hier in Ordnung ist und dass Sie vernünftig mit einem reden so.

I: Hat Sie das überrascht?

K: Dass hier so geredet wird, meinen Sie?

I: Ja, dieses Respektvolle und Menschliche, so wie Sie es beschreiben – was hätten Sie denn stattdessen erwartet?

K: Ja, so, dass man hier irgendwie anders…, ja, dass so auf ‚Wer-bist-du-denn-eigentlich?' oder so fertig gemacht werden eben – sowas vielleicht. Das hab' ich ja so auch schon mal in einer Gruppe mitgemacht – da bin ich dann aber nur einige Male hin und dann nicht mehr, aber so wie hier ist das auf jeden Fall besser für die Leute, denke ich mal.

I: Wie kommen Sie darauf, dass das so ‚wie hier auf jeden Fall besser für die Leute' ist?

K: Ja, ich denke mal, dass man so dann eher sagt, worum es geht, also dass man bei den Themen auch mehr mitarbeitet, weil man ja weiß, dass einem selbst das auch was bringt dann, weil es ja immer um einen selbst geht und nicht um ‚Herrn Irgendwen' o- der ‚Herrn Sowieso'. Und auch, wenn man weiß, dass Sie das auch so verstehen können, was man sagt, weil Sie davon ganz gut Ahnung haben; auch so vom Knast und was das bedeutet, wenn man da mal drin war und so. Ich betrachte das hier auch gar nicht als Strafe, sondern als Hilfe. Wenn ich hier nur herkomme und dann immer nur sage: ‚Weiß ich nicht' oder ‚Will ich nicht' oder ‚Interessiert mich doch nicht', dann bringt das ja auch nichts. Aber so wie hier ist das dann ja auch so gewesen, dass man sich überlegt, was man dann sagt und man dann auch das Gefühl hat, das bringt einem selbst was und man macht sich da auch schon mal einen Kopf so danach, was hier so gesprochen wurde.

Diese Passage enthält explizite und implizite Hinweise, welche Wirkfaktoren bei einem Einzel-AAT unter anderem positive Resonanz erzeugen können:

- Angemessener Kommunikationsstil;
- gegenseitiger Respekt;
- perspektivischer Aspekt;
- Individualisierung ermöglicht vertrauensvolle/vertrauliche Themenbearbeitung;
- erkennbare und nachvollziehbare fachliche Kompetenz;
- Initiierung von Reflektionsmomenten.

Übereinstimmung: Gute Gründe für das Einzel-AAT

Die Entscheidung für das Angebot eines Einzel-AATs ist im fachlichen Austausch zwischen dem Jugendhilfeträger Nordlicht e.V. in Hamburg und dem dort ansässigen Fachamt für Straffälligen- und Gerichtshilfe entstanden. Da es bei jedem Gruppen-AAT Teilnehmer gab, die aus unterschiedlichen Gründen das Training nicht bis zum Ende durchführen konnten[245], gab es die Überlegung, was für diese Klientel geeignet sein könnte, um sie dabei zu unterstützen, dass vermieden werden kann, den Widerruf der Bewährung zu riskieren, falls dieser Teil der Auflage(n) nicht erfüllt werden würde. So kam der Gedanke auf, inwieweit das AAT auch als Einzelangebot durchgeführt werden könnte.

Da die Vorteile eines Gruppenangebotes für einige der Teilnehmer scheinbar nicht die mögliche Wirkungsintensität freilegen und erzielen konnte, lag der Gedanke nahe, dass der Angebotsrahmen dahingehend zu wandeln sei, dass für diejenigen, denen die Absolvierung des Gruppentrainings nicht möglich gewesen ist, besser geeignete Gelingensbedingungen geschaffen werden müssen, um die Gerichtsauflagen dennoch als ambulante Maßnahme erfüllen zu können.

Es gibt, so die Überlegung und Feststellung beim oben erwähnten fachlichen Austausch, Personen, für die das Gruppen-AAT nicht geeignet ist, um sich mit den began-

245 Vgl. Schawohl 2009

genen Straftaten auseinanderzusetzen und dadurch alternative Handlungsstrategien entwickeln zu können, um perspektivisch die Realisierungswahrscheinlichkeit zu erhöhen, ein legalbewährtes Leben in Freiheit führen zu können. Diese Intention folgt dabei dem Professionalitätsverständnis, „das den Probanden nie aufgibt und ihm immer und immer wieder eine Chance gibt, bis dieser selbst anfängt daran zu glauben, dass Veränderungen möglich und sinnvoll sind"[246].

Inwieweit eine konzeptionell festgeschriebene intensive Auseinandersetzung mit der/den Straftat/en ohne ein Beisein einer Gruppe gelingen könnte oder erreichbar wäre, ließ sich ohne praktisches Erleben und daraus resultierende Erfahrungswerte nicht vorhersagen. Daher sollten zunächst zehn Einzeltrainings durchgeführt werden, um zumindest eine Möglichkeit für eine praxisbasierte Einschätzung sowie die Generierung daraus resultierender Erfahrungswerte schaffen zu können. Die auswertende Einschätzung dieser zehn Einzel-AATs führte zu folgenden ersten Ergebnissen:

- Neun Teilnehmer haben das Training beendet;
- eine konfrontativ-individualisierte Tatkommunikation ist im Einzelsetting möglich;
- individuelle Bedarfe können intensiviert berücksichtigt werden;
- flexiblere Gestaltung der Sitzungstermine;

---

246 Weidner 2013, S. 6

118

- zeitnahe Umsetzung der Maßnahme;
- zeitnahe Erfüllung der Auflage;
- biografische Aspekte finden gehaltvolle Berücksichtigung;
- sprachliche Defizite können kompensiert werden;
- Beziehungsarbeit gewinnt an Bedeutung;
- Vertrauen und Offenheit der Teilnehmer werden begünstigt;
- positive Reflektion der Teilnehmer.

Diese erste Bilanz führte beim erneuten fachlichen Austausch zu der Einschätzung, dass die Implementierung eines Einzel-AATs als Regelangebot im Rahmen der Straffälligenhilfe für Jugendliche und junge Heranwachsende als sinnvoll zu erachten ist.

Diesem Votum kann – nunmehr nach der Durchführung von 225 Einzel-AATs – mit einigen reflektierenden Stimmen der Absolventen beigepflichtet werden. Die im Nachfolgenden wiedergegebenen Interviewpassagen bringen die scheinbare Wertschätzung für dieses Training zum Ausdruck. Dabei ist durchaus bemerkenswert, dass der Umsetzung die Idee der konfrontativen Pädagogik zugrunde liegt, die gleichwohl ein weiteres Mal modifiziert und dadurch gleichsam ein weiteres Mal sinnvoll erweitert worden ist. Ein 18-Jähriger formuliert seine abschließende Bewertung so (Interview I):

I: Erinnern Sie sich mal an das Vorgespräch; da haben Sie gesagt: ‚Ich bin da nicht gleich so, dass ich so von mir erzähle. So bei bestimmten Themen finde ich, geht das nicht jeden was an: Familie zum Beispiel, da werd' ich nicht groß was sagen.' Erzählt

haben Sie dann allerdings doch einiges – vor allem bei dem soge-
nannten ‚Referat‘.

K: Schon, aber das war hier ja auch ganz was anderes als in einer
Gruppe – da hätte ich gar nichts davon erzählt, weil ich finde,
dass müssen die anderen gar nicht alles so wissen, und bestimmte
Sachen sind eben privat. So wie hier war das ja sogar im Gegen-
teil so, dass man richtig gut was erzählen konnte und man ja auch
wusste, dass nichts weitergesagt wird davon – so bringt das dann
ja sogar richtig was und dann hilft einem das auch gut, weil man
weiß, dass damit gut umgegangen wird. Das hab ich meiner Be-
währungshelferin auch gesagt, dass das für mich mit so einem
Einzeltraining auf jeden Fall besser gewesen ist, weil das alles
mit mir zu tun hat, was da besprochen wird, und dann muss man
ja auch immer hundertprozentig Konzentration da reingeben,
weil man da ja auch möglichst alles mitrausnehmen will – für
mich hat das hier mit Ihnen auf jeden Fall gepasst.

Rechtsgrundlagen

Der Zugang zum Einzel-AAT erfolgt in der Regel aufgrund eines Gerichtsurteils und einer daraus resultierenden

- Weisung gem. § 10 (1) Nr. 6 JGG (Weisungen sind Gebote und Verbote, welche die Lebensführung des Jugendlichen regeln und dadurch seine Erziehung fördern und sichern sollen. Dabei dürfen an die Lebensführung des Jugendlichen keine unzumutbaren Anforderungen gestellt werden. Der Richter kann dem Jugendlichen insbesondere auferlegen, […] an einem sozialen Trainingskurs teilzunehmen);
- Auflage gem. § 23 (1) JGG (Der Richter soll für die Dauer der Bewährungszeit die Lebensführung des Jugendlichen durch Weisungen erzieherisch beeinflussen. Er kann dem Jugendlichen auch Auflagen erteilen. Diese Anordnungen kann er auch nachträglich treffen, ändern oder aufheben. Die §§ 10, 11 Abs. 3 und § 15 Abs. 1, 2, 3 Satz 2 gelten entsprechend);
- Anordnung gem. § 71 (1) JGG (Bis zur Rechtskraft des Urteils kann der Richter vorläufige Anordnungen über die Erziehung des Jugendlichen treffen oder die Gewährung von Leistungen nach dem Achten Buch Sozialgesetzbuch anregen);
- Auflage gem. 88 (6) JGG (Der Vollstreckungsleiter kann die Vollstreckung des Restes der Jugendstrafe zur Bewährung aussetzen, wenn der Verurteilte einen Teil der Strafe verbüßt hat und dies im Hinblick auf die Entwicklung des Jugendlichen, auch unter Berücksichtigung des Sicherheitsinteresses der Allgemeinheit, verantwortet werden kann) oder

- im Rahmen von Haftverschonung gem. § 116 StPO (Aussetzung des Vollzugs des Haftbefehls).

Methodische Inhalte

In gebotener Kürze widmet sich dieses Kapitel der Darstellung der beim Einzel-AAT relevanten praktischen Methoden, deren Geeignetheit durchaus mit dem Wissen der Praxisumsetzung des Gruppenangebotes erklärt und begründet werden kann. Das Training umfasst in der Regel 15 Termine. Der curriculare Ablauf beinhaltet die Kennenlernphase, die Konfrontationsphase sowie die Kompetenz- und Reflektionsphase.

Bevor das eigentliche Training beginnt, findet obligatorisch ein **Vorgespräch** zwischen dem vorgesehen Teilnehmer sowie der das Einzel-AAT durchführenden Person statt. Dieses Gespräch dient neben einem persönlichen Kennenlernen der Klärung der Rahmenbedingungen: Ort, Zeit, Dauer, Vorstellung der Inhalte, methodische Hinweise, Erläuterung der Regeln (Respekt, keine Gewalt, Pünktlichkeit, Mitarbeit, Verschwiegenheit, keine Drogen, Stopp-Recht), bisherige Verurteilungen und Straftaten, Teilnahmemotivation, mögliches Ziel, Ausschlusskriterien (Vordergründige Drogenabhängigkeit, psychiatrisch-indizierte Diagnose, Verurteilung wegen Sexualstraftaten, organisierte Kriminalität).

In der **Phase des Kennenlernens** erfolgt zu Beginn einer jeden Sitzung ein Wochenrückblick beziehungsweise eine Rückschau auf den Zeitraum, der seit dem letzten Termin vergangen ist.

Der Teilnehmer formuliert ein für ihn wichtiges Ziel, das er bis zum Ende des Trainings erreichen beziehungsweise dem er sich annähern möchte, um sich perspektivisch gu-

te/bessere Optionen für die weitere Lebensgestaltung er-
arbeiten zu können. Zudem dient diese Zielformulierung
als ein begünstigendes Moment der Teilnehmermotiva-
tion[247], da die Formulierung als Ausdruck bei jedem Sit-
zungstermin visualisiert im Raum sichtbar präsent ist.

Auf einem Flipchartpapier werden biografische Daten erfasst:

- Name;
- Geburtsdatum und Geburtsort;
- Verlauf der Schul-, Ausbildungs-, Joblaufbahn;
- Familie;
- Wichtige Beziehungen/Freunde.

Auf einem weiteren Flipchartpapier wird eine Wandzeitung mit folgenden Überschriften erstellt:

- Hobbies;
- Stärken;
- Schwächen;
- Freundschaft;
- Typisch männlich;
- Typisch weiblich;
- Wut;
- Stolz.

247 Vgl. Schawohl 2009

Im Anschluss findet das sogenannte ‚Referat' statt. Dabei werden die Begrifflichkeiten

- Freude;
- Trauer;
- Angst;
- Wut;
- Glück sowie
- Gewalt

den drei Bereichen Familie; Schule/Ausbildung/Job/Studium (je nachdem, was zutrifft) und Freundeskreis zugeordnet.

Das bedeutet, dass der Teilnehmer zu den jeweiligen Begrifflichkeiten für ihn bedeutsame Ereignisse, Erlebnisse, Begebenheiten bezogen auf die drei genannten Bereiche schildert, die er mit für ihn entsprechender Bedeutsamkeit und ihm eigener Gewichtung für erwähnens- und erzählenswert erachtet. Dadurch wird die Zeit, die Möglichkeit und der Raum gegeben, um im ‚mäeutischen Gespräch' Momente für Entdeckungen sowie ‚Gelegenheiten zum biografischen Erzählen' zu gestatten.

Ein weiteres Papier trägt die Überschrift: Warum werden Jugendliche kriminell/gewalttätig?

In der **Konfrontationsphase** wird mit Aussagekarten gearbeitet, um Ansichten zu überprüfen und diese eventuell konträr zu hinterfragen. Jede diskussionswürdige Aussage soll zunächst vom Teilnehmer mit einem aus seiner Sicht zutreffenden ‚Stimmt' oder ‚Stimmt nicht' beurteilt wer–

den, was als Einstieg in die anschließende dialogische Auseinandersetzung dient.

Die Aussagen lauten zum Beispiel:

- Mit Gewalt kann man sich Respekt verschaffen;
- Ich habe Angst davor, in den Knast gehen zu müssen;
- Ehrlich gesagt: Ich scheiß auf mein Opfer;
- Meine Freundin darf alleine in die Disco gehen;
- Manche Menschen haben keinen Respekt verdient;
- Es gibt mir ein gutes Gefühl, dass Leute Angst vor mir haben.

Zudem erfolgt in dieser Phase die Arbeit mit dem/den Gerichtsurteilen. Es wird ein Papier erstellt mit der Überschrift:
Folgen einer Straf-/Gewalttat für den Täter beziehungsweise für das oder die Opfer. Es wird im Rahmen der Opferkommunikation dahingehend mit in Zeitungen veröffentlichten Meldungen über Gewaltstraftaten gearbeitet, dass die Teilnehmer den aus ihrer Sicht vorhandenen Unrechtsgehalt erläutern sowie die daraus resultierende Sanktionswürdigkeit einschätzen sollen.

Nicht selten wird im Anschluss an diese Auswertung die selbst erfahrene Strafzumessung mit den Worten beurteilt, dass man *„da ja noch richtig gut weggekommen"* sei oder dass *„ich ehrlich gesagt auch nicht weiß, warum die mich damals nicht reingesteckt haben"*.

Die **Kompetenz- und Reflektionsphase** beinhaltet neben der Rückschau und der damit einhergehenden Aus- und Bewertung der jeweiligen Arbeitsinhalte die Erarbeitung von jeweiligen Vor- und Nachteilen anhand einer Vier-Felder-Matrix bezüglich der beiden Annahmen:

- Wenn ich so weitermache wie bisher

versus

- Wenn ich mein Verhalten ändere.

Abschließend erhält der Teilnehmer einen bescheinigenden Bericht sowie ein Zertifikat. Der Bericht wird mit dem Teilnehmer besprochen und ihm danach ausgehändigt. Eine Kopie wird der fallzuständigen Person der Gerichts- respektive der Bewährungshilfe zugestellt.

Insbesondere die in dieser Phase erstellte Vier-Felder-Matrix bewirkt oftmals nachhaltige Bewertungseindrücke bei den Jugendlichen und jungen Heranwachsenden. Diese Eindrücke finden sich in vielen der nachfolgend abgedruckten Interviews mit unterschiedlichen Formulierungen wieder.

Für die Statistik: 225 Einzel-AATs

Die statistischen Daten beinhalten Angaben über:

- das Alter;
- die Nationalität;
- die Taten;
- den Schulabschluss;
- Beschäftigungsverhältnis;
- bisherige Hafterfahrungen.

Die **Altersangaben** lassen sich der folgenden Übersicht entnehmen:

- 14 Jahre: 2 Teilnehmer;
- 15 Jahre: 4 Teilnehmer;
- 16 Jahre: 12 Teilnehmer;
- 17 Jahre: 21 Teilnehmer;
- 18 Jahre: 35 Teilnehmer;
- 19 Jahre: 34 Teilnehmer;
- 20 Jahre: 44 Teilnehmer;
- 21 Jahre: 48 Teilnehmer;
- 22 Jahre: 16 Teilnehmer;
- 23 Jahre: 7 Teilnehmer;
- 24 Jahre: 2 Teilnehmer.

Die **Nationalitäten** der Teilnehmer unterteilen sich wie folgt:

- deutsch: 135;
- afghanisch: 28;
- türkisch: 26;
- ägyptisch: 9;
- iranisch: 5;
- syrisch: 5;
- albanisch: 4;
- jordanisch: 3;
- ukrainisch: 3;
- serbisch: 2;
- weißrussisch: 2;
- ghanaisch: 2;
- ivorisch: 1.

Die **Straftaten**, die in der Hauptsache jeweils zu einer Verurteilung geführt haben, sind:

- Tötungsdelikt: 1;
- Körperverletzungsdelikte: 199;
- Raubdelikte: 25.

Anmerkung I: Einer Verurteilung können mehrere begangene Straftaten zu Grunde liegen.

Anmerkung II: Eine genauere Differenzierung der einzelnen Deliktvarianten erfolgt hier nicht.

Die **Schulabschlüsse** der Teilnehmer sind nachfolgend aufgelistet:

- Abitur: 2;
- Fachhochschulreife: 2;
- Mittlerer Schulabschluss: 9;
- Erster Schulabschluss: 89;
- Förderschulabschluss: 4;
- Ohne Abschluss: 119.

Die **Beschäftigungsverhältnisse** unterteilen sich wie folgt:

- Schule: 5;
- Ausbildung: 35;
- Maßnahme durch das Jobcenter: 11;
- Job/Anlerntätigkeit: 61;
- Arbeitsverhältnis auf Probe: 6;
- Arbeit mit Festvertrag: 18;
- arbeitssuchend: 89.

Hafterfahrungen:

- Untersuchungshaft: 22 Teilnehmer;
- Strafhaft: 3 Teilnehmer.

Reflektionen und Fallbeispiele oder: „Sie haben mich immer begleitet, auch wenn Sie nicht da waren"

Am Ende des Einzel-AATs erfolgt die Kursreflektion, indem ein bilanzierendes, auswertendes und überdenkendes Gespräch mit dem Teilnehmer geführt wird – es werden die Worte von … [dem betreffenden Teilnehmer] rück- und vorausschauend betrachtet.

Die nachfolgend wiedergegebenen Fallbeispiele veranschaulichen und verdeutlichen einige dieser reflektierenden und reflektierten Aspekte der jeweiligen Einzel-AATs. Darüber hinaus scheinen diese Passagen geeignet, eine Annahme Collas zu bestätigen, da er davon ausgeht, dass solche Interviews „eine Fundgrube für die Fortschreibung des Ansatzes bieten"[248].

Die Reflektionen der Einzel-AATs zum Ende der Maßnahme korrespondieren insofern mit der bisherigen Haltequote von über 84%, als dass die positive Wirksamkeit des Angebotes von den Absolventen implizit und manchmal explizit bestätigt und/ oder zum Ausdruck gebracht wird.

Den Gesprächen vorab sind jeweils das Namenskürzel des interviewten Jugendlichen oder jungen Heranwachsenden (im Fortlaufenden wird der interviewende Verfasser immer als ‚I' und der interviewte Klient immer als ‚K' bezeichnet) mit der Altersangabe sowie die im Gerichtsurteil in der Hauptsache aufgeführte(n) Straftat(en) und das vom Teil-

<hr>

248 Schawohl 2013, Buchrücken

nehmer zu Beginn des Einzel-AATs angestrebte Ziel genannt.

Fallbeispiel I

Klient: AW (18 Jahre)

Urteil: Körperverletzung; Raub

Ziel: Ruhiger reagieren bei Provokationen. Keine weiteren Straftaten begehen. Kontrollierter Umgang mit Drogen.

Das Interview zu Fallbeispiel I oder: „Ich muss auch niemandem mehr irgendwas beweisen."

I: A., wenn Sie sich Ihr zu Beginn des Einzel-AATs formuliertes Ziel ‚Ruhiger reagieren bei Provokationen. Keine weiteren Straftaten begehen. Kontrollierter Umgang mit Drogen‘, anschauen: Wie wäre Ihre Einschätzung, zu wieviel Prozent Sie dieses Ziel beziehungsweise diese Ziele aus Ihrer Sicht erreicht haben?

K: Bezogen auf ‚Ruhiger reagieren bei Provokationen‘ zu achtzig bis fünfundachtzig oder neunzig Prozent würde ich sagen. ‚Keine weiteren Straftaten‘ auf jeden Fall hundert Prozent. ‚Kontrollierter Umgang mit Drogen‘, also was das Kiffen jetzt angeht, würde ich auch sagen eigentlich zu hundert Prozent, weil ich ja nur noch ganz selten mal was rauche im Vergleich zu früher gesehen.

I: Sind Sie überrascht, dass Sie eine solch positive Bilanz ziehen können?

K: Was heißt überrascht? Ich finde, dass ich das soweit alles gut geschafft habe, was ich mir vorgenommen habe und dass ich da schon sagen kann, dass ich da meine Ziele ganz gut erreicht habe.

I: Wenn Sie sich Ihre Formulierung mal anschauen, sind das ja wie beim Überraschungsei drei Dinge auf einmal – ist da ein Ziel dabei, bei dem Sie rückblickend sagen, das hätte ich so am Anfang nicht erwartet, da bin ich tatsächlich überrascht, dass mir das gelungen ist?

K: Also beim Kiffen war ich mir jetzt nicht so ganz sicher, wie gut ich das schaffen würde. Also, dass ich das kontrollieren kann, war mir eigentlich schon klar, aber ich hab ja jetzt so verglichen mit früher fast ganz aufgehört, kann man sagen. Jetzt rauch ich vielleicht mal am Wochenende was und das auch nicht immer, und während der Woche eigentlich gar nichts mehr – da muss ich schon sagen, dass ich das so vor einem Jahr zum Beispiel gar nicht gedacht hätte.

I: Also können Sie sich dafür schon mal selbst auf die Schulter klopfen.

K: Stimmt, ja.

I: Gibt es Menschen in Ihrem Umfeld, denen aufgefallen ist, dass Sie sich verändert haben oder dass Sie anders drauf sind als vor einigen Monaten oder vor einem Jahr?

K: Ja, schon. Meine Mutter merkt das auf jeden Fall und auch meine Freundin. Das ist ja schon auch leichter für die jetzt, wenn die wissen, dass ich keine Zeitbombe mehr bin so wie früher.

I: Ist das mit der ‚Zeitbombe‘ Ihre Formulierung oder haben das andere so geäußert?

K: Das hab ich jetzt so gesagt, aber für andere muss das so rübergekommen sein, wenn damals irgendwas gewesen ist, dass die dann immer denken mussten, jetzt hat der schon wieder einen seiner Anfälle.

I: War das damals so?

K: Eigentlich schon, muss man eigentlich so sagen. Da hat schon eine klitzekleine Kleinigkeit gereicht, dass ich gedacht habe, da muss ich jetzt was machen, das geht gar nicht, wenn ich da jetzt nichts mache.

I: Können Sie dafür mal ein Beispiel nennen, dass Sie in einer Situation gedacht haben, ‚da muss ich jetzt was machen‘?

K: Na ja, wenn zum Beispiel einer was gegen die Familie gesagt hat oder so, dann hab ich gar nicht erst gewartet, ob der sich dann vielleicht noch entschuldigt oder so oder ob der das vielleicht gar nicht so gemeint hat dann – das war mir eigentlich auch egal, da bin ich gleich raufgegangen.

I: ‚Raufgegangen‘ heißt, es gab Fäuste?

K: Fäuste, Kicks, sowas – ja.

I: Wie gehen Sie denn heute damit um, wenn Sie der Meinung sind, da beleidigt jemand Ihre Familie?

K: Da rein und da wieder raus.

I: Obwohl die Beleidigung ja dieselbe ist wie vor einigen Monaten oder Jahren.

K: Das stimmt, aber inzwischen finde ich das albern, wenn ich bei jedem sage, da muss ich was machen. Das ist ja auch unnötig, weil mir das ja auch nicht wirklich was bringt – das hat man ja gesehen, dass ich eigentlich nur Nachteile davon habe, wenn ich bei jeder Beleidigung sofort reagiere [meint: Thematisierung bei der Bearbeitung der Vier-Felder-Matrix; Anm.]. Also: Wofür soll das gut sein, wenn ich dafür dann auch noch rein muss – unnötig. Ich muss auch niemandem mehr irgendwas beweisen.

I: Das klingt nach Einsicht.

K: Kann man so sagen, ja.

I: Und nach Vernunft.

K: Ja, auch – ist wohl so, wenn man älter wird.

I: Zumindest bei Ihnen.

K: Ja.

I: Sie erinnern sich an die Aussagekarten, mit denen wir hier gearbeitet haben, bei denen Sie zunächst einmal nur entscheiden sollten, ob die jeweilige Aussage Ihrer Meinung nach stimmt oder nicht stimmt – da haben Sie bei der Aussage 'Mit Gewalt kann man sich Respekt verschaffen' gesagt: „‚Stimmt‘ und ‚Stimmt nicht‘ – beides eigentlich", und auf meine Nachfrage, was Sie aus heutiger Sicht tendenziell eher antworten würden, gesagt: „‚Stimmt nicht‘"; – wissen Sie noch in etwa, wie Sie diese Tendenz begründet haben?

K: Ich glaube, das ‚Stimmt nicht‘ war so von mir aus heutiger Sicht die Antwort, weil ich gesagt habe, dass das heute eben auch nicht mehr passt oder lohnt oder beides irgendwie.

I: Stimmt, in diese Richtung ging es.

K: Ja, und das passt dann ja auch mit dieser Übersicht, wo eigentlich nur Nachteile waren, wenn ich immer so weiter machen würde (siehe oben).

I: Stimmt, das passt dann auch dazu. Ihre Antwort war: ‚Heute sage ich ‚Stimmt nicht‘, weil es andere Möglichkeiten gibt – ich denke, dass passt auch nicht mehr, wenn man sich mal überlegt, dass das eigentlich nicht wirklich was bringt. Eigentlich ist das immer nur so für den kurzen Moment und alles, was danach kommt, ist dann eigentlich alles nur noch negativ, wenn man mal ehrlich ist‘.

K: Genau, stimmt ja auch.

I: Inhaltlich ist dagegen nichts einzuwenden. Wissen Sie auch noch in etwa, wie Sie Ihre Argumentation für das frühere ‚Stimmt‘ begründet haben?

K: Ja, ich glaube, weil man sich nicht immer einfach alles so bieten lassen kann, weil alle dann einfach immer so selbstverständlich auf frech rüberkommen und glauben, dass sie sich alles erlauben können.

I: Fasst wortwörtlich die Antwort, die Sie vor einigen Wochen gegeben haben, ja.

K: Hm, ja, so war das eben.

I: Und das bleibt auch so?

K: Wie meinen Sie das?

I: Bezogen auf die Jugendlichen heute.

K: Kommt darauf an, welche Jugendlichen Sie jetzt meinen.

I: Die, die heute an Ihrer Stelle in Ihrem Kiez unterwegs sind.

K: Bei denen ist das auf jeden Fall noch mehr so als bei uns damals – hundertprozentig!

I: ‚Noch mehr so als bei uns damals‘ bedeutet was?

K: Na ja, die sind ganz anders als wir damals – das ist fast schon krank manchmal. Alleine schon, was die an Waffen dabei haben – das gab es bei uns damals auf jeden Fall nicht so wie heute.

I: Das haben Sie so in etwa ja auch bei der Karte ‘Wer eine Waffe bei sich trägt benutzt sie auch’ gesagt.

K: Stimmt, ja.

I: Genau – ‚Stimmt‘ haben Sie damals auch gesagt.

K: Ist ja auch so. Siebzig, achtzig Prozent sind auf jeden Fall be-
waffnet – das ist schon echt nicht mehr normal.

I: Und Ihre Begründung dafür, dass die Waffen eingesetzt werden, war: ‚Die haben keine Eier, sonst würden die die Waffen ja
gar nicht brauchen‘.

K: Ja, ist ja auch so. Waffen sind was für Pussies – Punkt.

I: Stimmt, auch diesen Satz haben Sie bei der Karte genauso formuliert. Und ergänzt: ‚Mit Waffen ist asozial und peinlich.
Wenn ich kämpfen will, brauch‘ ich kein Messer oder sonst was.‘

K: So ist das.

I: Sie erinnern sich vermutlich auch noch an das sogenannte ‚Referat‘, als Sie die Begriffe Freude, Trauer, Angst, Wut, Glück und
Gewalt auf die drei Bereiche Familie, Schule oder Ausbildung o-
der Job und Freunde zugeordnet haben.

K: Ja, natürlich.

I: Da haben Sie bei der Kombination Freude – Familie sofort Ihren
Sohn erwähnt.

I: Ja.

K: Und dann haben Sie erwähnt, Ihr Sohn sei ‚das Beste‘, was
Ihnen in Ihrem Leben bisher passiert ist.

I: Stimmt.

I: Ist Ihnen das von Anfang so klar gewesen, als Sie erfahren haben, dass Ihre Freundin schwanger gewesen ist?

K: Ne, da sowieso schon mal gar nicht.

I: Wie war Ihre erste Reaktion?

K: Ja, scheiße erst mal irgendwie, aber dann auch irgendwie, ja, schon, … so, wenn man sich vorstellt, da kommt jetzt ein Kind und du bist der Vater – dann doch schon so, dass wir uns gefreut haben, ja. Also, da war dann auch klar, dass das Kind bleibt auf jeden Fall.

I: Das heißt, es gab die Überlegung, ob das Kind abgetrieben werden soll?

K: Bei mir schon zuerst, aber meine Freundin wollte das gar nicht, also die wollte von Anfang an, dass das Kind auf die Welt kommt.

I: Und heute sind Sie froh darüber.

K: Auf jeden Fall! Das wäre gar nicht gegangen!

I: Sagen Sie heute.

K: Sag ich heute, weil ich ja jetzt weiß, wie das ist mit dem Kind.

I: Mit Ihrem Kind, mit Ihrem Sohn.

K: Mit meinem Sohn, ja.

I: Da strahlt der stolze Papa über das ganze Gesicht.

K: Ja klar!

I: Der Junge hat Ihr Leben komplett verändert – oder?

K: Auf jeden Fall. Ohne ihn wäre ich immer noch anders unterwegs vermute ich mal.

I: ‚Anders unterwegs' heißt: Kriminell unterwegs?

K: Denke ich mal. Auf jeden Fall würde ich immer noch so ein bisschen was machen. Nicht mehr so crazy wie früher, aber da würde schon noch mal was passieren können – weiß man ja nie so.

I: Was war denn früher ,so crazy‘?

K: Ja, schon so einige Sachen, die wir gemacht haben. Das war dann aber auch noch als ich jeden Tag gekifft habe. Völlig verpeilt eigentlich, kann man so sagen.

I: ,Völlig verpeilt‘ meint was?

K: Ja, so nichts gecheckt eigentlich. Man hat das Ganze auch nicht alles so ernst genommen, kann man sagen.

I: Da präsentieren Sie sich ja heute ganz anders, was Ernsthaftigkeit und Vernunft angeht – das hatten wir ja vorhin schon. Also hat die Vaterrolle Sie vernünftiger werden lassen.

K: Kann man so sagen, ja.

I: Und stolz obendrein.

K: Ja.

I: Gut so. Ohne die Geburt Ihres Sohnes würden Sie heute auch immer noch kiffen?

K: Denke mal schon, ja.

I: Ist ja schon so etwas wie ein Hauptgewinn der Kleine, oder wie Sie es gesagt haben ,das Beste‘ was Ihnen je passiert ist.

K: Das Allerbeste, ja!

I: Bei der Kombination Wut – Familie ist Ihnen sofort Ihre Familie eingefallen, also Ihre Eltern.

K: Ja.

I: Hat sich Ihr Verhältnis durch die Geburt Ihres Sohnes eigentlich etwas entspannt oder irgendwie verändert?

K: Kein bisschen. Die sind immer noch so asozial wie sie früher waren.

I: Worauf beziehen Sie das ‚Asoziale‘?

K: Auf alles bei denen! Die haben sich damals einen Dreck gekümmert und die kümmern sich jetzt einen Dreck, wenn es um mich geht.

I: Da ist die Wut immer noch präsent.

K: Ja, ist so und bleibt so.

I: Zumindest ist es im Moment so.

K: Und auch in Zukunft, glauben Sie mir!

I: Zumindest ist das Ihre Einschätzung und Sie haben Ihre Gründe dafür.

K: Genau.

I: Zur Kombination Glück – Freunde ist Ihnen eingefallen, dass Sie glücklich darüber sind, dass Ihre ‚Jungs immer für einen da gewesen sind‘ – ist das heute immer noch so oder sind damit die Jungs aus Ihren kriminellen Zeiten gemeint gewesen?

K: Nicht nur eigentlich. Na klar war das damals schon so, dass man wusste, die sind da, wenn man mal jemanden braucht so, aber die sind ja nicht nur da, wenn man was starten will, also so illegale Sachen meine ich – die sind auch da, wenn mal so ganz auf entspannt irgendwo am Strand oder so ist, wenn man sich einfach mal so zum Shisha-Rauchen trifft oder so – das gehört ja auch mit dazu.

I: Hat sich Ihr Freundeskreis nach der Geburt Ihres Sohnes eigentlich verändert?

K: Was heißt verändert? Da sind immer noch einige, mit denen ich früher gut war, die auch heute noch da sind. Klar, man ist nicht mehr ganz so oft jetzt mit denen; früher war das ja jeden Tag, dass man sich irgendwo getroffen hat und man gekifft hat oder so – das ist heute nicht mehr so, aber man sieht sich schon noch immer mal. Aber jetzt ist auch eher so Zeit mit Kind und Freundin – da passt das dann auch nicht immer so, wenn die Jungs mit dabei sind, finde ich.

I: Zählt das für Sie auch mit zum vernünftig, einsichtig und erwachsen werden?

K: Passt auf jeden Fall dazu würde ich sagen.

I: Im Verlauf des Trainings haben Sie gesagt, ‚Ich fühl mich noch nicht so wirklich erwachsen‘, und begründet haben Sie das damit, dass manchmal noch ‚so Sachen passieren, die nicht so wirklich erwachsen sind, also zum Beispiel, wenn ich mit meinen Jungs bin und wir dann über allen möglichen Scheiß lachen und eigentlich nur albern sind‘ – würden Sie diese Einschätzung heute immer noch so vornehmen?

K: Also ich glaub schon, dass ich jetzt, also heute, schon mehr erwachsen bin als damals – was heißt damals? Das ist ja jetzt auch noch nicht so wirklich lange her jetzt, dass man sagen kann, da ist voll viel Zeit vergangen, aber ich finde schon, dass ich jetzt also doch mehr vernünftig geworden bin wie wir das vorhin gesagt haben. Ich kümmer‘ mich um meinen Sohn, ich mach meinen Job, ich bin nicht mehr so viel mit meinen Jungs und so, kiffen ist weniger geworden – also schon so alles Sachen, bei denen ich sagen würde, das ist jetzt nicht mehr so dieses Unerwachsene, wenn man das so sagen kann.

I: Heißt: Sie sind zumindest einen weiteren Schritt Richtung erwachsen werden gegangen.

K: Kann man so sagen, ja.

I: Bei der Wandzeitung haben Sie bei der Überschrift Stolz als erstes erwähnt ‚Auf meinen Sohn‘ – dieser kleine Mensch hat Ihr Leben vollkommen verändert wie es scheint.

K: Ja, auf jeden Fall. Wie schon gesagt, das ist das Beste, was mir passieren konnte. Ohne ihn kann ich mir mein Leben gar nicht mehr vorstellen.

I: Hatten Sie irgendwann – vor oder nach der Geburt – mal das Gefühl, die Vaterrolle nicht schaffen zu können?

K: Dass ich jetzt kein guter Vater bin oder kein guter Vater sein kann, meinen Sie?

I: Gar nicht mal diese Zuschreibung ‚guter Vater‘, sondern eher in die Richtung gedacht, dass Sie aus Ihrem Elternhaus ja nun kein Vorbild dafür hatten, was eine gelingende Vater-Sohn-Beziehung ausmachen sollte, wenn es diese denn geben würde.

K: Ach, so meinen Sie das. Ne, da hab ich mir gleich gesagt, dass mein Sohn auf jeden Fall einen richtigen Vater bekommt, also jemand, der auch wirklich für ihn da ist und nicht so dieses scheißegal, was mit meinem Sohn ist – soll er doch selbst sehen, wie er zurechtkommt, interessiert mich doch nicht.

I: Was bedeutet die Formulierung ‚richtiger Vater‘ für Sie?

K: Ja, dass ich für meinen Sohn also da bin, immer da bin, dass er sich darauf auch verlassen kann zu hundert Prozent. Er soll wissen, dass seine Eltern sich um ihn kümmern und er für die nicht egal ist, also dass den Eltern nicht egal ist, was mit dem Kind passiert – so mein ich das.

I: Diese Gleichgültigkeit haben Sie in Ihrer Kindheit so erlebt?

K: Nur, ja.

I: Wer hat sich denn um Sie gekümmert, wenn Sie Hilfe oder Unterstützung benötigt haben?

K: Niemand eigentlich wirklich. Wenn mal was war in der Schule oder so, dann hat meine Mutter immer gesagt: ‚Jetzt muss ich mich wieder um Deinen Scheiß kümmern, immer muss ich mich um Deine Scheiß-Angelegenheiten kümmern – wieso immer ich?‘. So auf diesen ging das dann, aber so richtig interessiert hat die das dann auch nicht, die war einfach nur genervt, wenn wieder mal was war, wo sie dann so keine Zeit hatte, um ihren Kram zu machen.

I: ‚Ihren Kram machen‘ meint was?

K: Rauchen, saufen, fernsehen, rumhängen einfach nur – was anderes hat die ja nie gemacht.

I: Und Ihr Vater war auch nicht da, das haben Sie beim Referat ja bereits erwähnt.

K: Der hat den Namen ‚Vater‘ gar nicht verdient. Wenn jemand nur Vater heißt, ohne Vater zu sein, dann ist er kein Vater. Und mein Vater war niemals Vater, der war im Knast. Der war eigentlich immer nur im Knast: Bei meiner Geburt, als ich zur Schule gekommen bin, wenn irgendwas mit den Lehrern zu klären war – der war immer weg. Und dann war er mal kurz draußen und dann ist er abgeschoben worden und darf jetzt fünf oder sechs Jahre oder so nicht wieder zurück nach Deutschland. Also kann man auch so sagen: Mein Vater war eigentlich immer irgendwie nicht da und meine Mutter war zwar schon da, aber irgendwie immer so abwesend, also auch keine Hilfe für mich. Asi-Eltern eben – ist so.

146

I: Sie haben jedenfalls Ihre klare Meinung dazu.

K: Ja, kann ich ja auch nicht mehr ändern jetzt.

I: Allerdings selbst besser machen, was Ihnen für den Anfang als stolzer Papa ja scheinbar auch ganz gut gelingt.

K: Das muss auch so bleiben.

I: Gab es für Sie während des Einzeltrainings irgendwann mal einen Punkt an dem Sie überlegt haben, ob Sie das Training beenden?

K: Gar nicht, nein. Warum auch?

I: Hätte ja sein können, dass Sie sagen, dass Ihnen das zuviel wird und dass Sie ja auch nicht unbedingt von vornherein begeistert gewesen sind, dass Sie diese Auflage vom Gericht bekommen haben.

K: Das stimmt, aber das hat mir ja im Endeffekt eigentlich nur geholfen, kann man sagen.

I: Jetzt lautet meine Nachfrage wie?

K: Wie meinen Sie das?

I: Wenn Sie sagen, dass Ihnen das Training ‚im Endeffekt nur geholfen‘ hat, lautet meine Nachfrage vermutlich wie?

K: Ach so: Wie mir das geholfen hat, meinen Sie?

I: Genau.

K: Na ja, so, dass hier doch schon einiges deutlich geworden ist, was das alles für Folgen hat, wenn man immer so weitermacht mit den Straftaten so. Das ist ja eben deutlich geworden bei diesem Bild mit den Vorteilen und Nachteilen [meint: Vier-Felder-Matrix, siehe oben; Anm.], dass mir das

nichts bringt auf Dauer – außer eben Knast oder jedenfalls nur Ärger eben mit Polizei und Gericht und mit Familie und so.
I: Das Ergebnis war jedenfalls eindeutig, das stimmt.

K: Eben.

I: Sie haben das mit dem Einzel-AAT richtig gut gemacht, A., darauf können Sie auch stolz sein.

K: Bin ich auch ein bisschen so, ehrlich gesagt. Wenn ich gewusst hätte, dass das so abläuft wie hier, hätte ich das schon viel früher gemacht.

I: Vielleicht hätte es früher noch nicht so gepasst.

K: Hm, auch möglich. Aber jetzt hat es ja gepasst auf jeden Fall.

I: Dazu haben Sie ganz wesentlich beigetragen, A., deshalb meinte ich auch, dass Sie stolz darauf sein können – gar nicht mal unbedingt darauf, dass Sie das gemacht haben, sondern wie Sie das gemacht haben.

K: Wie jetzt?

I: Erinnern Sie sich mal an das Vorgespräch; da haben Sie gesagt: ‚Ich bin da nicht gleich so, dass ich so von mir erzähle. So bei bestimmten Themen finde ich, geht das nicht jeden was an: Familie zum Beispiel, da werd‘ ich nicht groß was sagen.‘ Erzählt haben Sie dann allerdings doch einiges – vor allem bei dem sogenannten ‚Referat‘.

K: Schon, aber das war hier ja auch ganz was anderes als in einer Gruppe – da hätte ich gar nichts davon erzählt, weil ich finde, dass müssen die anderen gar nicht alles so wissen, und bestimmte Sachen sind eben privat. So wie hier war das ja sogar im Gegenteil so, dass man richtig gut was erzählen konnte und man ja auch wusste, dass nichts weitergesagt wird davon – so bringt das dann ja sogar richtig was und dann hilft einem das auch gut, weil man weiß, dass damit gut umgegangen wird. Das hab ich meiner Bewährungshelferin auch gesagt, dass das für mich mit so einem Einzeltraining auf jeden Fall besser gewesen ist, weil das alles mit mir zu tun hat, was da besprochen wird, und dann muss man ja auch immer hundertprozentig Konzentration da reingeben, weil man da ja auch möglichst alles mitrausnehmen will – für mich hat das hier mit Ihnen auf jeden Fall gepasst.

I: Das hört sich gut an.

K: Ist es ja auch, weil es auch wirklich gut gepasst hat. Sie haben mir Gehör geschenkt und ich habe Ihnen zugehört, weil ich gemerkt habe, dass Sie Ahnung davon haben, worüber wir hier gesprochen haben. Und wissen Sie, was mich am meisten wundert? Sie haben nicht ein einziges Mal gesagt ‚Du musst‘ oder ‚Du sollst‘ oder so, sondern Sie haben eigentlich immer mir überlassen, wie ich mich entscheide; aber ohne Sie wäre ich gar nicht in diese Situation gebracht worden, dass ich mir das überlegen muss, und ich glaube, deshalb hat mir das hier was gebracht und deshalb hab ich überhaupt so intensiv mitgemacht hier.

I: Dann achten Sie darauf, dass für Sie auch weiterhin alles gut bleibt oder wird, damit es auch in Zukunft gut passt.

K: Wird schon gut gehen – danke auf jeden Fall, dass Sie das so mit mir ausgehalten haben.

I: Bleiben wir dabei: Passt schon.

Fallbeispiel II

Klient: MC (21 Jahre)

Urteil: Körperverletzung; Raub

Ziel: Bei Beleidigungen oder Provokationen auch mal da drüberstehen können. Insgesamt lockerer werden.

Das Interview zu Fallbeispiel II oder:
„… jedes Mal, wenn ich hier raus bin, habe ich mich besser gefühlt als vorher."

I: M., wenn Sie sich Ihr zu Beginn des Einzeltrainings formuliertes Ziel anschauen – ‚Bei Beleidigungen oder Provokationen auch mal da drüberstehen können. Insgesamt lockerer werden' –, was würden Sie sagen, zu wieviel Prozent haben Sie Ihre Vorhaben erreicht?

K: So alles gesehen richtig gut, würde ich sagen. Also: Mit den Beleidigungen und Provokationen ist gar nichts mehr gewesen, also da hundert Prozent, und lockerer bin ich da auch geworden, aber noch nicht so hundertprozentmäßig, da würde ich mal sagen so achtzig bis neunzig Prozent.

I: Das hört sich nach einer guten Quote an.

K: Ja. Aber das ist ja auch nicht mehr so wie früher, als immer gleich alles so bli-bla-blub-mäßig auf ‚Zeig-mal-was-Du-so-drauf-hast-Pose' gelaufen ist. Das muss auch alles gar nicht mehr sein. Wissen Sie, Herr Schawohl, mich nervt das auch alles nur noch: Bewährung, noch mal Bewährung, dann zu Frau K. [fallzuständige Fachkraft der Bewährungshilfe; Anm.], weil die auch immer irgendwas will, hierher zu Ihnen, und dann immer noch die Paranoia, dass die [meint: Beamte des MEKs;

150

Anm.] bei mir in der Wohnung stehen, weil die meinen, sie würden immer noch was bei mir finden – ich hab darauf keine Lust
mehr.

I: Die Folgen der Vergangenheit.

K: Ja, aber irgendwann muss die Vergangenheit dann auch mal
Vergangenheit bleiben, finde ich.

I: Darüber hatten wir ja gesprochen, M., dass Sie das, was in
Zukunft stattfindet, beeinflussen können, das, was zurück-
liegt, allerdings nicht – insofern müssen Sie sich damit arrangie-
ren.

K: Ja, nervt trotzdem alles.

I: Immerhin: Das Training hier haben Sie jetzt beendet – damit
ist also eine Auflage vom Gericht erledigt.

K: Ja, stimmt, aber diese Termine hier bei Ihnen waren ja nicht
mal die, die mich genervt haben – das war ja sogar gut, dass
ich hier mal jemanden hatte, mit dem ich reden konnte und
der mich auch versteht – wissen Sie, was ich meine? Ich muss
Ihnen nicht alles erst erklären, weil Sie auch so wissen, was ich
meine. Zu Hause mit meinem Vater kann ich das nicht besprechen – der hat selbst genug Probleme; der ist krank, wissen Sie
ja, der war im Krankenhaus und sitzt im Rollstuhl jetzt, da kann
ich ihm nicht noch mit meinen Geschichten kommen und ihm die
ganze Gerichtskacke vor die Nase halten, der hat selbst mit sich
genügend Probleme.

I: Das heißt, dieser Teil der Auflage war für Sie jetzt nicht der
Unangenehmste?

K: Gar nicht, nur eben die Zeit und dass ich das dann jedes Mal
mit meinem Chef vorher klarmachen musste, dass ich die Schich-

ten dann so legen kann, dass das hier passt, das war nervig irgendwie. Aber hier selbst, das war ja sogar gut für mich, weil ich hier eben auch mal jemanden habe, der weiß, was bei mir alles stattfindet, also, der das eben auch versteht, wenn ich so hier und da und überall Stress habe und mir das dann einfach alles zu viel wird – so eben. Hier wusste ich immer: Das passt – jedes Mal, wenn ich hier raus bin, habe ich mich besser gefühlt als vorher. Aber ich will einfach, dass ich endlich mal meine Ruhe habe und nicht immer diese Paranoia haben muss, dass alle was von mir wollen. Ich mach ja auch nichts mehr – das müssen die doch auch endlich mal in ihre Köpfe reinkriegen, oder wollen die mich mein ganzes Leben lang damit nerven?

I: Wenn Sie sagen ,Das passt [und] jedes Mal, wenn ich hier raus bin, habe ich mich besser gefühlt als vorher', – können Sie sagen, wodurch das hier für Sie gepasst hat und inwiefern es Ihnen nach den Terminen besser ging?

K: Wie gesagt: Sie wissen, was ich meine, also: Sie verstehen mich. Das war schon mal immer ganz wichtig für mich, dass ich weiß, ich muss Ihnen nicht alles drei-, vier-, fünfmal erklären, bevor Sie wissen, was ich meine. Und besser ging es mir schon mal deshalb, weil hier auch geguckt wurde, was es bedeuten könnte, wenn ich niemals damit aufhöre – so dies-das, bli-bla-blub. Ich weiß das ja auch alles mittlerweile, aber das ist trotzdem gut, wenn man ab und zu immer noch mal wieder daran denkt und darauf gebracht wird, und bei mir war das immer so, wenn ich hier raus bin, habe ich mir eine Zigarette angesteckt und noch mal überlegt, was wir hier so geredet haben. Und das war dann auch so, wenn ich draußen unterwegs war, dann hab' ich das auch so im Kopf: Du hast die Termine bei Herrn Schawohl. Sie *haben mich begleitet, obwohl Sie nicht bei mir waren, wissen Sie, wie ich meine?*

I: Oh, M. das haben Sie jetzt wirklich schön gesagt.

K: So ist das wirklich: Sie begleiten mich immer wie ein Schatten, das meine ich. Sie haben mir sozusagen meine Augen geöffnet, und ich hab darüber nachgedacht. Und dass ist auch gut, dass mir das mal jemand so klar gemacht hat, dass ich jetzt auch mal an den Punkt kommen muss, zu sagen: Du weißt, das bringt alles für Dich nichts außer Deine Paranoia und die Filme, die Du schiebst und Du weißt das eben, und jetzt musst Du auch mal Deinen Kopf einschalten, dass Du das auch machst, was Du weißt, also dass ich einfach nichts mehr mache, also nichts Illegales, weil ich weiß, das gibt nur stressmäßig Probleme und Ärger – ich will meine Ruhe und fertig!

I: Klare Ansage.

K: Ja.

I: Sie erinnern sich an die Aussagekarten, mit denen wir hier gearbeitet haben?

K: Ja, so mit Gewalt Respekt bekommen und so, nä?

I: Genau. Bleiben wir gleich bei dieser Aussage: Mit Gewalt kann man sich Respekt verschaffen – erinnern Sie noch in etwa, was Sie darauf geantwortet haben?

K: Dass das heute nicht mehr stimmt, aber früher so war, weil ich das auch darauf angelegt habe.

I: Genau. Ihre Formulierung war: ‚Das hab' ich früher auch gemacht in meinem Viertel. Aber das war nichts mit Respekt, das war Angst. Aber die Leute sollten über mich reden wie eine

‚Serie‘, ich hab das richtig drauf angelegt, kann man sagen.‘ Und anschließend haben Sie erwähnt, das sei heute anders.

K: Ja, muss ja auch. Meine Jungs sagen auch zu mir: ‚Du bist voll ruhig geworden‘, und: ‚Du hast Dich voll geändert‘.

I: Würden Sie das so bestätigen?

K: Ja, muss ich doch auch. Ich hab‘ Bewährung und ich will mir diese Dauer-Paranoia nicht mehr geben, sonst bin ich wirklich irgendwann psychisch ‚richtig durch‘ und dann schieb‘ ich nur noch meine Filme.

I: Sie haben gesagt, dass Sie einfach nur Ihre Ruhe haben wollen. Um das zu erreichen, sind Sie ja auch umgezogen.

K: Ja, weg aus H. [Stadtteil in Hamburg; Anm.] und zu meinem Vater nach S. [anderer Stadtteil in Hamburg; Anm.] – da ist es auf jeden Fall schon mal besser für mich. Am liebsten würde ich ganz raus aus Hamburg, aber das geht im Moment nicht, weil ich meinen Vater nicht alleine lassen möchte mit seiner Krankheit.

I: Hat der Umzug für Sie etwas mehr Ruhe gebracht?

K: Ja, schon. Aber ich muss trotzdem aufpassen, weil immer noch mal ein paar Leute auftauchen können, die was von mir wollen, aber egal: Ich sag‘ denen, die sollen machen, wenn sie wollen – ich will nur noch meine Ruhe, sonst nichts.

I: Da klingt noch mal wieder etwas von der Paranoia durch.

K: Ja, aber egal. Ich versuch, den Leuten aus dem Weg zu gehen. Ich geh jetzt meinen Weg und die sollen ihren gehen.

I: Der Weg wird vermutlich lang für Sie.

K: Ich bin ja auch noch ganz am Anfang. Das ist so, dass ich auf dem Weg nach oben bin auf den Berg, und das habe ich zu einem Drittel geschafft, aber ich weiß, ich kann wieder runterfallen.

I: Und dann versuchen Sie es noch einmal?

K: Muss ich, bis ich oben bin – vorher gebe ich nicht auf.

I: Auf jeden Fall lohnt die Anstrengung.

K: Ich muss das jetzt durchziehen.

I: Und Sie wollen das jetzt scheinbar auch durchziehen.

K: Wollen und müssen, wollen und müssen.

I: Was ja wiederum auch Sinn macht, wenn Sie sich mal an die Auflistung der Vor- und Nachteile erinnern, die Sie aufgezählt haben bei den vier Feldern, wenn Sie Ihr Verhalten ändern würden beziehungsweise, wenn Sie so weitermachen wie bisher.

K: Da gab es doch, glaube ich, gar keinen richtigen Vorteil für mich.

I: Na ja, einen einzigen haben Sie genannt: ‚Gut Geld‘. Demgegenüber sind Ihnen allerdings 8 Nachteile eingefallen – das ist zumindest von der Anzahl her eindeutig gewesen. Es sei denn, Sie sagen, das Geld toppt alles, egal wie viele Nachteile das mit sich bringt.

K: Was bringt mir das Geld, wenn ich im Knast bin und meine Freiheit weg ist?

I: Gute Frage.

K: Gute Frage, ja.

I: Und: Was bringt Ihnen das Geld, wenn Sie im Knast sind und Ihre Freiheit weg ist?

K: Ja – nichts. Nichts, nichts und nochmal nichts.

I: Bei der Veränderung Ihres Verhaltens war die Übersicht noch deutlicher: Nur Vorteile und nicht ein einziger Nachteil.

K: Gibt ja auch keine Nachteile, außer eben das Geld, das fehlt, aber das ist ja dann wieder kein Nachteil, weil ich nicht in den Knast muss – ganz einfach eben.

I: Kann man so sagen. M., ich möchte mit Ihnen noch einmal auf die von Ihnen benannten Gründe, weshalb jemand kriminell oder gewalttätig wird, zu sprechen kommen. Da hatten Sie als für sich zutreffend genannt: Geldnot, drogenabhängig, Gruppe, Stolz, Ehre, Langeweile, Vorbilder, Wut, Frust und Spaß. Erinnern Sie sich, welche davon Sie aus heutiger Sicht immer noch als mögliche Risikofaktoren bewertet haben?

K: Ich glaube Geld auf jeden Fall, Ehre, Stolz glaube ich auch mal – ja die drei so.

I: Die drei und Wut hatten Sie noch genannt.

K: Wut auch, ja. Aber ich glaube mal, da würde ich heute nichts mehr machen deswegen. Da wäre jetzt nur noch das Geld, aber da hatten wir ja schon drüber gesprochen, dass ich mir damit auch keinen richtigen Vorteil einhandel – das ist so gesehen also unnötig, dafür was zu machen und die Bewährung zu riskieren.

I: Für die anderen genannten Gründe, also: Ehre, Stolz und Wut würden Sie die Bewährung riskieren?

K: Was heißt hier riskieren? Ich würde auf jeden Fall nicht so von mir aus was machen, dass ich damit sozusagen dafür verantwortlich bin, dass ich rein müsste. Und wenn andere was machen würden, würde ich trotzdem nichts machen, außer ich werde

angegriffen oder jemand von meiner Familie wird angegriffen –
dann müsste ich ja was machen.

I: Sie meinen Notwehr.

K: Ja, sowas.

I: Notwehr und Nothilfe sind ja keine Straftaten.

K: Ja.

I: Nur wenn es darüber hinausgeht, könnte es für Sie mit Ihrer
Bewährung wieder riskant werden.

K: Eben, also am besten passiert nichts und alles ist gut.

I: Zumindest können Sie einiges dazu beitragen, dass bestimmte
Risikosituationen gar nicht erst zustandekommen, vermute ich.

K: Da haben Sie Recht, deshalb sage ich ja auch: Ich mach nichts
mehr, dann hab ich meine Ruhe und gut ist.

I: Nur Ihre ‚innere Ruhe‘ haben Sie noch nicht erreicht.

K: Das wird auch noch dauern, glauben Sie mir.

I: Bewährung und Hamburg – oder was verhindert diese ‚innerer
Ruhe‘?

K: Bewährung auf jeden Fall, ja, und Hamburg ist so gesehen
auch ein Dorf und hier wollen einfach zu viele Leute was von mir.
Sobald ich kann, bin ich raus aus Hamburg.

I: Je größer die Entfernung zu Hamburg, desto größer die
Chance, Ihre ‚innere Ruhe‘ zu finden?

K: Ja, so sehe ich das mal. Wenn ich woanders bin, wo mich niemand kennt und wo ich niemanden kenne, hab ich schon mal
nicht den Stress, den ich hier hab mit den Leuten, die hier ja an
jeder Ecke irgendwo lauern. Ich muss ja immer mit Augen im

Hinterkopf rausgehen, wenn ich irgendwo unterwegs bin, wissen Sie, wie ich meine? Das hat ja auch schon was von Paranoia so, und wenn ich raus bin aus Hamburg, bin ich weg von diesen Leuten hier.

I: Hamburg ist also nicht mehr Ihre Stadt?

K: Kann man so sagen, ja.

I: Also müssen Sie woanders Ihre ‚Serie‘ starten.

K: Ja, aber so auf entspannt und ohne Polizei und Kopfkino und was-weiß-ich für bli-bla-blub-Gestresse.

I: M. als Hauptdarsteller in einer friedlichen Daily-Soap.

K: So in der Art, ja. ‚XY [Stadt im europäischen Ausland; Anm.] Tag und Nacht‘-mäßig eben – nur eben alles ganz easy-peasy ge-chillt.

I: Würde das außerhalb von Hamburg für Sie passen?

K: Ja, klar, ich hab doch hier nichts zu verlieren, und in XY [siehe oben; Anm.] hätte ich nur einen Freund, den ich da kenne und sonst nichts. Ich könnte da arbeiten und wohnen wäre auch kein Problem soweit ich weiß.

I: Reset in XY [siehe oben; Anm.].

K: Warum nicht? Hier holt mich irgendwann sonst alles wieder ein und dann krieg ich diesmal richtig Kelle [meint: Haft-strafe für mehrere Jahre; Anm.] und muss dann auch wie der ganz von vorne anfangen. Dann mach ich lieber gleich einen Neuanfang oder eben so resetmäßig und muss vorher nicht in den Knast.

I: So gesehen klingt das sinnvoll.

K: So muss ich das sehen, Herr Schawohl, alles andere bringt mich hier nicht weiter.

I: Und genau in die entgegengesetzte Richtung ging Ihre Argumentation bei der Aussagekarte 'Es gibt mir ein gutes Gefühl, dass Leute Angst vor mir haben' – auch da gab es die Unterscheidung ‚damals‘ und ‚heute‘, erinnern Sie sich in etwa daran, was Sie gesagt haben?

K: Ich glaube, dass das heute nicht mehr stimmt, weil es ja nicht um Respekt geht, sondern nur um die Angst, die jemand hat.

I: Fast wortwörtlich: ‚Das stimmt nicht, weil es ja im Endeffekt nur Angst ist. Bis vor ein paar Monaten war das aber anders‘. Und das, was anders war, haben Sie damit erklärt, dass Sie damals darauf aus waren, dass die Leute nur Ihren Namen hören sollten, um dann zu wissen, wer Sie sind. Und dann haben Sie on top folgende Bemerkung abgeliefert: ‚Mein Name war sozusagen meine Waffe, und diese Waffe war immer dabei‘.

K: Ja, war so damals.

I: Wie bewerten Sie das aus heutiger Sicht?

K: Lächerlich, wenn man das so hört heute. Aber damals hab ich wirklich geglaubt, dass das so ist – ich hab voll meine Filme geschoben und geglaubt, mir kann keiner was.

I: Hatte scheinbar schon was Größenwahnsinniges.

K: So war ich damals aber, Herr Schawohl. Ich hab mich gefühlt wie Gott – verrückt eigentlich.

I: Dieser Gott ist dann ja auch gescheitert.

K: Zum Glück – ja.

I: Inwiefern ‚zum Glück‘?

K: Wer weiß, was sonst noch alles passiert wäre. Wenn man glaubt, keiner kann einem was, dann muss man irgendwann auf die Schnauze fallen oder von einem anderen was kassieren, wenn man sich mit den falschen Leuten anlegt.

I: Und Sie haben sich mit den falschen Leuten angelegt und sind auf die Schnauze gefallen, auch das hat ja für Sie hier zur Teilnahme geführt.

K: Ja, aber hoffentlich gerade noch rechtzeitig. Sonst wäre das der ganz große Absturz geworden, aber das hatten wir ja schon am Anfang besprochen, als wir über die verschiedenen Situationen in meiner Familie und beim Job und so gesprochen haben [meint: ‚Referat‘; Anm.].

I: Das stimmt. Dieser Switch vom damaligen Größenwahn zum reset-mäßigen Neuanfang ist auch deutlich geworden bei der schriftlichen Begründung, die Sie bei der Aussage ‚Ich begehe keine weiteren Straftaten‘ gegeben haben, nämlich: ‚Stimmt. Ich bin zufrieden mit meinem Leben und den Möglichkeiten, die die Freiheit mir bereitet. Ich habe alles, was ich brauche und allein die Tatsache, dass ich mich frei bewegen kann, ist der größte Luxus, den ich mir vorstellen kann‘. Und diese Richtung setzen Sie fort bei der Aussage ‚Es hat für mich Vorteile, ohne Straftaten zu leben‘: ‚Stimmt. 1. Weil ich nicht mehr in Gefahr gerate, eingesperrt zu werden und nicht von meiner Familie getrennt zu sein. 2. Weil ich bescheidener leben muss und hart für meinen Lebensunterhalt arbeiten muss‘. Das sind zumindest Ihrerseits sinnvolle Beiträge, um zu verhindern, dass Sie ‚auf die Schnauze fallen‘.

K: Ja, aber ich kann ja eigentlich auch zufrieden sein mit dem Leben so, wie es jetzt ist. Eigentlich könnte das ruhig so weitergehen, nur vielleicht noch ein bisschen mehr Gehalt, dann würde das gut passen.

I: Wobei die Trennung von der Familie dann ja auch gegeben wäre, wenn Sie nach XY (s.o.) ziehen würden.

K: Schon, aber die Trennung sonst meinte ich ja, wenn ich im Knast wäre – das andere wäre ja kein Problem, wenn man sich besuchen kann. XY (s.o.) wäre einfach ruhiger für mich. Und ich brauch auch nicht viel zum Leben. Ich will meine Ruhe und in Freiheit leben – fertig.

I: Klingt alles andere als größenwahnsinnig.

K: Die Zeiten sind endgültig vorbei.

I: Im Grunde war während des gesamten Trainings Ihr Tenor: Ich will meine Ruhe und weg von dem kriminellen Weg, den ich jahrelang gegangen bin. Zumindest gibt es etliche Zitate von Ihnen, die bei den Wochenrückblicken zu finden sind, bei der Wandzeitung, bei den Aussagekarten – ich glaube fast, es hat nicht eine Sitzung gegeben, in der Sie nicht in diese Richtung gedacht oder geredet haben.

K: Das stimmt auch. Und ich muss sagen, dass mir das auch jedes Mal deutlicher geworden ist, wenn ich jede Woche hier gewesen bin – das hat mir sozusagen die Bestätigung dafür gegeben oder sogar die Erkenntnis gebracht, dass das so auf jeden Fall richtig ist.

I: Vielmehr kann von so einem Einzel-AAT ja gar nicht erwartet werden. Und all das wäre ohne Ihre Mitarbeit und ohne Ihr Mitwirken nicht zustande gekommen. Wobei Sie ja auch von Beginn an mit großer Bereitschaft dabei waren.

K: Weil ich das ja auch wollte. Ich hab das ja selbst so bei der Bewährungshilfe vorgeschlagen, dass ich so ein Einzel-AAT hier machen will. Und hab ich ja schon gesagt: Nach jedem Termin bei Ihnen habe ich mich besser gefühlt als vorher und dann hab' ich jedes Mal gewusst, dass das auf jeden Fall richtig war. Und das war auch immer so vorbereitet oder wurde von Ihnen immer so mit den Gesprächen so geleitet, dass das wie für mich gemacht war, das muss ich schon sagen.

I: Danke für das Kompliment, M. – nur nochmal: Das war ja nur ein Teil, der andere Teil kam von Ihnen, also geht das Kompliment ebenso an Sie zurück.

K: Dann sag ich auch danke. Haben wir beide das also gut gemacht, kann man sagen.

I: Sagen wir es so.

Fallbeispiel III

Klient: GB (20 Jahre)

Urteil: Körperverletzung

Ziel: Ich will keinen Ärger mit der Polizei und dem Gericht. Ich will wie ein Mensch behandelt werden.

Das Interview zu Fallbeispiel III oder: „Ich hab meiner Mutter die Tränen weggewischt."

I: G., zu Beginn des Trainings haben Sie als Ziel formuliert: ‚Ich will keinen Ärger mehr mit der Polizei und dem Gericht. Ich will wie ein Mensch behandelt werden'. Zu wieviel Prozent ist dieses Ziel beziehungsweise diese Erwartung aus Ihrer Sicht am Ende des Trainings erfüllt worden?

K: Da sage ich mal zu achtzig Prozent. Ärger mit der Polizei oder so vom Gericht ist gar nichts mehr gewesen jetzt, aber man kann ja nie wissen, was noch so passiert mal.

I: Aktuell ist nichts mehr offen bei Ihnen, dass die Justiz demnächst noch mal ‚Hallo' sagen könnte?

K: Ne, gar nichts, denk' ich mal, also jedenfalls hab' ich die letzten drei, vier Monate nichts mehr gemacht.

I: Also kurz vor Beginn des AATs sozusagen den Schlusspunkt gesetzt.

K: Ja, so ungefähr, aber das war auch nichts Großes so.

I: Was war denn? Weil Sie davon, glaube ich, bisher noch gar nichts erzählt haben.

K: Ja, wie gesagt, war ja auch nichts Großes so. Angeblich sollen wir im Supermarkt Pfandflaschen geklaut haben, aber das war gar nicht so. Ich bin da hinten rein, und hab da zu dem Mitarbeiter gesagt, dass ich zwei Flaschen haben möchte, damit ich die wieder reinlegen kann in den Automaten, weil er die vorher nicht genommen hat – fertig.

I: ,Nicht genommen' heißt, der Automat hat den Scancode nicht erkannt?

K: Genau, so, und dann bin ich dahin und hab ihm das gesagt, dass er mir zwei neue Flaschen geben soll, damit ich mein Pfand bekomme. Ich hab das ja vorher auch bezahlt, also will ich das auch wiederhaben, ist doch klar, oder?

I: Verständlich.

K: Also. Und der macht dann da den Max und sagt, er ruft die Polizei, weil ich da einbreche und da im Lager nichts zu suchen hätte.

I: Wieso ist der Mitarbeiter auf ,Einbruch' gekommen?

K: Ja, jetzt nicht so, dass wir oder ich da eingebrochen sind, aber er meinte, ich muss da raus, wenn er das sagt, sonst holt er die Polizei.

I: Meinte er vielleicht Hausfriedensbruch?

K: Hausfriedensbruch – genau! Hausfriedensbruch hat er gemeint und hat dann den Filialleiter gerufen.

I: Wie ging es dann weiter?

K: Dann kam der auch noch dazu, und dann war Palaver hier und Palaver da. Und dann hab ich dem gesagt, dass ich nur meine beiden Flaschen haben will, damit ich das Pfandgeld bekomme, so. Aber der meinte dann, dass wir das dann ja vielleicht schon

öfter gemacht hätten und jetzt sind wir eben erwischt worden –
albern die Geschichte.

I: Wie ist denn das Ganze letztendlich geklärt worden?

K: Ich hab' denen gesagt, dass sie die Polizei mal schön holen sollen, damit ich denen dann sagen kann, dass die hier schön betrü-
gen mit ihrem komischen Automaten, weil das ja vielleicht auch
öfter mal bei anderen passiert ist so, und dann können die nämlich gucken, was die Polizei dazu sagt.

I: Elegante Überlegung von Ihnen.

K: Ist doch so, die machen da das große Geld und ich werde ver-
arscht.

I: Wie sind Sie mit denen auseinander gegangen?

K: Der Filialleiter meinte dann zu seinem Mitarbeiter, er soll mir
zwei Flaschen geben und meinte dann, dass ich dann vorher klin-
geln soll, wenn das noch mal wieder ist, aber nicht so einfach da
hinten reingehen. Aber das ist doch albern, dass ich erst klingel,
wenn ich weiß, dass der da schon hinten im Lager ist – ist doch
unnötig dann.

I: Also wurde die Sache ohne Polizei geklärt und Anzeige ist auch
nicht erstattet worden wegen Hausfriedensbruch?

K: Ne, war ja auch nichts so.

I: Gut. Beim Ziel haben Sie noch die Erwartung formuliert, Sie
möchten ,wie ein Mensch behandelt werden' – was genau meinen
Sie damit?

K: Dass man mich eben so behandelt, wie es sich gehört als
Mensch, also dass ich eben auch so gesehen werde als Mensch
eben, dass andere nicht denken, bei dem kann man ja mal so eben

einfach sagen, der interessiert uns nicht, weil der ja so' n Asozialer oder nur so' n Krimineller ist – das meine ich damit. Also eben das man nicht immer nur so das Schlechte sieht, was man vielleicht auch so gemacht hat, aber dann nur sagt, so andere Sachen werden gar nicht beachtet, wenn man mal irgendwo was Gutes gemacht hat so.

I: In welchen Bereichen oder von welchen Personen fühlen Sie sich denn manchmal nicht richtig verstanden, weil die guten Sachen übersehen oder nicht beachtet werden?

K: Auf jeden Fall beim Gericht oder bei der Bewährungshilfe schon mal.

I: Haben Sie da solche Situationen erlebt?

K: Hundertpro. Da wird dann immer nur so negativ geguckt, wenn irgendwas wieder nicht so gemacht wurde oder wenn es wieder heißt: ,Oh, G., da hast Du wohl wieder mal Mist gebaut oder da hast Du Deine Auflage ja immer noch nicht gemacht – das muss ich dann wohl dem Gericht melden und dann gibt es Arrest für Dich'

I: Sind denn noch Auflagen offen bei Ihnen?

K: Arbeitsleistungen noch sechs oder so.

I: Bis wann wollen Sie die erledigen?

K: Nächste Woche und dann im nächsten Monat erledige ich die – das hab' ich Frau S. [Mitarbeiterin der Jugendbewährungshilfe; Anm.] auch so gesagt, aber die meinte dann gleich wieder: ,Das soll ich Dir jetzt glauben? Du hättest damit schon längst fertig sein können, aber Du kümmerst Dich ja nicht um die Termine oder soll ich doch den Arrest beantragen, damit Du das besser *verstehst?'* Die freut sich immer richtig, wenn sie mir mit diesem Arrest so drohen kann.

I: Meinen Sie, das wird aus ‚Freude‘ so gesagt?

K: Sie müssen die mal sehen, wenn die das so zu mir sagt –immer mit einem richtig frechen Grinsen dabei. Ich glaub, das bringt der richtig Spaß, wenn die da so mäßig auf Machtposition machen kann, die genießt das so.

I: Wenn Sie das jetzt als Beispiel dafür erwähnen, dass Sie, ‚wie ein Mensch behandelt werden möchten‘, heißt das ja, diesen Umgang Ihnen gegenüber empfinden Sie nicht als menschlich – was wäre denn in dieser Situation aus Ihrer Sicht eine ‚menschliche Behandlung‘?

K: Auf jeden Fall nicht so dieses ‚Ich-kann-Dich-in-den-Arrest-stecken-wenn-ich-will‘, so dieses ‚Von-oben-Herab‘ – wer ist sie denn, dass sie glaubt, so mit mir reden zu können? Das mach' ich doch auch nicht so mit ihr.

I: Mit Arrest können Sie ihr ja auch nicht drohen.

K: Dass mein' ich so ja auch nicht, aber Sie wissen doch, was ich meine: So dieses ‚Nase-Oben‘ eben. Sie kann doch auch ganz normal mit mir reden, so wie ein Mensch eben – das machen Sie hier doch auch, also.

I: Wie würden Sie denn die Gesprächsatmosphäre hier beim Einzeltraining beschreiben?

K: Ja, schon so, dass man hier menschlich miteinander geredet hat. Das war auf jeden Fall so, dass das hier respektvoll von allen Seiten her gewesen ist, also: Sie haben mich mit Respekt behandelt, und ich glaube, ich habe mich Ihnen gegenüber auch mit

Respekt gezeigt – und so gehört sich das ja auch unter normalen Menschen würde ich sagen.

I: Respekt passt in der Regel immer und überall.

K: Richtig. Und deshalb finde ich ja auch, dass man das so erwarten kann, wenn man beim Gericht oder bei Frau S. [s.o.; Anm.] ist, aber da ist dann wieder ‚Nase hoch‘.

I: Woran haben Sie denn hier das ‚menschlich-miteinander-Reden‘ festgemacht?

K: Dass Sie mich hier eben so behandelt haben, ja – wie ein Mensch haben Sie mit mir gesprochen und mich auch so als Mensch behandelt. Sie haben jetzt nicht so auf ‚Ich-bin-was-Besseres-als-Du‘ gemacht, sondern immer so, dass man sich nicht schlecht fühlen musste oder dass man gesagt hat, da hab‘ ich keine Lust, mir das anzuhören, da geh ich gar nicht hin. Eigentlich bin ich sogar gerne hierhergekommen, muss ich sagen.

I: G., Ihr Zertifikat bekommen Sie auch ohne vorherige Lobeshymne von mir.

K: Ne, ist ehrlich so.

I: Wann ist Ihnen denn klar gewesen oder klar geworden, dass das hier für Sie passen würde vom Stil her?

K: Eigentlich schon bei dem ersten Mal, als ich hier gewesen bin [meint: Termin für das Vorgespräch; Anm.] und wir so gesprochen haben, was hier stattfindet und wie das abläuft alles. Da hab‘ ich schon gemerkt, dass das hier in Ordnung ist und dass Sie vernünftig mit einem reden so.

I: Hat Sie das überrascht?

K: Dass hier so geredet wird, meinen Sie?

I: Ja, dieses Respektvolle und Menschliche, so wie Sie es beschreiben – was hätten Sie denn stattdessen erwartet?

K: Ja, so, dass man hier irgendwie anders…, ja, dass so auf ‚Wer-bist-du-denn-eigentlich?‘ oder so ‚Fertig-gemacht-Werden‘ eben – sowas vielleicht. Das hab‘ ich ja so auch schon mal in einer Gruppe mitgemacht – da bin ich dann aber nur einige Male hin und dann nicht mehr, aber so wie hier ist das auf jeden Fall besser für die Leute, denke ich mal.

I: Wie kommen Sie darauf, dass das so ‚wie hier auf jeden Fall besser für die Leute‘ ist?

K: Ja, ich denke mal, dass man so dann eher sagt, worum es geht, also dass man bei den Themen auch mehr mitarbeitet, weil man ja weiß, dass einem selbst das auch was bringt dann, weil es ja immer um einen selbst geht und nicht um ‚Herrn Irgendwen‘ oder ‚Herrn Sowieso‘. Und auch, wenn man weiß, dass Sie das auch so verstehen können, was man sagt, weil Sie davon ganz gut Ahnung haben; auch so vom Knast und was das bedeutet, wenn man da mal drin war und so. Ich betrachte das hier auch gar nicht als Strafe, sondern als Hilfe. Wenn ich hier nur herkomme und dann immer nur sage: ‚Weiß ich nicht‘ oder ‚Will ich nicht‘ oder ‚Interessiert mich doch nicht‘, dann bringt das ja auch nichts. Aber so wie hier ist das dann ja auch so gewesen, dass man sich überlegt, was man dann sagt und man dann auch das Gefühl hat, das bringt einem selbst was und man macht sich da auch schon mal einen Kopf so danach, was hier so gesprochen wurde.

I: Gab es das bei Ihnen manchmal nach einem Termin, dass Sie sich gedanklich noch länger damit beschäftigt haben?

K: Ja klar, eigentlich war das jedes Mal so bei mir. Und ich hab‘ mir dann schon so überlegt, was man denn so in bestimmten

Situationen anders machen kann als bisher, weil sonst ja auch nur die Liste mit den Nachteilen immer größer wird, so wie wir das hier auch gesehen haben als da die Gründe standen mit den Vorteilen und den Nachteilen [meint: Arbeit mit der Vier-Felder-Matrix; Anm.].

I: Und dann gelangen Sie zu dem Ergebnis: ‚Weiter so‘ ist die schlechtere Alternative?

K: ‚Weiter so‘ ist die Alternative, die mich in den Knast bringt, also die allerschlechteste Alternative.

I: Die Variante ‚Ich ändere mein Verhalten‘ bedeutet für Sie richtig viele Vorteile.

K: Nur Vorteile für mich – da gab es ja keine Nachteile bei dem Kasten.

I: Würden Sie aus heutiger Sicht immer noch zu dem Ergebnis gelangen, dass diese Änderung für Sie keinerlei Nachteile hätte?

K: Hundertpro.

I: Würden andere Personen aus Ihrem Umfeld diese Einschätzung genauso teilen?

K: Ich denk mal schon, die haben ja auch eigentlich nur Vorteile davon.

I: Sie denken an Ihre Familie?

K: Genau. Für die ist das ja auch nur gut, wenn dieser Ärger rundherum so mal aufhört.

I: Was meinen Sie mit ‚Ärger rundherum‘?

K: So alles, was damit zusammenkommt, wenn ich wieder Scheiße gebaut habe: Polizei, Briefe vom Gericht, Termine hier, Termine da, Geld für den Anwalt – das ist ja auch alles immer

Stress für meine Mutter vor allem und für die ist das auf jeden Fall schon mal besser so.

I: Also auch für Ihre Mutter ein riesiger Vorteil und vor allem weniger Sorgen.

K: Ja. Ich hab meiner Mutter die Tränen weggewischt. Und für mich ist doch auch gut, wenn ich weiß, dass sie sich dafür keine Sorgen mehr machen muss.

I: Das ist schon mal gut gedacht von Ihnen und das haben Sie dann auch gut und richtig gemacht, wenn Sie das so beibehalten.

K: Das muss so bleiben – ich will auf jeden Fall alles dafür geben.

I: Lohnt sich auf jeden Fall.

K: Ja.

I: Es gab ja hier den Termin mit dem sogenannten ‚Referat‘, als Sie die Begriffe Freude, Trauer, Angst, Wut, Glück und Gewalt auf die drei Bereiche Familie, Schule oder Job und Freunde zugeordnet haben.

K: Ja.

I: Da haben Sie bei der Kombination Glück – Familie gesagt: ‚Das allergrößte Glück ist, dass die alle zu mir stehen, obwohl ich soviel Scheiße gebaut habe‘. Hatten sie irgendwann mal Bedenken, dass irgendjemand von Ihrer Familie sagen würde: ‚Mit dem will ich nichts mehr zu tun haben?‘

K: Eigentlich nicht so, aber im Knast hab‘ ich schon gedacht, dass die das so sagen oder denken, aber das wäre dann ja auch meine eigene Schuld gewesen, weil ich die Scheiße ja auch gebaut habe. Und die haben ja vorher auch immer gesagt: ‚Wenn Du so

weitermachst, wanderst Du ab in den Knast!', das weiß ich noch
ganz genau, und dann haben die ja auch Recht gehabt damit so.

I: Von wem kamen diese Hinweise vor allem?

K: Meistens von meinem Bruder und von meiner Mutter natürlich.

I: Manchmal ist es nicht verkehrt, auf Mama oder den großen
Bruder zu hören.

K: Da haben Sie Recht.

I: Haben Sie im Gefängnis Besuch von Ihrer Familie bekommen?

K: Ja, aber das war mir richtig, richtig unangenehm, dass die
dahinkommen mussten, nur um mich zu sehen. Am liebsten
hätte ich die wieder weggeschickt, weil die das so nicht verdient haben, finde ich. Und die haben das ja vorher immer noch
so gesagt, ja, und dann ging's ab in den Knast.

I: Sie sind ja jetzt auf Bewährung – gehen Sie davon aus, dass
Sie die Bewährungszeit durchstehen?

K: Hundert-, hundert-, hundertmal auf sicher!

I: Was lässt Sie da so sicher sein?

K: Ich will definitiv nicht wieder in den Knast. Das eine Mal hat
mir mehr als gereicht.

I: Wie lange müssten Sie rein, wenn Sie Ihre Bewährung aufs
Spiel setzen?

K: Zwei Jahre.

I: Und wie lange hat Ihre U-Haft gedauert?

K: Einen Monat war ich drin.

I: Wenn Ihnen dieser eine Monat schon gereicht hat, sollten Sie das mit den zwei Jahren gar nicht erst ausprobieren.

K: Das stimmt. Ich würde ja auch viel zu viel verlieren. Ich hätte auch Angst, dass ich meine Persönlichkeit verliere.

I: Was meinen Sie damit?

K: Ja, dass ich irgendwie als Psycho rauskomme oder mit einem ‚anderen Ich‘ sozusagen, also nicht mehr der bin, der ich am Anfang war, so.

I: Knastkoller.

K: Knastkoller, genau. Das Leben ist nicht mehr so bunt danach.

I: Inwiefern ‚nicht mehr so bunt danach‘?

K: Ja, so, wenn man dann nach zwei Jahren oder so wieder rauskommt, fängt man ja praktisch bei ‚Null‘ wieder an. Jobsuche, Freunde sind vielleicht auch weg – also einige zumindest mal, Wohnung fehlt, und dann musst du den Leuten ja auch erst mal erklären, warum du solange weg gewesen bist, wenn du auf einmal wieder auftauchst. Verschenkte Zeit das Ganze.

I: So wie Sie das beschreiben, muss man das so sehen.

K: Eben.

I: Im Zusammenhang mit den Aussagekarten haben Sie gesagt: ‚Es gibt zwei Wege: Den jugendlichen Weg und den erwachsenen Weg – den gehe ich jetzt‘ – was haben Sie damit gemeint?

K: Dass irgendwann einfach so bestimmte Sachen nicht mehr passen. Ich bin jetzt zwanzig und dann muss ich mich auch so verhalten wie ein Zwanzigjähriger. Das ist peinlich, wenn alle sagen, dass ist kindisch, was du da machst. Und das stimmt ja auch irgendwie. Kann ich wieder sagen, was mein großer Bruder immer sagt: ‚Werd‘ endlich erwachsen! Du bist kein Kind mehr!‘ – hat er ja auch Recht, muss man sagen.

I: Was bedeutet denn ‚erwachsen‘ aus Ihrer Sicht?

K: Dass man sich selbst um bestimmte Sachen kümmert und damit klarkommt: Arbeit, Ausbildung so, Wohnung und sich um Sachen kümmern, die jetzt noch alle so zu Hause geregelt werden – erwachsen werden eben. Und vielleicht auch Einiges einfach ein bisschen ernster nehmen als früher sonst, das dann auch.

I: Können Sie dafür mal ein Beispiel nennen, was Sie heute ernster nehmen oder ernster nehmen sollten ‚als früher‘?

K: Ja, kann ich: Also, auch jetzt so mit dem Erwachsenwerden zusammengenommen, ist das dann so, dass ich jetzt nicht mehr einfach so losziehen kann mit meinen Jungs und bei jedem Scheiß sage: ‚Ich bin dabei‘ – nee, geht jetzt nicht mehr. Ich hab Bewährung, ich will meinen Job nicht verlieren, ich halte mich an meine Auflagen, ich nehm das alles ernster jetzt. Ich bin auf dieses Level gekommen: Ich mach nichts mehr. Du brauchst das nicht mehr. Das hat sich auf jeden Fall komplett geändert.

I: Sie sind nicht nur älter, sondern scheinbar auch vernünftiger geworden.

K: Wird ja auch langsam Zeit, denke ich.

I: Dann werden Sie mal weiter erwachsen und vernünftiger, G., dann bleibt die Kombination Glück – Familie weiterhin stabil und Sie müssen sich nicht mit dem Thema Knastkoller beschäftigen.

K: Hundertpro – daran will ich auch gar nicht mehr denken.

I: Obwohl wir noch einmal auf das Thema Knast zu sprechen kommen: Bei der Aussagekarte 'Ich habe Angst davor, in den

Knast gehen zu müssen', haben Sie ohne lange Überlegung ge-antwortet: ‚Nein, stimmt nicht, also jetzt nicht mehr, weil ich nie wieder da rein will; das eine Mal, dass ich drin war, muss auch reichen – da muss ich keine zweites Mal rein, um das zu verste-hen.' Und diese Einsicht oder diese Erkenntnis haben Sie dann ja auch noch einmal bei den vier Feldern bestätigt, weil Sie da ja entsprechend die Vorteile und Nachteile aufgezählt haben.

K: Ja, das meinte ich ja auch schon, dass mir das nichts Gutes bringen kann, und jetzt weiß ich das ja auch, aber damals hat man sich darüber niemals einen Kopf gemacht, aber diese vier Felder haben mir dabei gut die Augen geöffnet, kann man so sa-gen. Das Foto hab ich immer noch gespeichert, damit ich mir das immer wieder schön mal angucken kann, wenn so eine Situation kommt, wo man vielleicht ins Nachdenken kommt, ob man schwach werden soll oder ob sowas lohnt, und dann sehe ich: Das lass mal lieber – bringt nur Nachteile für Dich.

I: Also schön gespeichert lassen, damit Sie keine weiteren Knas-terfahrungen sammeln müssen und Ihre Mutter keine weiteren Taschentücher vollweinen muss.

K: Beides wäre nicht gut – also wieder nur Nachteile, sag ich ja.

I: Und der Vorteil ist jetzt: Sie verhalten sich in Zukunft so, dass diese Nachteile gar nicht mehr eintreten können.

K: So ist das.

I: Und sorgen Sie dafür, dass das so bleibt.

K: Mach ich auf jeden Fall. Alles andere wäre nur dumm.

I: Stimmt. Und so dumm sind Sie nicht, dass das zu Ihnen passen würde, G..

K: Deshalb hab ich ja auch das Foto immer dabei, damit solche dummen Sachen gar nicht mehr passieren können.

I: Und das ist dann ein kluger Gedanke von Ihnen, und der passt auch viel besser zu Ihnen.

K: Danke.

I: Bitte, gerne.

Fallbeispiel IV

Klient: BT (20)

Urteil: Körperverletzung; Raub

Ziel: Nicht mehr so aggressiv sein. Wunsch: Bei vielen Sachen will ich mich umdrehen und einfach weggehen können.

Das Interview zu Fallbeispiel IV oder: „...weil man sich einen Namen auf der Straße macht."

I: B., zu Beginn des Einzel-AATs haben Sie als Ziel formuliert: ‚Nicht mehr so aggressiv sein. Wunsch: Bei vielen Sachen will ich mich umdrehen und einfach weggehen können' – wie ist am Ende des Trainings Ihre Einschätzung: Zu wieviel Prozent haben Sie dieses Ziel erreicht?

K: Bei achtzig bis neunzig Prozent würde ich mich einstufen. Eigentlich könnte man auch fast sagen: neunzig bis hundert Prozent beinahe, weil eigentlich schon lange nichts mehr gewesen ist so richtig.

I: Hundert Prozent würde ja bedeuten, dass gar nichts mehr gewesen ist, also: null.

K: Gut, auf null kann ich mich dann wohl nicht setzen. Aber so richtig große Sachen waren ja auch nicht mehr, also kann ich mir da gute neunzig Prozent geben, würde ich sagen.

I: Wenn Sie sagen, es wäre ‚schon lange nichts mehr gewesen so richtig' beziehungsweise ‚so richtig große Sachen waren ja auch nicht mehr', bedeutet das ja, das dennoch irgendwelche kleineren Sachen gewesen sein müssen.

K: Ja, aber das waren dann wirklich kleine Sachen. So wie das,
was ich hier ja auch erzählt habe, als die [meint: Polizei; Anm.]
meine Personalien überprüft haben, weil die da der Meinung waren, wir hätten mal eben so eine Tankstelle überfallen, aber das
war dann ja auch nichts. Sonst nur so mal ein bisschen was mit
meiner Freundin, aber da war ja nichts mit Polizei oder so.

I: Das heißt, es gab zumindest keine neuen Anzeigen oder sons-
tigen Ärger mit der Justiz.

K: Gar nichts mehr die letzte Zeit.

I: Das würde dann ja doch tendenziell Richtung einhundert
Prozent deuten.

K: Eigentlich dann schon, oder?

I: Das müssen Sie beurteilen können, B..

K: Ja, so gesehen kann man eigentlich sagen: Hundert Prozent –
war ja auch nichts mehr seit dem letzten Gericht.

I: Können Sie denn mal ein Beispiel dafür nennen, dass Sie bei
einer Sache genauso vorgegangen sind: ‚Umdrehen und einfach
weggehen‘?

K: Bei der Polizeikontrolle zum Beispiel. Das hätte früher ganz
anders ausgesehen. Da hätte ich mit denen diskutiert oder die zur
Rede gestellt, dass die mir einfach so irgendwas unterstellen würden und sowas dann eben. Diesmal habe ich mir gesagt, machst
du schön auf ko-o-pe-ra-tiv und alles ist gut. Ich hab denen meinen Ausweis gezeigt, hab nett mit denen geredet und denen einen
schönen Tag gewünscht und bin weiter – fertig.

I: Ist Ihnen das schwer gefallen in der Situation?

178

K: Gar nicht eigentlich. Ich wusste ja, dass die mir nichts können und weshalb soll ich da mit denen eine Diskussion anfangen – unnötig das Ganze; also habe ich mir gesagt, mache ich, was die wollen, und dann können die auch nichts gegen mich machen und alles ist ruhig.

I: B. kooperiert mit der Polizei – für alle Beteiligten eine neue Situation.

K: Ja, aber die waren dann auch ganz freundlich zu mir und haben mir dann auch noch einen schönen Tag gewünscht und dann sich auch noch entschuldigt bei mir – das war ja auch überhaupt noch so übertrieben korrekt mal.

I: Die Polizei entschuldigt sich bei B. – was für eine verrückte Welt, in der wir leben.

K: Ja, aber schön verrückt auf jeden Fall.

I: Sie erinnern sich vermutlich an das sogenannte ‚Referat‘: Freude, Trauer, Angst, Wut, Glück und Gewalt sollten zugeordnet werden auf die drei Bereiche Familie, Schule oder Job bei Ihnen und Freunde.

K: Ja klar.

I: Da hatten Sie bei der Kombination Freude – Schule gesagt: ‚Dass die meisten Respekt vor mir hatten‘. Und dann haben Sie erklärt, dass das doch eher ‚Angst-Respekt‘ gewesen ist. Trotzdem sind Sie dabei geblieben, dass Ihnen das damals Freude bereitet hat – worin bestand diese Freude damals für Sie?

K: Ja, ist schon komisch irgendwie, aber damals war ich so drauf, dass ich gedacht habe: Supi, keiner kann mir was, und ich bestimme, was läuft. Ich hab mir ja auch von niemandem etwas sagen lassen, auch von den Lehrern nicht. So im Nachhinein muss ich sagen, war ich für die schon ein schlimmes Kind, weil ich immer derjenige war, der Ärger gemacht hat. Dann war es aber auch so, wenn mal irgendwo was war und ich hatte nichts gemacht, dann hieß es sofort: Ach, B. mal wieder – natürlich. Das war dann auch ungerecht, aber ich kann das auch irgendwie verstehen, weil ich von hundertmal bestimmt so neunzig- oder fünfundneunzigmal dabei war, und dann haben die sich auch gedacht, wenn wir B. ankacken, dann passt das bestimmt schon mal.

I: Die wiederholten Klassenkonferenzen haben dann ja auch einige Schulwechsel nach sich gezogen.

K: Stimmt, aber was sollten die auch sonst machen damals mit mir?

I: Trotzdem haben Sie Ihren Schulabschluss geschafft.

K: Aber nur Haupt.

I: Den haben Sie allerdings. Und wenn Sie eine Ausbildung absolvieren, haben Sie den Realschulabschluss.

K: Dann ja.

I: Sehen Sie, und die Möglichkeit hätten Sie ja.

K: Ja, ich weiß, stimmt schon.

I: Noch einmal auf diese Freude zurück, die Sie bei diesem sogenannten ‚Angst-Respekt‘ hatten: Im Zusammenhang mit den Aussagekarten hatten Sie gesagt: ‚Die Leute hatten schon Angst vor mir – das war immer mein Vorteil‘ – würden Sie diesen Vorteil für sich heute auch noch nutzen wollen?

K: Auf gar keinen Fall! Ich würde mir richtig mies vorkommen, wenn ich das immer noch so machen würde. Überlegen Sie doch mal, wie das wäre, wenn ich immer noch so unterwegs sein würde. Das wäre dann doch wirklich so dieses ‚hängen geblieben‘, was wir doch hier auch mal besprochen haben. Damals war das komisch irgendwie, aber jetzt passt das gar nicht mehr. Peinlich wäre das, peinlich.

I: Wobei so eine kriminelle Karriere für Sie als Sechzehn-, Siebzehnjähriger scheinbar durchaus reizvoll gewesen ist. Ein Zitat von Ihnen lautet: ‚Ich hätte das Potential gehabt, richtig kriminell zu werden. Auf der kriminellen Ebene hätte ich eine große Nummer werden können‘. Welches Potential hätte Ihnen denn dafür zur Verfügung gestanden?

K: Das war schon so dieses Angst-Respekt-Potential, wenn man das so nennen kann. Die Leute wussten ja, wer ich bin, und die wussten auch, dass ich mir nichts gefallen lasse, egal von wem – so hab ich jedenfalls damals gedacht. Völlig verrückt eigentlich, aber damals war das tatsächlich so.

I: ‚Die Leute wussten ja, wer ich bin‘, hat damals was bedeutet? Wer waren Sie denn?

K: So gesehen, war ich der Boss. In meiner ‚Hood‘ war ich der Pate, der Tony Montana von S. [Stadtteil in Hamburg; Anm.], wenn Sie so wollen.

I: Tony B. Montana aus S. [s.o.] – und wieder sind wir zu Gast in einer verrückten Welt.

K: Sie haben Recht, das hört sich völlig verrückt und krank an, aber so bin ich damals bei mir in der Gegend rumgelaufen.

I: Noch ein Zitat von Ihnen, was in diese Richtung geht: ‚Mein Ansehen erlaubt mir, zu tun und zu lassen, was ich will‘ – mehr Boss geht wohl nicht.

K: Ja, richtig durch irgendwie. Aber trotzdem: Früher hab ich genauso getickt. Und was hat mir das gebracht? Nur Stress, wenn man das mal ehrlich sieht.

I: Und die Teilnahme am Einzel-AAT hier.

K: Das auch, aber das war ja so gesehen noch mit das Beste, was dabei rausgekommen ist, finde ich.

I: Wenn Sie das so sehen, kann man ja sagen: Immerhin. Wobei Sie mit Ihrer heutigen Bewertung ‚Nur Stress‘ schon richtig liegen, wenn Sie mal daran denken, wie die vier Felder [Arbeit mit der Vier-Felder-Matrix; Anm.] ausgesehen haben, als es um die Vor- und Nachteile ging, wenn Sie so weitermachen wie bisher, also als Tony Montana von S. [s.o.], oder wenn Sie Ihr Verhalten ändern würden – die Übersicht war schon recht eindeutig.

K: Ja, und bei den Vorteilen war ja eigentlich auch nur der Respekt oder eben ‚Angst-Respekt‘, muss man ja sagen, und der Vorteil mit dem Geld – das war‘s aber auch schon. Und dann die Tabelle mit den Nachteilen: Knast, keine Freiheit, Gericht, Anzeigen, Führungszeugnis versaut, Job weg und was da noch alles so war, Freundin fehlt, Familie ist weg, Essen schmeckt nicht – da waren ja fast nur Nachteile im Nachhinein.

I: Zumindest von der Anzahl her war das eindeutig. Und ebenso eindeutig für den Fall, dass Sie Ihr Verhalten ändern.

K: Genau umgekehrt kann man sagen: Fast nur Vorteile und keine wirklichen Nachteile.

I: Was die Anzahl der Punkte angeht, war es eindeutig. Entscheidend ist und bleibt Ihre Bewertung der einzelnen Punkte. Wenn für Sie das Geld über allem steht, wäre das Einkommen von Tony Montana natürlich nach wie vor reizvoll und so haben Sie es ja auch gesagt: ‚Es ist verlockend wegen dem Geld' – das war ja die damalige Motivation.

K: Nur genützt hat mir das Geld dann ja auch nichts, wenn ich dafür alles verlier' und meine Freiheit weg ist.

I: So gesehen geht die Rechnung nicht auf.

K: Die Rechnung kann ja nie aufgehen, wenn ich dafür in den Knast muss.

I: Bleiben Sie mal schön bei dieser Einstellung, damit Sie sich nicht wieder verrechnen.

K: Einmal hat mir gereicht [meint: Inhaftierung; Anm.], das muss ich mir nicht noch mal geben.

I: Bleiben wir noch kurz bei diesen Aussagekarten. Bei der Aussage ‚Es gibt mir eine gutes Gefühl, dass Leute Angst vor mir haben', haben Sie gesagt: ‚Damals hat das gestimmt' – darüber wie Sie das unter anderem erklärt haben, haben wir ja zum Teil schon gesprochen. In diesem Zusammenhang kam von Ihnen der Hinweis: ‚Ich weiß, wie ich mit denen [meint: Araber, Türken, Deutsche; Anm.] reden muss' – diese Aussage zusammen mit Ihrem Angst-Respekt-Faktor war ja scheinbar schon so etwas wie Ihr Kapital damals.

K: Ja, aber so crazy wie ich damals drauf war, hab ich mir ja auch von niemandem etwas sagen lassen. Wie gesagt: Meine Hood, ich Boss, ich Tony Montana – egal, wer Du bist und wo Du herkommst: Araber, Türke, Deutscher – alles meins hier. Mach wie ich sage und alles ist gut. So war das früher.

I: ‚Und alles ist gut' hat Sie dann ja in den Knast gebracht.

K: Ja, was soll ich sagen?

I: Zum Beispiel: ‚Stimmt!‘.

K: Ja, stimmt ja auch.

I: Ihr Auftreten vor einigen Jahren hat aus heutiger Sicht schon so etwas radikal Größenwahnsinniges; darauf komme ich gerade, weil Sie bei dieser Karte 'Es gibt mir ein gutes Gefühl, dass Leute Angst vor mir haben', gesagt haben: ‚Ich hab die alle nicht ernstgenommen: Polizei, Gericht, Sozialstunden, Bewährung – alles albern. Die konnten mir alle gar nichts – ausgelacht hab ich die. Einem Bullen hab ich sogar vor die Füße gespuckt, und was hat dieser Lappen gemacht? Nichts!‘ – die Macht des Paten.

K: Die Macht des Paten – oh, Mann! Wenn man sich das heute so anguckt, ist das ja wirklich nicht mehr normal gewesen, was wir uns damals erlaubt haben. Das passt so gesehen eigentlich schon ganz gut wie Sie das sagen mit dem Größenwahnsinnigen – unglaublich, aber genau das war damals unser Film.

I: Und Sie hatten eine der Hauptrollen und wollten auch noch Regie führen.

K: Alles! Ich wollte alles damals! Ich hab mich sozusagen hochgearbeitet.

I: Das heißt, Sie hatten Ihren Ruf.

K: Ich hatte meinen Ruf.

I: Stimmt, und Sie hatten ja damals auch die Philosophie: ‚Ein Mensch, der sich einen Namen erarbeitet hat, wird mehr respektiert, als der, der gar nichts mit der Polizei zu tun hat‘. Mit dieser Denke mussten Sie ja die kriminelle Laufbahn einschlagen und vor allem beibehalten.

K: Damals hab ich wirklich geglaubt, das muss so sein, ja.

184

I: Erinnern Sie sich an die Fragestellung ‚Warum werden Jugendliche kriminell oder gewalttätig?‘ – da hatten Sie etliche Gründe aufgezählt, und als für Sie zutreffend haben Sie genannt: Macht, Kick oder Adrenalin, den eben erwähnten Ruf, Geld, Drogen, Alkohol, falsche Freunde, Vorbilder, Provokationen und Wut.

K: Ja.

I: Und von diesen damaligen Gründen wären, so war Ihre Einschätzung vor einigen Wochen, heute noch Alkohol und Provokationen Risikofaktoren – ist das unverändert so?

K: Jetzt nicht mehr so extrem wie damals, aber Alkohol ist ja schon so ein Grund, dass man dann doch mal leichter in was reingerät, was ohne eben nicht passieren würde. Und Provokationen jetzt auch nicht mehr so, dass ich bei jeder Kleinigkeit gleich wieder ausraste oder rot sehe, aber deshalb muss ich mir ja nicht gleich alles gefallen lassen, aber auf jeden Fall warte ich nicht mehr so darauf, ob jemand meint, er muss mich provozieren. Soll er machen – ich lach darüber. Und so Drogen nehm‘ ich ja schon lange nichts mehr, also fällt das ja auch schon mal ganz weg.

I: Das haben Sie ja auch bei Stolz [meint: Arbeit mit der Wandzeitung; Anm.] erwähnt, dass Sie seit jetzt fast acht Monaten gar nichts mehr konsumiert haben.

K: Stimmt.

I: Und geht auch?

K: Geht sogar sehr gut.

I: Noch eine richtige Entscheidung.

K: Auf jeden Fall, ja.

I: Zu Beginn haben Sie gesagt, dass schon ‚lange nichts mehr gewesen ist so richtig‘. Was glauben Sie, woran das liegt? Gab es keine Sie provozierenden Situationen mehr oder legen Sie es einfach gar nicht mehr darauf an oder bewerten einige Situationen einfach anders?

K: Alles davon würde ich sagen. Auf jeden Fall mach ich nicht mehr so die Welle wie früher, und ich muss auch nicht mehr sofort immer reagieren, wenn mich jemand provozieren will, das geht da rein und da wieder raus. Und die Angstschiene muss auch nicht mehr sein. Warum sollten Leute Angst vor mir haben? Das ist so ein unnötiges Denken. Und ich hab auch gemerkt, wenn ich ruhiger bin, passiert auch viel weniger Stress allgemein.

I: Wenn Sie das so beibehalten, kommen Sie ganz dicht ran an die hundert Prozent.

K: Da bin ich ja schon fast angekommen. Gut, ein bisschen was fehlt noch, aber ich bin ganz kurz davor.

I: Wir hatten ja auch darüber gesprochen, was alles dazu beiträgt, dass Sie momentan von der kriminellen Bahn abgehalten werden. Da haben Sie genannt: Beziehung, Job, korrekte Freunde, Familie, Drogenverzicht. Diese Gründe treffen nach wie vor alle zu?

K: Ja.

I: Haben die Leute, die hier für Sie wichtig sind – Freundin, korrekte Freunde, Familie – sich mal dazu geäußert, dass Sie jetzt entspannter und nicht mehr so patenmäßig unterwegs sind?

K: Die finden das auf jeden Fall alle nur gut. Die sagen auch, dass ich stolz darauf sein kann, wie ich das geschafft habe. Ob-

wohl das ja eigentlich normal sein sollte, wie das jetzt ist, aber egal: Jetzt mach ich ja nichts mehr und alle sind damit zufrieden.

I: Damit können auch alle zufrieden sein. Und ‚normal‘ hin oder her: So wie jetzt war es ja nicht immer und so ganz einfach ist das für Sie ja auch nicht gewesen, dass Sie das jetzt alles so gut auf die Reihe bekommen haben, also passt das schon mit dem ‚stolz-darauf-sein-Können‘ – keine falsche Bescheidenheit.

K: Danke schön, danke.

I: Gerne doch. Sie haben im Laufe des Trainings und auch hier zwei verschiedene Freundeskreise erwähnt: den ‚falschen‘ und den ‚korrekten‘. Haben Sie zu den sogenannten ‚falschen Freunden‘ noch Kontakt?

K: Gar nicht mehr. Jedenfalls nicht mehr so wie früher, als man jeden Tag miteinander unterwegs war. Also nicht so, dass wir nun jeden Tag kriminelle Sachen gemacht haben, aber wir waren auf jeden Fall zusammen, und das ist heute gar nicht mehr. Wenn man sich heute sieht, ist vielleicht mal ein kurzes ‚Hallo‘ und das war’s dann aber auch schon.

I: Wissen Sie, ob von diesen ‚falschen Freunden‘ einige auch diesen Weg eingeschlagen haben, den Sie jetzt gehen?

K: Das weiß ich gar nicht so genau, aber auf jeden Fall sind einige von denen auch im Knast gewesen und einige sind auch jetzt noch da. Ich glaub’ einer muss sogar richtig lange sitzen – so für drei Jahre oder so.

I: Sind bei den ‚korrekten Freunden‘ auch welche dabei, die Sie damals schon gekannt haben, als Sie noch anders unterwegs gewesen sind, also Leute, mit denen Sie damals schon zu tun hatten und die also auch den kriminellen B. kennen?

K: Einer eigentlich nur: L. [Name des Freundes; Anm.]. Und der hat damals schon immer gesagt, ich soll aufhören mit der Scheiße, und der freut sich jetzt auch richtig, dass sich das geändert hat.

I: Beziehungsweise dass Sie das geändert haben.

K: Oder so, ja.

I: Und von Ihrer Freundin gibt es vermutlich doch auch nur Pluspunkte für den straffreien und entspannten und vor allem in Freiheit lebenden B. [s.o.]?

K: Ja, aber die kannte mich ja damals auch noch gar nicht. Die weiß auch so die ganzen Einzelheiten gar nicht, und ich finde, das muss die auch gar nicht alles so genau wissen – jetzt mach ich ja nichts mehr.

I: Stabilisiert zumindest die Beziehung.

K: Ja. Das würde ich auch gar nicht wollen, dass die mich im Knast besuchen kommen muss – dann würde ich vorher Schluss machen.

I: Behalten Sie die Beziehung mal schön so bei, weil das dann ja auch bedeutet, dass Sie in Freiheit leben können. Und die Freiheit können Sie sich selbst garantieren, indem Sie keine Straftaten mehr begehen. Sie sehen, B.: Alles hängt mit allem zusammen.

K: Irgendwie schon, ja.

I: Dann weiterhin gutes Gelingen auf dem jetzigen Weg.

I: Danke, Herr Schawohl.

Fallbeispiel V

Klient: DN (21)

Urteil: Körperverletzung

Ziel: Ich will meinen Gefühlen nicht einfach freien Lauf lassen. Kontrollierter reagieren. Nicht in diese Lawine reingeraten.

Das Interview zu Fallbeispiel V oder: „Ich bin ganz erstaunt, was man über sich erfährt."

I: D., Sie haben zu Beginn des Einzel-AATs als Ziel formuliert: ‚Ich will meinen Gefühlen nicht einfach freien Lauf lassen. Kontrollierter reagieren. Nicht in diese Lawine reingeraten.' Wie sieht am Ende des Trainings Ihre Einschätzung aus: Zu wieviel Prozent haben Sie dieses Ziel erreicht?

K: Da komm' ich schon auf siebzig Prozent finde ich, also auf jeden Fall bin ich da schon richtig gut weit gekommen, finde ich.

I: Das hört sich nach einem Erfolg für Sie an.

K: Ja, das ist auch ein Erfolg, finde ich, auf jeden Fall ist das ein Erfolg.

I: Auf den Sie stolz sind.

K: Auch das, ja, natürlich. Ich finde, darauf kann ich auch stolz sein, weil das ja auch gar nicht alle so für möglich gehalten haben, dass ich sowas wie hier überhaupt mal durchhalten würde oder auch so wegkomme von diesen nicht ganz so korrekten Sachen, sag ich mal.

I: Diese ‚nicht ganz so korrekten Sachen' lassen sich auch als Straftaten bezeichnen.

K: Kann man wohl auch so sagen, ja.

I: Sagen wir es so. Wenn Sie sagen, dass andere es ,gar nicht für möglich gehalten haben, dass Sie sowas wie hier überhaupt mal durchhalten' würden – wer sind diese Anderen?

K: Ja, hauptsächlich meine Familie. Die haben das ja so in all den Jahren am ehesten mitbekommen, wenn ich Probleme hatte, weil ich ja diese Straftaten begangen habe. Die haben ja fast mehr darunter gelitten als ich, oder ich bin mir da eigentlich ziemlich sicher, dass die da noch mehr drunter gelitten haben als ich. Vor allem für meine Mutter muss das eine wirklich richtig schwere Zeit gewesen sein, weil die sich dann immer gefragt hat, was sie falsch gemacht haben könnte, dass ich solche Faxen mache. Dabei hab' ich ihr immer wieder gesagt, dass das gar nichts mit ihr zu tun hat, sonst müsste mein kleinerer Bruder ja genauso unterwegs sein wie ich, aber der ist das genaue Gegenteil von mir. Der hatte noch nie irgendwas mit dem Gericht zu tun oder so. Der macht seinen Sport, der kümmert sich um seine Ausbildung und hat mit diesen ganzen Geschichten, die ich so veranstaltet habe, gar nichts zu tun.

I: Was für Ihre Mutter bestimmt kein hinreichender Trost gewesen sein dürfte.

K: Gar nicht. Das war dann ja eher noch schlimmer für sie, weil sie dann immer überlegt hat, warum mein Bruder alles richtig macht und bei mir alles immer so kompliziert abläuft und mit Stress verbunden sein muss. Dabei hab ich ihr immer gesagt, dass sie daran überhaupt keine Schuld hat, aber sie hat immer geglaubt, dass sie dafür irgendwie die Verantwortung haben muss, weil sie ja schließlich meine Mutter ist.

I: Und konnten Sie Ihrer Mutter irgendwann eine für sie nachvollziehbare Erklärung geben?

K: Ich glaube mal, nicht so wirklich. Aber ich habe ihr hoch und heilig gesagt, dass sie nullkommanullnullnull Verantwortung für die Scheiße hat, die ich gebaut habe.

I: Was die Sorgen einer Mutter nicht verringert.

K: Das stimmt, aber anders kann ich ihr das ja nicht sagen, weil ich ja auch gar nicht will, dass sie sich wegen mir den Kopf so zerbricht und sich quasi selbst damit foltert und dann ja wirklich mehr leiden muss als ich.

I: Sie haben vorhin davon gesprochen, ‚sowas wie hier überhaupt mal durchhalten zu können‘ – was meinen Sie mit ‚sowas wie hier‘?

K: Dieses Einzel-AAT. Ich konnte mir am Anfang selber gar nicht vorstellen, dass ich das hier von Anfang bis Ende durchziehe. Und jetzt bin ich selber überrascht, dass ich das geschafft habe. Und die Termine hier haben mir auch jedes Mal geholfen. Ich wusste immer schon vorher, dass ich mich darauf freuen kann, wenn ich zu Herrn Schawohl gehe, weil es mir danach immer besser geht. Sie gucken mich so an, als würden Sie mir das nicht glauben, aber das ist wirklich so, Herr Schawohl. Das hat sogar meine Mutter gesagt, dass die Termine hier wohl richtig gut für mich sind.

I: Dann haben Sie Ihrer Mutter auch noch eine Freude oder zumindest ein gutes Gefühl bereiten können.

K: Ja, aber sie meinte so nach den ersten Terminen hier, dass mir das auf jeden Fall mehr bringen würde als damals die Termine beim Psychologen; da bin ich dann auch gar nicht mehr hingegangen, weil mir das überhaupt nicht geholfen hat damals.

I: Wann waren Sie beim Psychologen?

K: Oh, das ist schon länger her, da war ich so fünfzehn oder sechzehn, ja wohl eher sechzehn, wenn ich mich richtig erinnere, aber das hab ich dann beendet irgendwann.

I: Nun sind seitdem ja etwa fünf Jahre vergangen – da spielt der Faktor Zeit ja auch eine Rolle, dass dieses Training hier jetzt eher für Sie passt. Eventuell wäre so ein Angebot zum damaligen Zeitpunkt für Sie genauso unpassend gewesen, wer weiß? Nun scheint es dafür ja umso besser zu passen. Noch einmal auf Ihr Ziel geguckt, D., können Sie eine Situation schildern, in der Sie ‚kontrollierter reagiert', also Ihren ‚Gefühlen nicht freien Lauf gelassen' haben?

K: Ja, da gibt es sogar ein sehr gutes Beispiel, was ich Ihnen hier ja auch schon mal erzählt habe beim Wochenrückblick am Anfang. Und zwar als die Polizei meine Wohnung gestürmt hat und mich aus dem Bett geholt hat und ich mich auf einen Stuhl setzen musste, damit die in aller Ruhe meine komplette Wohnung durchsuchen können. Ich hab denen auch immer noch gesagt, wo sie noch überall nachgucken können, weil die sowieso nichts finden können. Ich hab denen auch gesagt, dass ich mich ganz friedlich verhalte und nichts mache, obwohl die mich aus dem Schlaf gerissen haben und meine Wohnungstür beim Öffnen aus der Verankerung geholt haben – trotzdem habe ich mich die ganze Zeit kooperativ verhalten, und trotzdem durfte ich mir nicht mal was anziehen. Das müssen Sie sich mal vorstellen: Ich sage denen, dass ich nichts mache und ruhig bin, ich will mir nur wenigstens eine Hose anziehen, da haben die einfach nur gesagt:

‚Sitzen bleiben!' – ich finde, da bin ich richtig gut ruhig und kontrolliert geblieben. Ich glaube, die waren gepisst, weil die nichts gefunden haben.

I: Wie wäre so eine Aktion vor einem Jahr oder vor zwei Jahren abgelaufen? Auch so kontrolliert?

K: Überhaupt nicht! Da hätte ich die angeschrien, was die hier wollen und ob die nicht ganz dicht sind; da wäre ich auch auf die losgegangen und hätte mich solange mit denen geschlagen und Kick hier und da, bis die mich am Boden gehabt hätten. Da wäre ich mit dem Rammbock von der Tür auf die losgegangen und hätte denen noch gesagt: Hier, guckt mal: Das kann ich auch!' Da wäre ich auf jeden Fall komplett ausgerastet.

I: Da ist die kontrollierte und kooperative Variante vermutlich entspannter.
K: Ja. Und wissen Sie, was mich richtig gefreut hat? Dass ich von Anfang an wusste, dass die bei mir nichts finden werden, gar nichts. Deshalb hab ich denen ja auch immer noch gesagt, wo die noch überall suchen können.

I: Erzählen Sie Ihrer Familie von so einer Aktion?

K: Ja, schon, weil ich ja auch weiß, dass ich mir nichts habe zu Schulden kommen lassen und damit die auch wissen, dass sie sich deswegen keine Sorgen machen müssen.

I: Wobei es ja nicht unbedingt beruhigend klingt, wenn Sie Ihrer Mutter erzählen: ‚Mach Dir keine Sorgen, das MEK oder SEK hat meine Wohnung umgestaltet'.

K: So sag' ich ihr das dann ja auch nicht. Ich erklär Ihr, was gewesen ist, weil ich will, dass sie weiß, dass ich nichts Kriminelles *gemacht habe. Ich will einfach, dass meine Mutter sich keine Sorgen machen muss um mich.*

I: Hat Ihr Vater eine Meinung dazu?

K: Der sagt: D., Du bist jetzt alt genug. Ich bin aus der Verantwortung raus, ich kann jetzt nichts mehr für Dich machen. Wenn Du Dich so entscheidest, dann bist Du ganz alleine dafür verantwortlich, damit habe ich nichts mehr zu tun.

I: Passt das für Sie?

K: Ja. Er hat ja auch Recht. Und er kann ja sowieso nichts machen, wenn ich mich anders entscheide.

I: Wie gehen Sie damit um, dass Sie wissen, Ihre Eltern sind nicht wirklich damit einverstanden, wie Sie Ihr Leben gestalten?

K: Im Moment geht das eben nicht anders. Ich kann ja kein Leben leben, dass ich nicht leben möchte nur meiner Mutter oder meinem Vater oder Oma und Opa zuliebe – dann würde ich ja zugrunde gehen. Aber ich sag denen ja auch immer wieder: Ich will auch gar keinen Ärger mehr. Und ich hoffe mal, dass die mir das auch irgendwann mal glauben.

I: Können die Ihnen das denn glauben?

K: Wie meinen Sie das?

I: Dass das auch tatsächlich von Ihnen so gemeint ist: ‚Ich will auch gar keinen Ärger mehr‘?

K: Ach so, ja klar. Ich mach doch auch nichts Kriminelles mehr. Ich weiß zwar, dass die damit nicht einverstanden sind, was ich mache, aber ich finde, damit müssen die zurecht kommen, dafür kann ich ja nichts, wenn die das nicht gut finden, aber das ist ja mein Leben.

194

I: Und bei der moralischen Komponente gibt es eben unterschiedliche Bewertungen.

K: Genau, aber das ist ja das, was ich damit meinte, dass ich ja auch kein Leben leben kann, dass ich nicht leben möchte, nur damit es anderen dann besser geht und ich fühl mich dann aber nicht gut – das passt ja auch irgendwie nicht.

I: Zumindest nicht für Sie.

K: Eben, und hier geht es ja um mein Leben.

I: D., Sie erinnern sich vermutlich an die Aussagekarten, mit denen wir hier gearbeitet haben, bei denen Sie ‚Stimmt‘ oder ‚Stimmt nicht‘ entscheiden sollten?

K: Ja klar.

I: Gut. In diesem Zusammenhang haben Sie bei der Karte ‘Es gibt mir ein gutes Gefühl, dass Leute Angst vor mir haben’ davon gesprochen, ‚Ich gebe mir dieses Recht-Zepter‘ und das wiederum würde Ihnen auch ein ‚sicheres Gefühl‘ verleihen. Was beinhaltet dieses Recht-Zepter für Sie?

K: Ich bin der Herrscher, der König, ich habe das Sagen und niemand kann mir widersprechen.

I: Menschen Göttern gleich.

K: Was?

I: Das ist ein Buchtitel, und ich glaube, es sind nicht die Götter, die am Ende scheitern, sondern der Mensch, also in diesem Falle Sie, also zumindest, wenn Sie dieses Recht-Zepter nicht irgendwann mal aus der Hand legen.

K: Ja klar, aber das habe ich ja schon längst weggelegt und weggeworfen, weil ich das gar nicht mehr brauche.

I: Trotzdem noch mal zurück zu dieser Zeit: D. hält dieses Zepter in der Hand und spricht: ‚Ich bin der Herrscher, der König, ich habe das Sagen und niemand kann mir widersprechen‘ – was ist denn passiert, wenn Ihnen doch mal jemand widersprochen hat?

K: Ja, das war dann nicht so schön für denjenigen, weil ich damit ja dann nicht einverstanden sein konnte.

I: Das haben Sie ja nun sehr zurückhaltend formuliert. Wie hat sich das denn in der Praxis bemerkbar gemacht, dass Sie ‚nicht einverstanden sein konnten‘?

K: Meistens hat es dann ja körperliche Auseinandersetzungen gegeben. Was anderes ging dann ja auch nicht mehr.

I: Und dann musste der König vor Gericht und da hat das Recht-Zepter keine Wirkung mehr gehabt beziehungsweise jemand anders hat es in der Hand gehalten.

K: Ja, stimmt, da war die Wirkung gleich null.

I: Wie wirkt das aus heutiger Sicht auf Sie, wenn Sie daran denken, was für eine Einstellung Sie damals hatten?

K: Schon komisch oder kindisch und albern irgendwie, aber damals war ich ja auch noch ganz anders drauf, da war das vollkommen normal für mich. Ich hab mich ja wirklich für den Größten gehalten, obwohl ich darüber heute auch nur lachen kann.

I: Ihre Opfer vermutlich eher nicht.

K: Natürlich nicht, aber daran hab ich ja damals gar nicht gedacht – die haben mich kein bisschen interessiert. Mir war das völlig egal, ob ich denen irgendwas gebrochen hatte oder so oder ob die dann noch aufstehen konnten oder nicht.

I: Darüber hatten wir ja auch hier beim Training gesprochen, und aus heutiger Sicht haben Sie dann ja schon eingeräumt, dass Sie damals übertrieben haben. Bei der Karte 'Ehrlich gesagt: Ich scheiß auf mein Opfer' haben Sie gesagt, dass Ihnen das heute richtig leid tut, vor allem, weil einige Ihrer Opfer überhaupt nichts dafür konnten, weil Sie den Stress regelrecht gesucht hätten.

K: Ja, eigentlich hätte man mich damals wegschließen müssen, damit ich nicht wie ein Wahnsinniger durch die Gegend renne, damit ich überhaupt mal merke, was ich da gemacht habe und wie unnötig das alles gewesen ist.

I: Rückblickend betrachtet ist Ihre Einschätzung zumindest gesellschaftstauglicher als damals. Und die überzeugenden Vorteile sind Ihnen ja auch nicht eingefallen, als Sie auflisten sollten, welche Vorteile es gäbe, wenn Sie Ihre damaligen Verhaltensweisen fortsetzen würden. Erinnern Sie sich an die Übersicht mit den vier Feldern [meint: Vier-Felder-Matrix; Anm.]?

K: Ja klar. Da gab es doch eigentlich gar keine richtigen Vorteile. Was konnte ich denn da schon sagen? Meinen Kopf durchsetzen und sonst gar nichts. Und Nachteile hatte ich doch elf oder so aufgezählt, oder?

I: Gut gemerkt: ein Vorteil, elf Nachteile. Und noch deutlicher war das Verhältnis, wenn Sie Ihr Verhalten ändern würden – nur umgekehrt.

K: Da gab es doch gar keine Nachteile, sondern nur Vorteile.

I: Zwölf Vorteile und gar keine Nachteile sind Ihnen eingefallen.

K: Das muss man sich mal vorstellen. Aber an sowas denkt man in dem Moment auch gar nicht, da ist das Denken auf null *geschaltet und man ist nur auf Zerstörung sozusagen. Wenn man das mal aus heutiger Sicht betrachtet, ist das alles nur unnötig und irgendwie völlig krank gewesen.*

I: Ihre heutigen Bewertungen – wie ein Wahnsinniger, Denken auf null geschaltet, auf Zerstörung, irgendwie völlig krank – lässt jedenfalls für nachträgliche Heldengeschichten keinen Raum. Zumindest reden Sie im Nachhinein nichts schön oder versuchen das zu rechtfertigen.

K: Wie soll ich das denn auch jetzt noch schönreden? Da gibt es doch auch gar nichts, was ich da noch irgendwie für mich so darstellen kann, dass ich da irgendwie gut bei wegkomme – das wäre dann ja wirklich schon krank, finde ich.

I: Sie gehen schonungslos ehrlich mit sich um, D..

K: Aber Sie müssen mir doch Recht geben, dass ich da nichts schönreden kann, ohne mich dabei selbst noch anzulügen.

I: Ich hätte Ihnen vermutlich damals an diesem Punkt schon Recht gegeben, D.. Lassen Sie uns noch einmal auf die Aussagekarten zu sprechen kommen. Bei der Karte 'Ich habe Angst davor, in den Knast gehen zu müssen', haben Sie sofort geantwortet: ‚Stimmt nicht, weil ich nichts mehr mache, was mich in den Knast bringen könnte‘ – diese hundertprozentige Sicherheit besteht immer noch?

K: Ja, natürlich. Daran wird sich auch nichts ändern. Ich weiß ja auch, dass ich aufpasse, mit dem, was ich mache, aber das ist ja nicht kriminell, also kann mir da ja auch schon mal nichts passieren. Und andere Sachen mach ich ja nicht, für die ich Ärger mit der Polizei oder dem Gericht kriegen könnte.

198

I: Dieses Gefühl der Sicherheit ist doch auch ganz schön, und dafür benötigen Sie nicht einmal irgendein Zepter, sondern nur ein bisschen Vernunft und Verstand. Bei der Nennung der Gründe, die Sie heute davon abhalten, Straftaten zu begehen, haben Sie Freiheit, Familie, Freundin, Freunde, Essen, Klamotten, Hund, eigene Wohnung, kein Kopfkino und keine unnötigen Ausgaben für den Anwalt erwähnt – die Gründe an sich wären doch vor zwei, drei Jahren auch schon bedenkenswert gewesen, oder?

K: Eigentlich schon, aber damals hab ich das gar nicht so als was Besonderes angesehen – das war für mich einfach alles selbstverständlich, darüber hab' ich mir überhaupt keinen Kopf gemacht, und manche Sachen hab' ich auch gar nicht richtig ernstgenommen, wenn da wieder Post vom Gericht oder von der Polizei gekommen ist; manchmal hab ich die ja nicht mal gelesen, weil mich das gar nicht interessiert hat.

I: Diese Ignoranz muss man sich auch erst einmal trauen.

K: Damals war mir das einfach egal, weil ich mir gesagt habe, dass ich für die Sachen, die ich so mache, gar nicht ins Gefängnis kommen kann. Heute weiß ich, dass sowas nicht mehr geht, aber wie gesagt: Damals war ich noch so drauf, dass ich mir das gar nicht vorstellen konnte, weil ich immer gedacht habe, da gibt es andere, die machen viel schlimmere Sachen als ich. Ich hab ja niemanden umgebracht oder zum Rollstuhlfahrer gemacht, sag ich mal.

I: Wenn Sie diesen Maßstab anlegen, erklärt sich natürlich Ihre damalige Denkweise. Wobei man schon sagen muss, dass Sie auch eine gute Portion Glück hatten, dass Sie nicht auf die andere Elbseite [meint: Ort der in Frage kommenden JVA; Anm.] gekommen sind.

K: Irgendwie schon, oder? Heute würde ich auch sagen, dass ich auf jeden Fall Glück hatte, auf jeden Fall.

I: Vor allem, wenn Sie mal bedenken, wofür Sie andere ins Gefängnis schicken würden, als Sie die Strafe für bestimmte Taten zuweisen sollten, die von anderen begangen worden sind [meint: Arbeit mit Zeitungsmeldungen; Anm.]: Sie haben alle ins Gefängnis geschickt. Wäre das der für Sie geltende Maßstab gewesen, wären Sie reingegangen.

K: Das stimmt. Da hätte ich nicht mal Bewährung gekriegt. Aber bei mir waren die Richter nie so streng. Die haben immer noch mal ein Auge zugedrückt, aber viel mehr hätte ich mir dann auch nicht mehr erlauben dürfen, sonst wäre ich auch reingegangen. Ich habe mich ehrlich schon oft gefragt, warum die mich nicht weggesperrt haben, und einmal meinte auch mein Anwalt, dass es jetzt richtig eng wird. Da hatte die Staatsanwaltschaft zwei Jahre gefordert, glaube ich und mein Anwalt hat ganz frech auf Freispruch plädiert, und was soll ich Ihnen sagen: Der ist damit auch glatt durchgekommen!

I: Was Sie heute scheinbar noch überrascht?

K: Ich muss sagen, da hat er schon gut gepokert, aber er ist damit durchgekommen.

I: Beim nächsten Mal würden Sie sich eventuell verzocken.

K: Da wird es kein nächstes Mal geben, das garantiere ich Ihnen hundertprozentig.

I: Garantieren Sie das sich und den anderen Menschen, für die das wichtig sein könnte. Was Sie riskieren, wissen Sie, wenn Sie an die vier Felder denken [siehe oben].

K: Stimmt, da würde ich als Verlierer dastehen.

I: Beziehungsweise sitzen.

K: Dann auf sicher, ja.

I: Noch ein Zitat von Ihnen bei der Karte 'Manche Menschen haben keinen Respekt verdient': ‚Stimmt nicht. Wenn man jeden respektieren würde, würde Vieles gar nicht passieren'. Das sagt der einundzwanzigjährige D.. Hätte der achtzehnjährige D. sich daran gehalten, wäre ebenfalls Vieles gar nicht passiert.

K: Stimmt. Was soll ich sagen? Da kann ich gar nichts gegen sagen.

I: Schließen Sie sich zukünftig der Einstellung des einundzwanzigjährigen an, dann erhöht sich die Chance, das Ihre Garantie eine hundertprozentige Sicherheit hat.

K: Die hundert Prozent sind auf sicher, die sind auf tausend Prozent sicher.

I: Mehr geht nicht. Gutes Gelingen, D..

K: Danke. Und auch danke dafür, dass Sie mir richtig geholfen haben. Ich bin ja auch kein ganz so einfacher Typ. So am Ende muss ich sagen, ich bin ganz erstaunt, was man über sich erfährt. Das ist richtig gut und hilft einem auch, weil man das alleine so gar nicht alles verstehen könnte.

I: Und ein so schönes Schlusswort entsteht auch nur in einem Dialog – lassen wir es bei diesem schönen Ende.

Fallbeispiel VI

Klient: SG (19)

Urteil: Körperverletzung

Ziel: Dass ich ein paar Strategien habe, wie ich mit meinen Aggressionen umgehen kann. Auf Gewalt verzichten.

Interview zu Fallbeispiel VI oder: „Ich hab' gar nicht so an die Bewährung gedacht, sondern an das Training hier."

I: S., zu Beginn des Trainings haben Sie als Ziel genannt: ‚Dass ich ein paar Strategien habe, wie ich mit meinen Aggressionen umgehen kann. Auf Gewalt verzichten' – wie lautet Ihre Einschätzung: Zu wieviel Prozent haben Sie diese beiden Vorhaben erreicht?

K: Zweimal hundert Prozent. Bei beiden Zielen hundert Prozent. Sie wissen ja, dass ich gar nichts mehr gemacht habe, seit ich hier bin – absolut null. Und deshalb ist das mit hundert Prozent auch nicht übertrieben.

I: Das klingt sicher und beinahe stabil.

K: Ist es auch und da bin auch stabil. Ich kann Ihnen auch Beispiele dafür geben, dass das so ist, wie ich sage – soll ich?

I: Da Sie wohl gerne wollen, machen Sie mal.

K: Also, das hatte ich ja schon mal erzählt hier [meint: Beim Wochenrückblick; Anm.], als ich mit meinem Kollegen am Bahnhof gewesen bin und auf dem anderen Bahnsteig zwei Typen gewesen sind, die auf Provokation rübergeguckt und gemuckt haben; und da hab' ich erst gedacht, ich sag jetzt was, aber dann hab' ich mir gedacht, ist unnötig und du willst das auch gar nicht, und da bin

ich schön mit meinem Kollegen weiter, ohne dass wir da rüber
sind.

I: Was wäre denn ohne Ihr Nachdenken, dass das ‚unnötig ist‘,
in dieser Situation passiert?

K: Da wären wir rüber zu denen und hätten gefragt, was das soll,
dass die so zu uns rüberglotzen und da ihre Faxen machen.

I: Das heißt, Sie wären mit Ihrem Kollegen auf dem Bahnsteig
zurückgegangen, die Treppen hoch, die Treppen wieder runter,
hin zu denen, nur um zu fragen, ‚was das soll‘?

K: Ja klar, früher auf jeden Fall.

I: Was für ein Aufwand.

K: Das wäre egal gewesen. Wir wären da auf jeden Fall rüber und
hätten die zur Rede gestellt.

I: Und von dieser Rede hätte unsereins dann eventuell in der Zeitung lesen können. Eine dieser Meldungen am Rande [meint: Arbeit mit Zeitungsmeldungen, s.o.; Anm.] vielleicht – Sie erinnern
sich?

K: Ja, natürlich. Keine Ahnung, was dann passiert wäre.

I: Glauben Sie, es wäre bei einem gepflegten Gespräch geblieben?

K: Wohl eher nicht. Aber deshalb bin ich ja auch gar nicht rüber
zu denen, sondern hab‘ auf entspannt gesagt: ‚Lass weitergehen,
die interessieren uns gar nicht‘ – und fertig.

I: Was war denn Ihre Überlegung, zu sagen: Ich gehe da nicht
rüber?

K: Wenn wir da rübergegangen wären, hätte es doch auf sicher
Streit mit denen gegeben. Und was hätte das gebracht? Nichts.
Also, gar nicht erst dahin, gibt es auch keinen Ärger, Punkt.

I: Gute Überlegung – und vor allem vorher und nicht erst im Nachhinein.

K: Genau, das meinte ich ja auch, dass ich das gar nicht erst wollte. Weil das ist doch klar, wenn wir da auf Stress erst mal rübermarschieren, dann eskaliert das – warum sollten wir da sonst auch rüber?

I: Gute Frage und vorher schon die passende Antwort gegeben. Sie hatten in einer der Sitzungen gesagt, dass Straftaten wie die, die zu Ihrer Verurteilung geführt haben, jetzt für Sie gar kein Thema mehr sind – was hat sich seitdem geändert, dass Sie sich da so festlegen?

K: Ich will meine Freiheit nicht riskieren. Bisher bin ich mit maximal Arrest und einmal kurz Zelle weggekommen, und wenn ich jetzt noch mal was mache, ist meine Bewährung weg und dann bin ich auf sicher für zwei Jahre oder noch länger eingesperrt und kann noch nicht mal sagen, dass mich das weiterbringen würde. Ich verliere ja auch die Zeit, die ich dann in der Zelle sitzen muss. Da verliere ich ja richtig: Zeit und Freiheit.

I: Wiegt beides schwer.

K: Auf jeden Fall. Und die anderen Nachteile müssen dann ja noch dazu gerechnet werden: Job, Freunde, Familie, Essen, Mädchen treffen, alles, was da noch so fehlen würde im Knast.

I: Sie denken an die vier Felder [meint: Vier-Felder-Matrix; Anm.], die bei Ihnen so ein eindeutiges Ergebnis gebracht hatten?

K: Ja, da waren ja nur Nachteile kann man sagen. Und das Geld bringt ja auch nichts, wenn ich anschließend dafür im Knast sitzen muss. Und dann der Stress, ob die plötzlich bei mir im Zim-

mer stehen, weil ein Haftbefehl draußen ist und die mich dann nachts aus dem Bett holen mit einem frechen Grinsen im Gesicht – alleine das will ich denen schon nicht gönnen.

I: Das haben Sie ja auch sehr treffend formuliert: ‚Erst um sechs Uhr morgens bin ich mir sicher, wenn ich weiß, die Bullen waren nicht da‘ – so haben Sie Ihre Paranoia beschrieben.

K: Das war aber richtig Paranoia. Ich konnte mir nie sicher sein, ob die noch kommen oder nicht – ekelhaft war das.

I: Und dann kommt bei Ihnen ja noch dazu, dass dann nicht Ihre Wohnung, sondern das Haus Ihrer Großeltern gestürmt worden wäre.

K: Das wäre gar nicht gegangen. Meine Oma hätte… – weiß ich gar nicht, was mit der passiert wäre, will ich mir aber auch gar keinen Kopf machen, aber schön wäre das jedenfalls nicht gewesen.

I: Davon kann man wohl ausgehen. Allerdings: Wenn Sie jetzt juristisch nichts Neues abliefern, sind doch alle Beteiligten auf der sicheren Seite.

K: Neues gibt es von mir nicht mehr – gibt nur noch gute Neuigkeiten ab jetzt.

I: Da werden Oma und Opa sich freuen.

K: Das muss auch so sein. Das reicht schon, wenn da immer die Post für mich ankommt und da ist wieder irgendein Polizeibrief oder sonst was dabei. Dann muss ich das immer so erklären, dass Oma nicht gleich einen Herzkasper kriegt und Opa natürlich auch nicht.

I: Bei dem, was Sie so über Ihre Großeltern erzählt haben, müssten Sie sich doch schon deswegen mit solchen Aktionen zurückhalten, weil Sie doch beim ‚Referat‘ gesagt haben, dass Sie ohne Oma und Opa schon lange im Knast gelandet wären.

K: Das stimmt. Ohne die wäre ich schon längst weg. Wenn die mich nicht aufgenommen hätten, wäre ich richtig, richtig auf die kriminelle Schiene gekommen. Was hätte ich sonst auch machen sollen? Ich hatte keine Wohnung, keinen Job, kein Geld, und die Jungs mit denen ich war, hätten auch nur so den kriminellen Ehrgeiz gehabt, dann wäre der Knast für mich sicher gewesen.

I: Direkt aus dem Haus der Großeltern in den Knast wäre ja der Horror gewesen – vor allem für Oma und Opa.

K: Hören Sie auf, daran will ich gar nicht erst denken.

I: ‚Die beste und liebste Oma der Welt‘ haben Sie beim ‚Referat‘ gesagt. Und dann hätte ‚die beste und liebste Oma der Welt‘ eben in den Knast kommen müssen, wenn Sie ihren Enkel hätte sehen wollen – wie unwürdig.

K: Bitte, Herr Schawohl – das hätte ich gar nicht zugelassen! Stellen Sie sich das doch mal vor: Meine Oma soll mich da besuchen kommen!

I: Stellen Sie sich das mal vor, S., oder noch besser: Tun Sie alles dafür, dass niemand sich das überhaupt vorstellen muss.

K: Horror!

I: Und Sie können diesen Horror verhindern. Lassen Sie uns noch mal auf einige Ihrer Zitate zu sprechen kommen im Zusammenhang mit den Aussagekarten [s.o.]. Bei der Aussage 'Es gibt mir ein gutes Gefühl, dass Leute Angst vor mir haben', kam sofort: ‚Heute stimmt das nicht mehr, früher hat das auf jeden Fall gestimmt‘, und Ihre Begründung war: ‚Das ist ein Gefühl von Respekt, eine Art Anerkennung, man baut sich einen Ruf auf. In V.

[Stadtteilon Hamburg; Anm.] sagen die Leute: ‚Man sollte sich nicht mit dem anlegen‘. Da haben Sie sich scheinbar tatsächlich einen Ruf aufgebaut. Was entgegnet der S. von heute dem S. von damals?

K: Der S. von heute sagt dem S. von damals: ‚Schau Dir mal schön an, was Du davon hast, wenn Du glaubst, dass Du mit Deinem tollen Ruf irgendwo Weltmeister werden kannst oder der Ghettoking oder sonst was. Gar nichts kannst Du damit erreichen, Digga! Knast und sonst gar nichts!‘ Das würde ich dem S. von damals sagen.

I: Beim S. von heute klingt ein wenig mehr Einsicht durch.

K: Jeder wird eben älter und vernünftiger.

I: Das mit dem Älterwerden stimmt, das mit der Vernunft nicht unbedingt. Schön, dass bei Ihnen scheinbar beides zutrifft. Beim ‚Referat‘ kam von Ihnen der Satz: ‚Nicht einer von den Jungs war es wert, dass ich mich gerade gemacht habe für die‘ – das hört sich so brutal ehrlich und auch brutal resignativ an.

K: Das muss ich leider wirklich so sagen. Bitter eigentlich, aber ist wirklich so. Wir haben immer gesagt: ‚Keiner verrät was oder nennt Namen, wenn die Bullen einen oder mehrere von uns hopsnehmen – gehört sich nicht‘. Und was war? Werden zwei von uns hochgenommen und schon werden alle Namen genannt und die Bullen haben ihren Erfolg und holen einen nach dem anderen ab.

I: Wo sind Sie ‚abgeholt‘ worden?

K: Zum Glück nicht zu Hause. Also schon bei mir, aber nicht im Haus – die haben mich davor abgegriffen.

I: Also haben Oma und Opa davon nichts mitbekommen?

K: Nein, aber ich musste denen dann ja sagen, dass ich erst mal nicht nach Hause kommen kann, weil ich in der Zelle bin; das war mir auch schon so peinlich genug. Zum Glück bin ich nach ein paar Stunden wieder rausgekommen, aber das hätte nicht sein müssen und da wäre ja auch nichts gewesen, wenn diese Verräter sich an die Abmachung gehalten hätten, dass niemand bei den Bullen oder beim Gericht irgendwas sagt, aber dann weiß man, auf wen man sich verlassen kann und wer eine Pussy ist.

I: Sie hätten sich in der gleichen Situation an die Abmachung gehalten?

K: Auf jeden Fall, sonst muss ich sowas vorher doch gar nicht sagen. ,Bro for hoe‘ war eigentlich so unser Wort, aber da wissen einige gar nicht, was das wirklich heißt – die wollen einfach mit bestimmten Leuten sein und haben gar nicht so richtig die Ahnung, was das denn heißt.

I: Sie wissen das?

K: Auf jeden Fall bin ich keine Pussy und verrate meine eigenen Leute.

I: Wobei dieses Thema ja so heute auch gar nicht mehr von Bedeutung ist, weil ich hier ja mit dem einsichtigen und vernünftigen S. spreche. Wobei Sie sich schon noch in diese Zeit reinversetzen können, wenn man Ihr Engagement beim Reden mal bedenkt, lässt Sie das zumindest nicht völlig unberührt.

K: Geht so.

I: Doch noch gefährdet?

K: Dass ich immer noch mit denen unterwegs bin, meinen Sie?

I: Nicht unbedingt <u>mit denen</u>, aber immer noch so <u>wie</u> mit denen – nur eben mit anderen oder alleine.

K: Gar nicht mehr, gar nichts mehr davon!

I: Da muss der S. von heute dem S. von damals allerdings immer mal wieder erklären, was es bedeutet, für Ruf und vermeintliche Ehre einzustehen – und hören Sie dem S. von heute dabei gut zu, der hat nämlich ganz gute Argumente.

K: Ja, weiß ich ja auch, aber damals hat mich das schon aufgeregt, wie das abgelaufen ist.

I: Und so ganz ist die Aufregung wohl auch noch nicht weg. Noch ein Zitat von Ihnen, das Ihre damalige Einstellung gut ausdrückt. Beim ‚Referat‘ haben Sie bei der Kombination Angst – Freunde gesagt: ‚Bei uns gilt: Lieber von fünf Leuten kassieren als weglaufen‘ – auch so ein testosterongetränktes ‚bro before hoe‘-Statement.

K: Ja, aber das war so damals. Pussymäßig wäre peinlich gewesen. Und weglaufen wäre auf Pussy gewesen.

I: Weglaufen und Pussy ist also gleichbedeutend?

K: Damals war das bei uns so, ja.

I: Was ja auch eine Konsequenz aus dem Ruf ist: ‚Man sollte sich nicht mit dem anlegen‘ – das schränkt so gesehen die eigenen Optionen natürlich auch ein.

K: Da haben Sie Recht, aber früher war man eben noch jung und unwissend, sag‘ ich mal.

I: ‚Was andere denken, ist Dein Ruf‘ – noch so ein Zitat von S. dem Jüngeren.

K: Genauso: ‚Was andere denken, ist Dein Ruf‘, ja. Heute sag ich mir: Scheiß drauf, was die anderen denken – sollen die denken, *was sie wollen, das interessiert mich überhaupt nicht, ist mir egal.*

I: Was ein paar Jahre Lebenserfahrung doch bewirken können.

K: Stimmt.

I: Mit geringerer Lebenserfahrung lässt sich dann bei der Karte 'Wer eine Waffe bei sich trägt, benutzt sie auch' die Ansage erklären: ‚Stimmt. Wenn ich sie nicht benutze, muss ich sie ja gar nicht erst mitnehmen. Aber die meisten haben nicht die Eier, sie auch einzusetzen' – richtig?

K: Richtig – muss ich aber auch wieder dazu sagen, dass das eben auf damals bezogen war; heute ist das albern – da ist es eher pussyhaft, wenn ich was dabei hätte.

I: So ändern sich die Perspektive und die Bewertung.

K: Stimmt schon, aber wie gesagt: Man wird eben älter.

I: Noch ein Zitat bezogen auf Ihre ‚No-Pussy-Ära: ‚Wenn ich ihn kaputt mach', dann hat er Respekt vor mir' – so war Ihre Antwort bei der Karte 'Mit Gewalt kann man sich Respekt verschaffen'.

K: Damals ja, aber dann war ja auch ganz schnell klar, dass das Angst ist und nichts mit Respekt zu tun hat. Wenn man das alles mal so hört, was damals so stattgefunden hat, muss man ja wirklich glauben, wir waren alle nur so auf Psycho-Alien-Tour unterwegs – völlig verrückt.

I: Und das ‚Damals' ist noch gar nicht so lange her.

K: Ja, aber für mich ist das so ‚Damals', weil ich das eben so auf heute betrachtet anders sehe. Der ‚S. von damals' kennt den ‚S. von heute' ja gar nicht richtig.

I: Und nur der ‚S. von heute‘ könnte den Kontakt zum ‚S. von damals‘ herstellen, wenn er es denn wollte.

K: Wäre besser, wenn er das nicht will, würde ich sagen.

I: Meine Zustimmung haben Sie.

K: Danke.

I: Weiter im Text: Wir haben uns ja mit der Fragestellung beschäftigt, ‚Warum werden Jugendliche kriminell oder gewalttätig?‘ – da sind ihnen zahlreichen Gründen eingefallen und fünf von diesen Gründen haben Sie als damals für sich gültig benannt. Wissen Sie noch, welche das waren?

K: Auf jeden Fall Ehre, Stolz, Geld und Provokationen glaube ich auch.

I: Stimmt alles. Und einer fehlt noch.

K: Weiß ich jetzt gar nicht mehr.

I: Macht haben Sie noch erwähnt.

K: Macht – stimmt.

I: Und als heute eventuell noch möglichen Gefährdungsgrund haben Sie Geld genannt. Ist das unverändert so?

K: Nicht mehr so jetzt, dass ich dafür irgendwas starten würde, sag ich mal. Aber natürlich würde ich gerne gut Geld haben, damit ich entspannt leben kann – das schon.

I: ‚Gut Geld‘ und ‚entspannt leben‘ sind ja Auslegungssache – was wäre denn aus Ihrer Sicht ‚gut Geld‘ als Summe?

K: So dreieinhalb bis viertausend netto würde schon passen.

I: Und was würde zum ‚entspannt leben‘ gehören?

K: Dass man eben so leben kann, dass man sich auch mal was leisten kann: Urlaub, Haus oder Wohnung, Frauen kosten auch Geld, Führerschein, Auto und dann auch mal essen gehen oder feiern – sowas eben.

I: Und wir reden von sauberem Geld, um dieses entspannte Leben zu finanzieren.

K: Nur sauberes Geld.

I: Haben Sie konkrete Pläne, um saubere viertausend Euro im Monat verdienen zu können?

K: Ich hatte Ihnen ja erzählt, dass ein Kollege von mir eine Firma hat – da könnte ich anfangen.

I: Personen- und Objektschutz, oder?

K: Genau.

I: Haben Sie den 34a-Schein [Berechtigung für die Tätigkeit im Bereich Sicherheit; Anm.]?

K: Noch nicht, aber den würde ich dann ja machen.

I: Wäre das was für Sie?

K: Warum nicht? Das hätte ich auf jeden Fall sicher.

I: Und das würde Sie auch interessieren?

K: Ist auf jeden Fall erstmal sicher für mich. Und danach kann ich ja immer noch weiter gucken, was ich machen will.

I: Was würden Sie denn machen wollen? Immerhin reden wir perspektivisch von sauberen viertausend Euro.

K: Vielleicht mal eine eigene Firma, mal sehen.

I: Im Sicherheitsbereich?

K: Warum nicht?

I: Dafür müssten Sie vermutlich ein sauberes Führungszeugnis vorlegen, oder?

K: Denke ich mal, aber das dauert ja auch noch ein bisschen, bis das mal wichtig ist.

I: Für den 34a (s.o.) ist das nicht erforderlich?

K: Ich denke mal nicht.

I: Soweit ich weiß, sind die Voraussetzungen Volljährigkeit, ausreichende deutsche Sprachkenntnisse in Wort und Schrift und eben keine Einträge im Führungszeugnis.

K: Ich frag am besten meinen Kollegen – der muss das ja eigentlich wissen.

I: Momentan haben Sie ja auch noch Ihren Job, mit dem Sie sauberes Geld verdienen.

K: Richtig.

I: Wann haben Sie sich eigentlich davon verabschiedet, zu sagen: ‚Nebenbei kann ich ja auch immer noch Geld machen. Ich habe mir eine Fassade aufgebaut mit meinem Job, und was hinter der Fassade stattfindet, bekommt ja eh keiner mit‘?

K: Das hatten wir ja vorhin schon gesagt, dass ich damit ein viel zu hohes Risiko eingehen würde und damit alles aufs Spiel setzen würde, was mir wichtig ist – die Rechnung kann für mich nicht aufgehen. Wenn ich mittlerweile hier was gelernt habe, dann, dass diese kriminelle Schiene für mich nichts bringt. Irgendwann muss ich das ja mal akzeptieren – sonst lande ich früher oder später doch noch im Gefängnis. Ich finde, man muss das Schicksal auch nicht auf übertrieben reizen – ich hab jedenfalls für mich *verstanden, dass der Weg so für mich nicht gut sein kann, also der kriminelle Weg. Der legale Weg ist entspannter und führt nicht ins Gefängnis.*

I: Nicht einmal Richtung Gefängnistor. Also ist Ihr Entschluss endgültig: Der S. von damals tritt nie wieder öffentlich in Erscheinung?

K: Der S. von damals kann gar nicht mehr öffentlich in Erscheinung treten, weil der S. von heute ihm lebenslänglich verpasst hat – so sieht es aus.

I: Und da heißt lebenslänglich dann wirklich lebenslänglich?

K: Lebenslänglich und SV [meint: Sicherungsverwahrung; Anm.] – der taucht nie wieder auf.

I: Na dann. So wie Sie das darstellen, sind Sie sich Ihrer Sache ja richtig sicher. Glauben Sie, dass Sie ohne die Bewährung auch zu dieser Entscheidung oder dieser Erkenntnis gelangt wären?

K: Meinen Sie, dass sich das für mich nicht lohnt oder dass ich dann eben doch irgendwann rein muss?

I: So in diese Richtung, ja. Dass Sie ohne den Hinweis der Justiz, dass der Spielraum nun allmählich enger wird, auch gesagt hätten: Jetzt ist Schluss für mich?

K: Schwierig, ganz ehrlich. Vielleicht hätte ich solange weitergemacht, bis das Gericht gesagt hätte: So, jetzt gibt es noch einmal Bewährung, und bei der kleinsten Kleinigkeit gibt es den Widerruf und keine letzte Chance mehr. Aber ich weiß das gar nicht, weil ich ja jetzt auf Bewährung bin und diese letzte Chance für mich ja quasi diese Bewährung eben ist.

I: Gab es Situationen oder Momente, in denen Sie sich überlegt haben, ob Sie das Risiko eingehen, die Bewährung aufs Spiel zu

214

setzen, weil auf hundertprozentig sicher irgendwo die Summe X zu holen gewesen wäre?

K: Nicht so wirklich. Ich hab für mich gesagt, dass ich diese Chance jetzt nutzen muss, sonst bleibt doch nur noch Knast, und das will ich nicht – also.

I: So haben Sie das ja auch hier von Anfang bis Ende berichtet und diese Linie konsequent beibehalten.

K: Dazu muss ich Ihnen auch sagen: Ich hab' gar nicht so an die Bewährung gedacht, sondern an das Training hier, wenn ich mir überlegt habe, was alles für ein Risiko besteht für mich. Es ging hier ja eigentlich ganz oft darum, was mir das bringt, also in beiden Fällen jetzt: Was bringt es mir, wenn ich weiter kriminell unterwegs bin? Und was bringt es mir, wenn ich sauber und entspannt unterwegs bin? Irgendwie ist es immer darauf gekommen und immer war klar, was passiert, wenn ich das Kriminelle bevorzugen würde – man kommt immer wieder zu demselben Ergebnis: Gar nichts bringt das! Gar nichts!

I: Und der andere Weg bringt Ihnen auf jeden Fall eines: Freiheit.

K: Freiheit. Und alles, was ohne Freiheit nicht geht. Niemals würde ich das aufgeben – niemals.

I: Gute und richtige Entscheidung, S., so soll's bleiben.

K: Muss. Und ich sag auch danke dafür, dass Sie mir das so klar gemacht haben. Das war richtig, richtig gut.

I: Dann ist es ja gut so wie es ist – fertig.

Fallbeispiel VII

Klient: BZ (19)

Urteil: Körperverletzung; Raub

Ziel: In bestimmten Situationen ruhiger reagieren. Andere Sichtweisen über bestimmte Situationen.

Interview zu Fallbeispiel VII oder: „Jetzt bin ich ein ganz normaler Mensch."

I: B. Sie hatten am Anfang des Trainings als Ziel formuliert: ‚In bestimmten Situationen ruhiger reagieren. Andere Sichtweisen über bestimmte Situationen bekommen'. Wie schätzen Sie es ein: Zu wieviel Prozent haben Sie diese beiden Vorhaben erreicht?

K: Bei dem ersten hundert Prozent, bei dem zweiten so achtzig, denke ich schon.

I: Gute Quote. Fallen Ihnen die hundert Prozent bei dem ‚ruhiger Reagieren' schwer?

K: Gar nicht. Ich muss mir ja nur darüber klar sein, dass alles, was mich von den hundert Prozent wegführt, für mich nur negativ sein kann. Also muss ich da immer hundert Prozent geben.

I: Und dabei hilft Ihnen dann auch, dass Sie nun ‚andere Sichtweisen über bestimmte Situationen bekommen' haben?

K: Ja, schon, weil ich nicht gleich immer so auf negativ gepolt bin. Ich gebe anderen sozusagen erstmal eine Chance, dass ich nicht gleich davon ausgehe, dass die mich provozieren wollen oder sonst irgendwie verarschen oder sowas.

I: Damit geben Sie allerdings nicht nur anderen eine Chance, sondern auch sich, weil Sie mit dieser für Sie ja durchaus neuen Großzügigkeit dazu beitragen, dass möglicherweise Missverständnisse gar nicht erst entstehen.

K: Stimmt, auch ich habe dann eine bessere Chance. Ist also für alle gut.

I: So gesehen, macht es Sinn. Ich möchte kurz eine schriftliche Aufgabe von Ihnen vorlesen. Zur Aussage ‚Ich begehe keine weiteren Straftaten‘ haben Sie geschrieben: ‚Stimmt. Ich habe mich entschieden, in der Zukunft straffrei zu leben, weil ich erfolgreich werden will in meinem Leben, indem ich meinen Traum als Kfz-Mechatroniker mit einer eigenen Werkstatt verwirkliche und mein eigenes Geld verdiene, womit ich auch meine zukünftige Frau und meine Kinder ernähren kann.‘ Und bei der Aussage ‚Es hat für mich Vorteile, ohne Straftaten zu leben‘, schreiben Sie ebenfalls: ‚Stimmt. Die Vorteile sind, dass ich mit einem straffreien Leben meinen Traumberuf erreichen kann und dass meine Familie mich nicht im Knast besucht und traurig über mich sein muss. Im Gegenteil: Ich will mich und meine Familie stolz machen.‘ Sind diese beiden Einlassungen auch Bestandteil dieser hundert Prozent?

K: Immer. Das sagt doch schon alles, wenn ich weiß, ich hab die Möglichkeit, meine Ausbildung als Mechatroniker gut zu beenden und dann noch meinen Meister zu machen, dann muss ich doch auf hundert Prozent laufen. So eine Chance bekomme ich doch bestimmt kein zweites Mal, also setz ich das doch nicht ohne Grund aufs Spiel.

I: Ihre Formulierungen beinhalten zumindest Perspektive und auch prosoziale Gedanken – wissen Sie, wie ich das meine?

K: Mit diesen prosozialen Gedanken?

I: Zum Beispiel damit, ja.

K: Das heißt doch sowas, dass ich nicht nur an mich denke, sondern auch an andere, also auch mit berücksichtige, was ich denen antue, wenn ich irgendeinen Unsinn mache.

I: Passt sehr gut. Zum Beispiel, dass Sie berücksichtigen, dass Ihre Familie Sie im Knast besuchen müsste und dann vermutlich traurig wäre. Und da Sie prosozial denken, setzen Sie sich aktiv dafür ein, dass die also gar nicht erst in diese Situation gelangen, einfach indem Sie keine Straftaten mehr begehen und also auch nicht in den Knast müssen. Was natürlich auch in Ihrem eigenen Interesse ist.

K: Selbstverständlich.

I: Und schön ist auch, dass Sie in beiden Antworten von Ihrer Familie sprechen – nur eben unterschiedlichen Familien.

K: Ja. Einmal meine Frau und meine Kinder und natürlich meine Eltern, ja.

I: Das gibt ja beide Male zu verstehen, dass Ihre Aktionen nicht im luftleeren Raum stattfinden, sondern dass immer auch andere davon betroffen sind – und da haben wir von den Opfern noch gar nicht gesprochen.

K: Die gab es natürlich auch, das stimmt.

I: Kommen wir gleich noch zu. Lassen Sie uns noch kurz bei Ihren Eltern und Ihrer möglichen Familie bleiben.

K: Ja, gut.

I: Sie haben bei dem sogenannten ‚Referat‘ bei der Kombination Freude – Familie erwähnt, dass Ihre größte Freude ist, dass es Ihrem Vater gesundheitlich wieder einigermaßen gut geht.

K: Das stimmt. Mein Vater hat ein Bein amputiert bekommen und muss im Rollstuhl sitzen. Und dann hatte er immer wieder neue Probleme mit seinem Herz, und das hat richtig lange gedauert, bis er dann die Medikamente nehmen konnte, die auch helfen, weil die im Krankenhaus erst gar nicht richtig gewusst haben, woran das liegt und welche Tabletten er haben muss. Mein Vater war auch lange im Krankenhaus deswegen, und einmal sogar so, dass die Ärzte gedacht haben, dass er das gar nicht mehr schaffen wird. Und deshalb ist das richtig Glück für die ganze Familie, dass er jetzt seine Tabletten hat, damit die Herzprobleme besser kontrolliert werden können.

I: Und insofern wäre das für Ihren Vater ja auch nicht unbedingt gesundheitsfördernd, wenn er hört, dass Sie ins Gefängnis müssten.

K: Bloß nicht daran denken! Wie wäre das denn, wenn ich wüsste, dass es meinem Vater dann noch schlechter geht und ich bin daran Schuld. Nein, das will ich mir gar nicht erst vorstellen.

I: Ist auch kein schöner Gedanke. Vor allem, weil Sie bei der Kombination Glück – Familie ebenfalls die Situation mit Ihrem Vater erwähnt haben, und das würde ja so gesehen bedeuten, dass Sie derjenige wären, der dieses Familienglück zerstört.

K: Das dann auch noch – nein, das würde ich mir nie verzeihen können.

I: Also bleibt es bei den hundert Prozent.

K: Auf jeden Fall.

I: Eine schöne Formulierung von Ihnen beim ‚Referat‘ war: ‚Ich hab eigentlich alles, was ich brauche, um zufrieden zu sein: Freunde, Familie, ein Zuhause, meine Ausbildung, genügend zu essen – mehr muss ich doch gar nicht haben.‘ Das haben Sie bei der Kombination Glück – Freunde gesagt. Und bis auf das Essen haben Sie diese Punkte auch alle erwähnt, als die Vorteile und Nachteile thematisiert worden sind, wenn Sie Ihr bisheriges Verhalten fortsetzen oder eben ändern würden [Arbeit mit der Vier-Felder-Matrix; Anm.] – Sie erinnern sich?

K: Ja, natürlich. Da gab es ja eigentlich gar keine Nachteile, wenn was geändert wird in Zukunft. Darum kann ich ja da auch nur wieder auf hundert Prozent bleiben, weil ich mir ja sonst alles kaputt machen würde.

I: Das Ergebnis war zumindest eindeutig, das stimmt. Wenn Sie etwas ändern würden: Elf Vorteile, keine Nachteile. Wenn Sie so weitermachen: Ein Vorteil, zwölf Nachteile. Sehr viel deutlicher kann es nicht ausfallen.

K: Stimmt.

I: Wissen Sie noch, welchen einen Vorteil Sie bei einer Beibehaltung bisheriger Verhaltensweisen benannt haben?

K: Ich glaube Respekt, aber das war nur dieser Ghetto-Respekt, also nichts, was wirklich Vorteile hat für mich.

I: Sagen Sie heute.

K: Ja, sicher. Damals hat das irgendwie anders gezählt, also ist für mich mehr wert gewesen. Eigentlich kann man sagen, dass war so der Name, den ich mir gemacht habe – der hat gezählt. Auf den konnte ich mich auch verlassen.

I: Das heißt, Ihr Name hat gezählt, hatte also eine Bedeutung in Ihrem Kiez?

K: Kann man so sagen, ja.

I: Und sobald Sie Ihren Kiez dann mal verlassen haben, war Ihr Name nichts mehr wert oder zumindest nicht mehr so viel wie in Ihrem Kiez oder in Ihrer Hood.

K: Also, man kannte sich schon irgendwie oder hat mal so irgendwas gehört von anderen oder über andere auch. Aber eigentlich ist das schon so wie Sie sagen: Raus aus der Hood und Du bist woanders nur irgendwer, weil da ja wieder die anderen Jungs unterwegs sind. Eigentlich auch albern, wenn man das heute mal überlegt, wie man früher gedacht hat – lächerlich irgendwie muss man sagen.

I: Wie gesagt: Das ist Ihre heutige Bewertung. Damals, oder meinetwegen auch früher wie Sie sagen, war das Ihre Name, Ihr Ruf, Ihr Ansehen, und damit haben Sie sich genau den Respekt erworben, den Sie als einzigen Vorteil benannt haben – das macht schon Sinn.

K: Ja, aber eben auch nur bezogen auf früher.

I: Ein anderer Teilnehmer hat hier beim Training mal gesagt: ‚Was andere denken, ist Dein Ruf‘ [Siehe Interview VI; Anm.] – bezogen auf früher passt dieser Satz doch auch für Sie.

K: ‚Was andere denken, ist Dein Ruf‘ – ja, das stimmt schon. So hab ich früher ja auch gedacht – natürlich ist das ‚Dein Ruf‘. Aber heute ist mein Ruf eben ein anderer – heute ist mein Ruf so, dass ich Respekt bekomme, weil ich genau das Gegenteil von dem mache, was ich früher gemacht habe, so muss man das Ganze mal sehen.

I: Die Zeiten ändern sich, und die Zeit verändert manchmal auch die Bewertungen und die Maßstäbe der Menschen.

K: So ist das.

I: Würden Sie also sagen, das trifft so für Sie zu?

K: Definitiv. Es gab die Fußballzeit, es gab die Drogenzeit, und jetzt bin ich ein ganz normaler Mensch.

I: Und ist dieses ‚Ein-ganz-normaler-Mensch-Sein‘ heute für Sie passend oder trauern Sie manchmal der ‚Fußball‘- oder der ‚Drogenzeit‘ hinterher?

K: Gar nicht, also jedenfalls nicht der Drogenzeit. Die Fußballzeit hatte auf jeden Fall was. Wir waren Meister in unserer Staffel und ich war in der Auswahl in meinem Jahrgang damals – das waren auf jeden Fall schöne Zeiten.

I: Und diese ‚schönen Zeiten‘ sind dann wegen der beginnenden Drogenzeit beendet worden?

K: Kann man so sagen, ja. Nicht mehr zum Training gegangen, lieber Geld gemacht und mit den Jungs unterwegs gewesen – das war dann irgendwann wichtiger für mich. Eigentlich dumm gedacht, muss man sagen, aber damals hab ich eben so gedacht.

I: Damals ja, heute nicht mehr.

K: Heute nicht mehr, zum Glück.

I: Ihr Sinneswandel oder Ihre veränderte Sichtweise ist auch bei den Aussagekarten zum Ausdruck gekommen. Bei der Karte ‚Wer mich provoziert, hat schon verloren‘, war Ihre wohl überlegte Antwort: ‚Stimmt auf jeden Fall. Wenn ich nicht auf die Provokation eingehe, hat er doch verloren, und mir geht es besser'. Eine nahezu perfekte Antwort, B., treffender lässt es sich nicht formulieren.

K: Danke, aber so muss man das ja sehen, sonst bin ich ja ewig der Dumme, wenn ich bei jeder Provokation darauf einsteige und die Situation dann eskaliert.

I: Und wieder spielt die Zeit eine Rolle.

K: Ja, muss ja auch. Sonst wäre das ja auch peinlich, wenn ich nicht irgendwann mal verstehe, dass ich nicht immer so weitermachen kann wie früher.

I: Auch bei der Aussage ‚Mit Gewalt kann man sich Respekt verschaffen‘, kommt der Sinneswandel zum Ausdruck: Sie haben bei der Antwort sofort getrennt: ‚Stimmt – so war es früher. Stimmt nicht, wenn ich heute antworte‘. Und Ihre Erklärung war, dass man das früher auch sehen konnte, weil die Leute eingeschüchtert waren, und dann haben Sie explizit ergänzt: ‚Die hatten Angst‘.

K: Angst, genau, also Angst-Respekt, und nicht den ehrlichen Respekt, auf den es eigentlich ankommt. Heute ist mir das peinlich, richtig peinlich.

I: Ihre heutige Sicht haben Sie dann so formuliert: ‚Stimmt nicht. Erstens: Das ist respektlos. Zweitens: Es hat eher etwas mit Respekt zu tun, einer Schlägerei aus dem Weg zu gehen – das erfordert eher mehr geistige Kraft‘ – man könnte eine Entwicklung in die unterschiedlichen Sichtweisen und Formulierungen hineininterpretieren.

K: Das eine war früher, das andere ist heute, und die Antwort von heute zählt.

I: Heute schlägt früher.

K: Heute schlägt früher zehn zu null oder hundert zu null.

I: Ein deutliches Ergebnis und eine deutliche Abkehr von Ihren damaligen Sicht- und Verhaltensweisen. Sie erinnern sich an die Zeitungsmeldungen, bei denen Sie vier auswählen und beurteilen sollten?

K: Ja, das mit der Rentnerin und dem Kaninchen.

I: Genau. Erinnern Sie sich noch, welche Strafen die Täter jeweils bekommen hätten, wenn es nach Ihnen gegangen wäre?

K: Knast die meisten oder Sozialstunden.

I: Genau. Und Ihre Haftstrafen sind schon ziemlich hoch gewesen. Für die Tat mit der Rentnerin hätten Sie sieben Jahre gegeben, für die gefilmte Prügelei drei bis vier Jahre, für die Tat mit dem Kaninchen Therapie und zweihundert Sozialstunden, und für den Mord lebenslänglich.

K: Ja, für solche Taten muss man doch solche Strafen geben. Sonst denken die doch, die können einfach immer so weitermachen – irgendwie müssen die das doch mal lernen.

I: Und dafür würden Sie solche Strafen als sinnvoll erachten?

K: Ich finde, die haben das nicht anders verdient. Mit mehreren Leuten eine alte Frau zusammenschlagen – die hätte ja auch sterben können dabei. Und der Junge, der von den anderen gefilmt und verprügelt wurde, leidet doch bestimmt auch jahrelang darunter – da können die Jungs dann auch ruhig ein paar Jahre in den Knast, finde ich.

I: Das mag Ihrer Ansicht nach auch so sein, das haben Sie ja damals auch so begründet. Sie wissen allerdings auch, dass Sie mit diesem Maßstab für sich selbst ebenfalls ein anderes Strafmaß bekommen müssten?

K: Aber ich hab ja niemanden umgebracht und auch keine alten Frauen zusammengeschlagen oder so, und Tiere hab ich auch nicht abgefackelt oder andere geisteskranken Aktionen veranstaltet. Und ich war immerhin in der JGU [meint: Jugendgerichtliche Unterbringung; Anm.] und das ist ja auch schon so knastmäßig.

I: Allerdings mit Ausgängen.

K: Aber da drinnen ist das auch wie Knast, das muss man schon sagen.

I: Mag sein, wobei es eben tatsächlich als haftvermeidende Maßnahme gilt, auch wenn das gefühlt bei Ihnen anders angekommen ist. Zurück zu den Zeitungsmeldungen und Ihren Strafzumessungen: Mit Ihrem Maßstab wären Sie im Gefängnis gelandet.

K: Aber würden Sie das fair finden, Herr Schawohl?

I: Inwieweit ich das fair finde, spielt insofern gar keine Rolle, weil Ihr Urteil ja gesprochen worden ist und Sie dabei ohne Haftstrafe davongekommen sind. Aber wenn Sie gerade die Fairness ansprechen: Glauben Sie, dass Ihre Opfer meinen würden, Ihre Strafe sei fair?

K: Meine Opfer?

I: Ja. Wenn die hören, B. Z. hat für seine Straftaten eine Bewährungsstrafe und die Teilnahme an einem Einzel-AAT bekommen – würden die dann sagen: ‚Das ist fair‘?

K: Keine Ahnung. Vielleicht würden die auch denken, dass hat der Junge nicht verdient, der muss für ein paar Jahre hinter Gitter – kann schon sein, dass die so denken.

I: Zu Recht?

K: Ach, schwierig jetzt irgendwie für mich. Ich selbst würde mich natürlich nicht reinschicken, aber aus Sicht der Opfer würden da vielleicht einige sagen, dass ich rein müsste.

I: Wobei das für die Zukunft ja kein Thema mehr sein sollte, weil Sie sich jetzt anders verhalten als früher.

K: Genau.

I: Zwei Zitate von Ihnen: ‚Ich will mein Leben komplett ändern‘, und: ‚Ich habe mein Verhalten so geändert, dass ich keinen Stress mehr mache – ist entspannter‘. So gesehen bedeutet das ja auch, dass es zukünftig Ihretwegen keine weiteren Opfer gibt, oder?

K: Will ich ja auch gar nicht mehr, dass es soweit kommt. Begründung hab ich ja schon gegeben. Ich hab gar keine andere Wahl.

I: Wenn Sie Ihre Freiheit nicht riskieren wollen.

K: Wenn ich meine Freiheit nicht riskieren will, und das will ich nicht.

I: Insofern ja auch gar nicht so ganz verkehrt, dass von der Bewährungshilfe noch ein bisschen auf Sie geachtet wird.

K: Ah, muss jetzt eigentlich auch nicht mehr sein, aber ist mir auch egal – sollen die ruhig machen. Ich weiß ja, dass ich nichts mehr mache, so gesehen ist das eigentlich unnötig.

I: Ihre Formulierung ‚Ich hab gar keine andere Wahl‘ lässt schon ein bisschen durchklingen, dass Sie eventuell nicht abgeneigt wären, sich hier und da vielleicht doch noch mal anders entscheiden zu können, wenn die Justiz nicht so genau hinschauen würde.

K: Was soll ich sagen, Herr Schawohl? Jetzt bin ich in dieser Situation und das ist gut so für mich. Ich hab das doch hier gesehen, dass mir das nur meine Zukunft kaputt machen würde – das ist mir jetzt wirklich hundertprozentig klargeworden. Ich muss sauber bleiben und ich bleibe sauber.

I: Das haben Sie jetzt so oft zum Ausdruck gebracht, B., dass Sie sich daran auch halten sollten. Also wünsche ich Ihnen dabei alles Gute und gutes Gelingen, damit Sie diesen Weg so fortsetzen können. Und vielleicht sehe ich dann ja irgendwann ein Schild auf dem steht: Kfz-Meisterbetrieb B.Z.. Dann fahre ich bei Ihnen auf den Hof und sage: Herzlichen Glückwunsch, B., gut gemacht!

K: So machen wir das, und dann kriegen Sie so lange Sie wollen Rabatt bei mir.

I: Schauen wir mal.

Fallbeispiel VIII

Klient: WM (21)

Urteil: Körperverletzung; Raub

Ziel: Offener sein. Öfter ‚Nein‘ sagen können. Mehr Sicherheit für mich in stressigen Momenten.

Interview zu Fallbeispiel VIII oder: „Ich will ja nicht, dass mein Sohn so wird wie ich.“

I: W., Sie haben zu Beginn des Einzel-AATs als Ziel formuliert: ‚Offener sein. Öfter ‚Nein‘ sagen können. Mehr Sicherheit für mich in stressigen Momenten‘. Wie ist Ihre Einschätzung: Zu wieviel Prozent haben Sie diese drei Vorhaben aus Ihrer Sicht jeweils erreicht?

K: Offener sein so gut siebzig bis achtzig. ‚Nein‘ sagen sind auf jeden Fall hundert Prozent, und mehr Sicherheit ist auch so bei siebzig bis achtzig würde ich sagen. Doch, so kommt das hin, finde ich.

I: Hundert Prozent beim ‚Nein-sagen-Können‘ sind durchaus bemerkenswert, wenn man mal bedenkt, wie oft Sie zuvor ‚Ja‘ gesagt haben, wenn es irgendwo mögliche Konfliktsituationen gegeben hat.

K: Aber nun hab ich ja Bewährung. Und meine Frau und meine Kinder sind dann ja ohne mich, wenn ich rein müsste und dann weg bin. Wie soll das denn gehen?

I: Irgendwie würde und müsste es ja gehen, W. – nur eben ohne Sie.

K: Und finden Sie das dann etwa gut?

I: Entscheidend ist eher, wie Sie das finden würden.

K: Ja, natürlich nicht gut – ist doch klar! Ich werde jetzt wieder Vater, und dann ist meine Frau mit den Kindern ganz alleine – niemals, niemals! Das geht einfach nicht.

I: Gehen würde das schon, wie gesagt: Nur eben ohne Sie.

K: Und das geht eben gar nicht, auf gar keinen Fall!

I: Können Sie sagen, was es Ihnen heute eher oder besser ermöglicht, ‚Nein!‘ zu sagen als noch vor einem dreiviertel oder vor einem Jahr?

K: Man wird älter und so. Man sieht ja auch irgendwie, dass man viel Ärger hat dann, wenn man glaubt, man muss das immer alles so klären, dass man sich durchsetzen kann.

I: Was meinen Sie mit ‚immer alles so klären, dass man sich durchsetzen kann‘ genau?

K: Also, jetzt so, dass man sofort immer seinen Kopf gegen andere durchkriegen kann, also immer alles so haben kann, wie man das selber möchte – das meinte ich damit.

I: Bedeutet das eventuell auch, zuerst einmal nur die eigenen Interessen berücksichtigen und in den Vordergrund stellen?

K: Ja, genau. So seinen Mann stehen, weil man sich beweisen will, sich nichts gefallen lassen von anderen.

I: Die Formulierung ‚seinen Mann stehen‘, haben Sie im Verlauf des Trainings wiederholt verwendet und beispielsweise auch bei der Wandzeitung erwähnt: ‚Ich bin stolz darauf, meinen Mann zu stehen.‘

K: Genau. Man muss auch seinen Mann stehen, weil man sich ja nicht immer alles bieten lassen kann von anderen.

I: Hat Sie das dann manchmal auch in Schwierigkeiten gebracht, dass Sie nicht ‚Nein‘ gesagt haben, weil Sie der Meinung waren, ich muss ‚meinen Mann stehen‘?

K: Das ist auf jeden Fall schwierig, ja. Aber man muss sich dann eben vorher auch mal überlegen, ob einem das auch wirklich immer was bringt, wenn man sich durchsetzen will. Ich kann ja nicht immer nur sagen, ich will das jetzt klären mit dem und dann gibt es dafür Ärger mit der Polizei danach. Dann hat mir das ja auch nicht wirklich was gebracht so gesehen.

I: Wenn Sie das so betrachten, haben Sie Recht.

K: Genau. Und wofür soll das dann gut sein?

I: Diese Frage müsste ich Ihnen stellen beziehungsweise über diese Frage haben wir ja beim Training mehr als ausführlich gesprochen – Sie erinnern sich an das Schaubild mit den vier Feldern [siehe oben]?

K: Ja klar, natürlich. Da stehe ich meinen Mann und bekomm dafür dann sofort die Schelle, weil ich nur noch Nachteile kriege dadurch: Polizei, Anzeige, Gericht, Gefängnis, keine Familie, keine Arbeit, und was da noch alles mit bei war. Ach ja: Mein Hund wäre dann auch erst mal weg für mich – sehen Sie: Und alles nur, weil ich mich beweisen muss. Nein, danke – darauf kann ich verzichten.

I: Sie hatten insgesamt fünfzehn Nachteile aufgezählt und zwei Vorteile: ‚Respekt‘ und eben ‚Ich stehe meinen Mann‘.

K: Und wofür? Das bringt mir ja nichts, wenn ich dann im Knast sitze und draußen sind meine Kinder und meine Frau ohne mich.

I: Das stimmt. Ihre Kinder vermissen den Vater, Ihre Frau den Partner und Ihr Hund sein Herrchen.

K: Genau, sehen Sie – nein, nein, albern das Ganze.

I: Fünfzehn zu zwei ist zumindest von der Anzahl her deutlich. Die Gegenüberstellung der Vorteile und Nachteile, die Sie bei einer Änderung Ihres Verhaltens hätten, ist mit fünfzehn zu null noch eindeutiger ausfallen. Von daher passt es schon ganz gut, öfter mal ,Nein' zu sagen.

K: Das habe ich mir auch gemerkt, und das werde ich auch so schnell nicht wieder vergessen.

I: Gut so. Sie erinnern sich an die Karten mit den Aussagen: Sie ziehen eine Karte und entscheiden, ob die Aussage auf der Karte Ihrer Meinung nach stimmt oder nicht stimmt.

K: Ja, weiß ich noch. Da ging es viel um Respekt und Gewalt und solche Sachen.

I: Genau.

K: Ja, ja, weiß ich noch.

I: Bei der Karte 'Mit Gewalt kann man sich Respekt verschaffen' haben Sie gesagt: ,Stimmt. Stimmt auf jeden Fall. Da, wo ich herkomme, geht das gar nicht anders. Anders verstehen viele das auch gar nicht. Das geht dann nur mit Gewalt. Traurig, aber ist leider so.' Anschließend ging es darum, ob wirklich nur diese eine Möglichkeit gegeben ist, um Respekt zu bekommen.

K: Ja, das war dann ja auch gar nicht so der Respekt, den man bekommt, das war ja eher so angstmäßig dann – weiß ich noch, wie wir darüber gesprochen haben. Aber das ist gar nicht immer so einfach, wenn man da mit bestimmten Leuten zu tun hat. Da kann ich mich nicht hinstellen und sagen: ,Lass mal reden' – das würden die gar nicht so richtig verstehen dann.

I: So ähnlich haben Sie das vor einigen Wochen auch erklärt. Nun wohnen Sie ja noch immer dort, also ist dieses ‚Da,-wo-ich-her-komme‘ ja nach wie vor Ihr Umfeld, und trotzdem hatten Sie seit Monaten keine Gewaltaktionen mehr dort – wie kommt's?

K: Ja, das ist ganz einfach: Ich bin ja älter geworden jetzt, und dann muss sowas auch nicht mehr jeden Tag passieren, und mit mir legt sich da auch keiner an.

I: Weil?

K: Weil die wissen, dass das nichts bringt. Aber ich hab da auch gar nicht so die Probleme mit den Leuten, dass was passieren könnte. Wie gesagt: Ich bin älter geworden.

I: So wie die meisten von uns, wenn nichts dazwischen kommt. Nur: Das Älterwerden alleine begründet ja nicht, dass Sie be-stimmte Probleme mit bestimmten Leuten nicht mehr haben, oder?

K: Aber wenn ich älter werde, bin ich ja dann nicht mehr so un-terwegs wie früher. Man wird mehr vernünftig und ist auch nicht mehr überall gleich dabei, wenn jemand sich fetzt. Früher waren wir so in diesem Rausch. So mit dreizehn, vierzehn, fünf-zehn, sechzehn – da waren wir so drauf.

I: Allerdings sind Sie immer noch in derselben Umgebung unter-wegs: ‚Da, wo ich herkomme, geht das gar nicht anders‘, lautet Ihr Zitat. Und das hat mit dem Alter nichts zu tun.

K: Das geht doch aber gar nicht, dass ich immer noch solche Sa-chen mache wie früher. Ich muss mich doch jetzt auch mal so ver-halten, dass ich erwachsen rüberkomme.

I: Und das würde für Sie bedeuten, ohne körperliche Auseinan-dersetzungen?

K: Genau. Früher gab es da so ein paar Personen, die Theater gemacht haben. Wenn man das mit denen dann geregelt hat, dann hat sich das angefühlt wie ein Sieg. Aber auf eine Art ist mir das schon ein bisschen peinlich, weil das ja heißt, dass man ‚asi‘ rüberkommt. Aber die Kinderzeiten sind endgültig beendet.

I: Zumindest für Sie. Und Ihre Kinder werden größer und dann geht es eventuell für Sie aus väterlicher Sicht weiter.

K: Oh je, hoffentlich nicht. Ich will ja nicht, dass mein Sohn so wird wie ich.

I: Wenn er den Vater als Vorbild nimmt?

K: Nicht bei der Scheiße, die ich gebaut habe. Entschuldigung, wenn ich das so sage, aber das muss mein Sohn sich nicht antun.

I: Wenn Sie jetzt noch einmal an Ihre Aussage denken, dass es dort, wo Sie herkommen, ‚gar nicht anders geht‘ – und da wird Ihr Sohn nun aufwachsen.

K: Ja, schon, aber ich werde darauf achten, dass er nicht so aufwächst wie ich.

I: Was wird denn nach Ihrer Vorstellung in jedem Falle für Ihren Sohn anders als bei Ihnen?

K: Schon mal, dass er nicht so in diese kriminelle Schiene gleich reinkommt, sag ich mal. Er muss nicht woanders hingehen und die Leute abziehen oder sich von anderen irgendwie verleiten lassen, dass er mit denen irgendwas macht.

I: Was meinen Sie damit genau?

K: Ja, zum Beispiel, wenn er sieht, dass jemand das neueste Smartphone hat oder was weiß ich – dann muss er nicht sagen: ‚Das will ich jetzt haben, weil ich auch sowas haben muss, damit alle sehen, dass ich mir sowas leisten kann.' Wenn er ein Smartphone haben will, dann soll er zu Mama oder zu Papa kommen und dann gucken wir, ob wir uns sowas leisten können überhaupt.

I: Das hört sich vernünftig und zugleich anspruchsvoll an. Vor allem, wenn Sie Ihre eigene Einschätzung bedenken, was Ihre Gegend betrifft: ‚Da wo ich herkomme, geht das gar nicht anders' – das klingt nach möglichen Problemen.

K: Dann müssen wir unserem Sohn eben erklären, dass nicht jeder ein Smartphone oder sonst was haben kann, weil andere Sachen wichtiger sind. Und wenn dann noch Geld übrig ist, dann kann man vielleicht gucken, was man davon kauft oder ob man was davon spart – das ist ja auch wichtig.

I: Was sollte für Ihren Sohn denn noch anders verlaufen als in Ihrer Kinder- oder Jugendzeit?

K: Auf jeden Fall bekommt mein Sohn mehr Zeit mit seinem Vater. So, dass man auch mal gemeinsam irgendwas unternimmt: Schwimmen gehen, irgendwo an den Strand oder zum Fußballspielen oder sonst was – keine Ahnung, aber auf jeden Fall, dass man auch mal zusammen was macht. Wenn ich keine Zeit mit meinem Sohn verbringen will, dann muss ich doch gar nicht erst Kinder haben, denk ich mal.

I: Gemeinsame Zeit macht auf jeden Fall Sinn. Das war bei Ihnen anders?

K: Sowas gab' s fast gar nicht. Wie denn auch, wenn mein Vater die meiste Zeit im Gefängnis war. Und meine Mutter hatte genügend andere Sachen, um die sie sich kümmern musste oder bei denen sie meinte, dass sie sich lieber darum kümmern muss.

I: Davon haben Sie ja auch einiges beim ‚Referat' berichtet.

K: Genau.

I: Zumindest können Sie Einfluss darauf nehmen, dass der Vater Ihres Sohnes nicht ins Gefängnis kommt.

K: Wie meinen Sie das? Ach so, ja klar! Ne, das wird auf alles in der Welt nicht passieren. Niemals, niemals, nie, nie, nie.

I: Das passt zu Ihrer Anmerkung bei der Karte 'Ich habe Angst davor, in den Knast gehen zu müssen' – da haben Sie nämlich gesagt: ‚Stimmt auf gar keinen Fall, weil ich damit durch bin. Knast war früher vielleicht mal ein Thema, aber jetzt geht das nicht mehr.'

K: Genau. Wäre ja auch albern, wenn ich mir das jetzt noch antun würde. Nein, der Bereich ist abgeschlossen.

I: Das bedeutet auch, dass Sie aus Ihrer Sicht die Bewährung schaffen?

K: Muss ich doch, Herr Schawohl – sonst ist das doch alles umsonst, kann man so sagen. Das muss alles vorbei sein. Ich kann meine Frau mit den Kindern nicht alleine lassen. Ich weiß ja, wie das ist, ohne Vater zu sein. Und das passiert meinem Sohn nicht.

I: Und Ihrer Tochter auch nicht.

K: Natürlich, da auch nicht. Aber ich bin jetzt immer so von mir ausgegangen, also als Junge, wenn der Vater nicht da ist, deshalb meine ich das so.

I: Sie haben bei einem der Wochenrückblicke mal gesagt: ‚Ich fühl mich tiefenentspannt, besonders, wenn ich hier gewesen bin' – wodurch kommt diese Tiefenentspannung für Sie zustande?

K: Durch das Reden denke ich mal. Das ist doch hier so, dass man gut miteinander reden kann so. Man hat doch auch so seine Probleme und weiß nicht immer, wie man bestimmte Situationen gut klären kann, ohne dass es eben gleich knallt oder wieder Polizei mit dabei ist. Oder eben auch einfach so, dass ich was sagen kann, ohne dass das gleich an die große Glocke kommt danach, weil man ja weiß, dass Sie das nicht überall rumerzählen dann. Man sieht die Sachen auch mal anders und kann dann auch mal sagen, dass man nicht nur immer so Recht hat in bestimmten Sachen – auf sowas kommt man dann ja auch gar nicht alleine so. Wer malt sich denn schon solche Felder auf [meint: Vier-Felder-Matrix, siehe oben; Anm.] und sieht dann, wie wenig das dann gut ist, weil es ja eigentlich meistens nur Nachteile gibt. Wenn man das mal vorher machen würde, versteht man das viel eher, wie unnötig das eigentlich ist.

I: Zumindest haben Sie jetzt für sich die Möglichkeit, im Vorwege zu entscheiden, wie Sie sich entscheiden, denn Ihre vier Felder waren ja auch sehr eindeutig ausgefüllt.

K: Das kann man wohl sagen: Hunderttausend Nachteile und zwei oder drei klitzekleine Vorteile, wenn man das denn überhaupt Vorteile nennen kann. Das zum Beispiel ist doch gut, wenn man sowas hier lernt bei Ihnen. Manche Sachen versteht man auch erst manchmal so beim Reden – dann wird einem auf einmal klar: Schwachsinn, was Du da machst oder bringt doch gar nichts, wenn Du das jetzt so und so machen willst, lass mal lieber, bleibst Du frei, hast Deine Familie und Deine Ruhe, und musst Dir keinen Kopf machen mit Gericht und Polizei und Gefängnis. Da, wenn ich da jetzt schon wieder drüber rede so, dann ist das genau das, was ich meine: Man versteht das dann alles besser, weil einem das dann richtig klar wird.

I: Wenn man es denn versteht.

K: Das muss man doch verstehen. Ich kann doch nicht die eine Seite voll haben mit den hunderttausend Nachteilen und dann sagen, ist doch alles gut so – dann kann ich ja auch gleich freiwillig ins Gefängnis gehen! Wer das nicht versteht, hat dann aber wirklich irgendwelche Probleme, sag ich mal.

I: Sie dürfen das sagen. Und was vor allem wichtig ist, dass Sie es verstanden haben, W..

K: Habe ich. Sonst gehöre ich ja auch zu denen, die gleich reingehen können.

I: Wissen Sie noch welche Gründe Sie genannt haben, die Sie momentan davon abhalten, Straftaten zu begehen?

K: Meine Familie, meine Kinder, mein Sohn, alles, was mit der Freiheit zu tun hat – das waren so die Gründe.

I: Genau. Und dann war zum Schluss das klare Ergebnis: Jeder einzelne Punkt oder Grund zählt mehr als irgendein möglicher Anlass für eine Schlägerei oder irgendeine Provokation.

K: Ja, so ähnlich wie bei den Vorteilen und Nachteilen – da war das Ergebnis ja genauso.

I: Von Ihnen ist das Ergebnis beide Male ähnlich eindeutig formuliert worden: ‚Lohnt nicht. Irgendwie bleibt man da immer als Verlierer zurück, obwohl man sich vorher immer als Sieger gesehen hat.‘

K: Stimmt, so ist es, wenn man das mal ehrlich sieht.

I: So ehrlich muss man aber erst mal sein können.

K: Ich würde mir doch selbst was vorlügen, wenn ich das nicht so sehen würde.

I: Und diese Einsicht von Ihnen ist vielleicht auch Ihrer mehr und mehr zunehmenden Vernunft geschuldet, W., oder wie Sie es vorhin gesagt haben: ‚Man wird älter.'

K: Man wird älter, ja. Und dann muss man vielleicht auch mal versuchen, die ganze Scheiße von früher mal ins Gegenteil zu drehen, also, dass die Sachen, die früher schlecht oder nicht immer so gut gewesen sind, jetzt mal so zum Guten werden oder einfach besser eben.

I: Kennen Sie Hermann Hesse?

K: Wer soll das sein?

I: Ein Schriftsteller.

K: Ah, nein, weiß ich jetzt nicht. Aber Goethe kenne ich – der hat doch auch 'ne ganze Menge geschrieben, oder? Von dem mussten wir sogar mal was in der Schule lernen, glaube ich.

I: Der Zauberlehrling wird gerne genommen

K: Der Zauberlehrling – ja, der war das glaube ich, genau.

I: Walle, walle, manche Strecke, dass zum Zwecke Wasser fließe, und mit reichem, vollem Schwalle zu dem Bade sich ergieße.

K: Ja, genau – Sie kennen das auch. Und nachher geht das dann alles unter, weil das Wasser nicht mehr aufhört – genau.

I: Zurück zu Hermann Hesse. Der fällt mir ein, weil der über das Älter- oder das Einsichtigwerden einiges geschrieben hat. Zum Beispiel den Gedanken, dass man irgendwann, meist ja wohl am Ende des Lebens, eine Bilanz zieht und überlegt, wie das Leben verlaufen ist, oder dass man an irgendeinem Zeitpunkt des Lebens für sich eine Zwischenbilanz zieht und zu dem Ergebnis gelangt, dass eventuell etwas geändert oder verbessert werden müsste, weil irgendetwas in Scherben oder Trümmern liegt, und dass man dann trotzdem dagegen hält oder dagegen angeht, weil man eben Trotz und Hoffnung hat, dass es anders oder besser werden könnte. Da heißt es dann so in etwa: ‚Scherbenberg und Trümmerstätte ward die Welt und ward mein Leben. Weinend möcht ich mich ergeben, wenn ich diesen Trotz nicht hätte. Diesen Trotz im Grund der Seele, mich zu stemmen, mich zu wehren, diese Hoffnung, was mich quäle, müsse sich ins Helle kehren‘[249]. Also so in etwa wie Sie das gesagt haben, dass die ganze Scheiße von früher mal ins Gegenteil gedreht werden kann, vom Schlechten zum Guten – Hesse hat es nur etwas anders formuliert als Sie, vom Sinn her liegen Sie aber auf einer Welle.

K: Genau, so kann man das auch sagen: Jetzt wird es langsam hell bei mir – dunkel war es lang genug.

I: Das klingt doch auch beinahe schon poetisch, W.: Langsam wird es hell bei mir, dunkel war es lang genug. Und das lässt sich doch auch mit dieser wunderbaren Melodik fortsetzen: Lügen weichen nun von mir, aus ist's mit dem Selbstbetrug. W., daraus können Sie einen Rap oder einen Song machen – wer weiß, was

249 Hesse 1992, S. 195:
Scherbenberg und Trümmerstätte
Ward die Welt und ward mein Leben.
Weinend möchte ich mich ergeben,
wenn ich diesen Trotz nicht hätte.
Diesen Trotz im Grunde der Seele,
Mich zu stemmen, mich zu wehren,
Diesen Glauben: was mich quäle,
Müsse sich ins Helle kehren.

am Ende dabei rauskommt. Bei Hesse hat es zum Nobelpreis geführt.

K: [Lacht]. Herr Schawohl, Sie sind echt gut. Wie war das jetzt? Langsam wird es hell bei mir…

I: …dunkel war es lang genug. Lügen weichen nun von mir, aus ist's mit dem Selbstbetrug.

K: Das kommt gut, ja, richtig gut.

I: Und dann setzen Sie das fort mit Ihrem Wandel und Ihrem Ziel, öfter ‚Nein' sagen können und mehr Klarheit über sich selbst und dann haben Sie Ihren Nummer-Eins-Hit für Ihre persönlichen Charts.

K: Oh, Mann, Herr Schawohl, Herr Schawohl.

I: Daraus können Sie was machen, W., und wenn Sie in den Charts sind und irgendeinen Preis bekommen, dann denken Sie daran, wie der Song entstanden ist.

K: Ich mach Ihnen backstage was klar, Herr Schawohl.

I: Bleiben Sie mal schön bei Ihrem ‚Öfter ‚Nein' sagen' und dadurch in Freiheit und bei Ihrer Familie – mehr Nummer eins geht dann gar nicht für Sie.

K: Da haben Sie Recht, ja.

Fallbeispiel IX

Klient: AY (21)

Urteil: Körperverletzung; Raub

Ziel: Innerlich stärker werden. Sprachlich besser werden. Mehr Klarheit über mich selbst.

Interview zu Fallbeispiel IX oder: „Ich wäre ‚Ich' geblieben, wenn ich eher an die Religion geglaubt hätte."

I: A., wenn Sie Ihr Ziel vom Anfang des Trainings, ‚Innerlich stärker werden. Sprachlich besser werden. Mehr Klarheit über mich selbst', heute betrachten: Zu welchem Ergebnis kommen Sie, inwieweit Sie dieses Ziel erreicht haben, wenn Sie das in Prozentzahlen angeben würden?

K: Oh, innerlich stärker bin ich auf jeden Fall geworden, aber da fehlt noch einiges, also sechzig Prozent hab ich da so. Sprachlich muss ich immer noch viel lernen, da fehlt noch eine ganze Menge, also vielleicht auch so fünfzig bis sechzig Prozent kann ich sagen. Mehr Klarheit hab ich auf jeden Fall bekommen – da denke ich, bin ich so gut bei achtzig oder sogar neunzig Prozent angekommen.

I: Sind Sie mit diesem Ergebnis zufrieden?

K: Ich kann mich auf jeden Fall immer noch verbessern, da kann ich noch nicht wirklich zufrieden sein mit mir.

I: Was beinhalten denn die sechzig Prozent, die Sie sich für das ‚innerlich-stärker-Werden' geben?

K: Ich darf mich nicht so von anderen mitreißen lassen, wenn ich mit denen unterwegs bin. Ich weiß ja, dass ich dann auch Probleme bekomme mit der Polizei, wenn ich auch dabei bin.

I: Wobei Sie ja bei einem der Termine gesagt haben, dass Sie mit diesen Jungs gar nicht mehr unterwegs sind, sondern eigentlich nur noch mit Ihrem Bruder.

K: Das stimmt, das ist jetzt auch nicht mehr so wie früher. Das hat aber auch damit zu tun, dass ich jetzt weniger kiffe als früher. Wenn ich mit denen unterwegs war, wurde ja immer gekifft eigentlich – das war ja auch mit ein Grund, warum man sich überhaupt mit diesen Leuten getroffen hat.

I: Kifferfreunde.

K: Das kann man wirklich so sagen, ja. Es ging ja immer nur darum, dass man zusammen geraucht hat, also passt das schon, wenn man das als ‚Kifferfreunde‘ bezeichnet, ja.

I: Die Kontakte mit diesen Leuten sind ja nun weniger geworden, sagen Sie, weil Sie weniger kiffen – was müssen oder was wollen Sie innerlich noch an Stärke hinzugewinnen?

K: Ich will auf jeden Fall noch stabiler werden, so, dass ich mir zu hundert Prozent sicher sein kann, dass mein Weg der richtige ist.

I: Auf was beziehen Sie das, A.?

K: Ich bin jetzt intensiver in die Religion reingegangen; ich denke mehr darüber nach, und ich hab dadurch jetzt noch mehr in den Glauben reingefunden, aber da bin ich noch nicht so weit, dass ich sagen kann, dass ich da zu hundert Prozent alles so mache, wie es sein soll, aber ich möchte mich da noch sicherer fühlen. Ich erkenne immer mehr, dass das der richtige Weg für mich ist.

I: Wann wären Sie denn so weit, dass Sie sagen könnten, ‚dass Sie da zu hundert Prozent alles so machen, wie es sein soll‘?

K: Wenn ich weiß, dass alles, was ich mache, mit meiner Religion übereinstimmt.

I: Wollen Sie da hundert Prozent erreichen oder wollen Sie sich da einfach nur ‚noch sicherer fühlen', wie Sie es gesagt haben?

K: Beides finde ich. Wenn ich hundertprozentig alles so mache wie es vorgeschrieben ist, dann bin ich mir ja auch sicher, dass das alles so richtig ist.

I: Wenn Sie hundertprozentig alles so machen wie es vorgeschrieben ist, dann muss das ja nicht unbedingt bedeuten, dass das für Sie auch alles richtig ist.

K: Wie meinen Sie das?

I: Soweit ich weiß, ist der Koran eine interpretative Schrift: Das, was in den Suren und Hadithen steht, kann und muss wohl interpretiert werden, und je nachdem, wer was wie welcher Koranschule folgend interpretiert, können die jeweiligen Auslegungen unterschiedlich ausfallen. Da gibt es wohl unterschiedliche Schulen mit unterschiedlichen Lehrmeinungen. Irgendwo habe ich den sinngemäßen Ausspruch gelesen, dass der Koran nur eine Schrift zwischen Buchdeckeln ist, die nicht spricht, sondern die Menschen sind es, die mit ihm sprechen[250] – so ungefähr zumindest. Da ist es, glaube ich, schwer, zu hundert Prozent alles so zu machen, wie es sein soll – verstehen Sie, wie ich das meine?

K: Ja, jetzt habe ich das verstanden und das stimmt. Das ist ja sowieso schon schwer, sich an alles zu halten, was da vorgegeben

---

250 „Der Koran ist eine Schrift zwischen zwei Buchdeckeln die nicht spricht; es sind die Menschen, die mit ihm sprechen" (zit. n.: Kermani 2009, S. 108)

ist. Ich glaube, das kann man auch gar nicht alles zu hundert Prozent so schaffen, dass man keine Fehler dabei macht.

I: Auch da ist dann ja wieder die Frage, ob es sich denn überhaupt um einen Fehler handeln würde. Vielleicht sagt der eine Gelehrte, es wäre ein Fehler, und ein anderer Gelehrter sagt, nichts daran ist falsch – je nachdem.

K: Das kann auch sein, ja. Das macht das Ganze ja dann noch komplizierter, finde ich.

I: Bietet Ihnen diese Möglichkeit der unterschiedlichen Auslegungen denn eher Sicherheit oder verunsichert Sie diese Mehrzahl an Möglichkeiten?

K: Das ist wirklich eine gute Frage. Das weiß ich ehrlich gesagt gar nicht so richtig, was ich dazu sagen soll.

I: Das ist ja auch nicht einfach.

K: Gar nicht.

I: Woran orientieren Sie sich denn, wenn Sie im Koran lesen und dann eventuell Fragen für Sie auftreten?

K: Ich rede mit meinem Vater, weil der den Koran auf Arabisch liest und dadurch mehr davon versteht als ich.

I: Sie lesen den Koran auf Deutsch?

K: Ja, ich muss den auf Deutsch lesen, weil ich sonst gar nichts verstehen könnte, was da überhaupt steht.

I: Kommt es oft vor, dass Sie Ihren Vater fragen müssen, weil Sie etwas nicht richtig verstehen?

K: Nicht so oft, aber mein Vater fragt mich dann auch eher, ob ich alles richtig verstanden habe oder ob ich Fragen habe.

I: Vater-Sohn-Gespräche sozusagen.

K: Dann reden wir wirklich viel miteinander, ja.

I: Hat sich Ihr Verhältnis zu Ihrem Vater geändert, seitdem Sie sich intensiver mit der Religion beschäftigen?

K: Auf jeden Fall: Wir gehen jetzt erwachsener miteinander um, finde ich. Er redet auch ganz anders mit mir, wenn wir über solche Themen sprechen. Ich glaube, mein Vater respektiert mich viel mehr als früher.

I: Wie kommen Sie darauf?

K: Ich finde, er redet jetzt mehr so wie ein Mann mit mir, also mehr als Mann, dass er mich auch als richtigen Mann sieht, meine ich, und nicht einfach nur als seinen Sohn, der noch so ein kleines Kind ist.

I: Wenn es für Sie Unsicherheiten oder Fragen gibt, wie etwas zu interpretieren ist und Sie dann Ihren Vater fragen – gibt es da dann auch Interpretationen oder Auskünfte von Ihrem Vater, die Sie als Erklärung nicht verstehen oder nachvollziehen können?

K: Manchmal kommt das vielleicht vor, aber ich höre mir das dann auf jeden Fall erst einmal alles an und überlege mir dann danach, wie er das gemeint hat. Mein Vater hat sich das ja auch alles selbst beigebracht – der ist ja auch gar nicht zur Schule gegangen damals, also musste er das ja alles von alleine lernen. Ich glaube, er hat auch nie was anderes gelesen als den Koran, aber dafür kennt er den auch in- und auswendig, habe ich das Gefühl.

I: Wie gehen Sie denn damit um, wenn Ihr Vater Ihnen eine Stelle aus dem Koran so interpretiert, dass Sie damit nicht wirklich weiterkommen, weil Ihre Vorstellung eine ganz andere ist?

K: Ich überlege mir dann, ob das, was mein Vater gesagt hat, vielleicht besser passt als das, was ich vermutet habe.

I: Kommt es denn vor, dass Sie nicht davon überzeugt sind, was Ihr Vater Ihnen erklärt oder interpretiert hat?

K: Das kommt schon mal vor, ja. Aber dann muss ich eben warten, bis ein Moment kommt, in dem ich das vielleicht besser verstehe oder mir auch selbst erklären kann, was damit gemeint sein könnte.

I: Sie lassen sich also schon die Möglichkeit offen, dass die Erklärung Ihres Vaters eventuell nicht zutreffend sein könnte oder dass eine andere Interpretation möglich sein könnte?

K: Ja, das muss ja manchmal auch so sein, weil mein Vater ja eben auch alles nur dadurch weiß, dass er sein Leben lang nur den Koran gelesen hat – was anderes kennt er ja gar nicht.

I: Immerhin erlauben Sie sich, Ihre eigenen Gedanken und Ideen zuzulassen – das gibt und lässt Ihnen Freiräume für eigene Vorstellungen und Möglichkeiten.

K: Ich beschäftige mich auch viel damit, dass ich verstehen will, wie ich mich jetzt verhalten soll, damit ich möglichst alles richtig mache und keine Fehler mehr passieren.

I: Welche ‚Fehler‘ sollen Ihnen denn zukünftig nicht ‚mehr passieren‘?

K: Auf jeden Fall wird schon mal weniger gekifft, und Alkohol ist auch nicht mehr so viel wie früher. Ich muss sehen, dass ich diesen Weg so weitergehe wie jetzt.

I: Verstehe ich Sie richtig, dass die Begriffe Fehler und Sünde für Sie gleichbedeutend sind?

K: Ein Fehler ist ja auch immer eine Sünde, ja.

I: Ist ein Fehler wirklich immer eine Sünde oder ist eine Sünde immer ein Fehler?

K: Oh, wieder so ein schwere Frage. Wenn ich eine Sünde begehe, ist das auf jeden Fall schon mal ein Fehler, weil ich dann ja irgendwas falsch gemacht haben muss. Aber es muss ja nicht jeder Fehler, der einem passiert, auch sofort eine Sünde sein – das geht ja auch gar nicht, sonst würde man ja am Tag andauernd irgendwelche Sünden begehen, weil man ja immerzu irgendeinen kleinen Fehler macht. Das kann ja gar nicht immer Sünde sein dann. Aber da ist schon oft der Gedanke bei mir: Du machst Sünde: Kiffen, Rauchen und so.

I: Sie hatten ja während des Trainings erwähnt, dass Sie von den möglichen Sünden bisher einige begangen haben. Dabei waren die Straftaten, die Sie begangen haben, aus Ihrer Sicht die am wenigsten schlimme Sünde. Ist das auch Ihre persönliche Überzeugung?

K: Die anderen Sachen, also Kiffen und Alkohol und sowas, ist auf jeden Fall schlimmer, weil das auch eindeutig so im Koran steht, dass man das nicht machen soll, weil das dem eigenen Körper schadet.

I: Vermutlich lässt sich doch auch irgendwo entnehmen, dass keine Straftaten oder wie das beschrieben und bezeichnet wird, begangen werden sollen, oder?

K: Auf jeden Fall soll man sich immer so verhalten, dass kein anderer deswegen leiden muss – das auf jeden Fall.

I: Daraus ließe sich das ja auf jeden Fall ableiten. Und ohne Straftaten wären Sie ja nun gar nicht erst hier angemeldet worden.

Was würden Sie denn annehmen, wie es sich in Zukunft mit weiteren Straftaten bei Ihnen verhält?

K: Von den Sachen, die ich früher gemacht habe [BtmG-Verstöße und damit im Zusammenhang stehende Körperverletzungsdelikte; Anm.], gibt es keine neuen Sachen – da bin ich mir ganz sicher. Und mit den Leuten von früher hab ich ja auch nicht mehr so viel zu tun – also kann da ja auch schon mal nichts mehr passieren.

I: Welche weiteren Gründe gibt es aus Ihrer Sicht, die Sie davon abhalten, ,neue Sachen', also weitere Straftaten, zu begehen?

K: Die Leute, mit denen ich nicht mehr zusammen bin, dann dass ich nicht mehr kiffe oder schon mal viel, viel weniger als früher; dann auf jeden Fall meine Tochter, weil ich ja auch nicht will, dass sie einen kriminellen Vater hat; dann wie gesagt, dass ich mich mehr mit meinem Glauben beschäftige; ich gehe wieder öfter zum Sport und meine Ausbildung ist ganz wichtig, weil ich dafür auch richtig viel lernen muss, aber das ist auch gut für mich, weil ich dann die Zeit dafür nutze und nicht wieder so wie früher mit den falschen Leuten in Kontakt komme.

I: Welche Bedeutung hat Ihr derzeitiges Verhältnis zu Ihrer Familie?

K: Das ist auf jeden Fall auch viel besser geworden seitdem ich nicht mehr so viel kiffe und nicht mehr mit den Leuten von früher zusammen bin. Das läuft richtig gut – die lieben mich und ich liebe die. Ich versuche auch, dass ich auf meine Brüder einen guten Einfluss nehmen kann.

I: Inwiefern?

K: So, dass die auf jeden Fall zur Schule gehen und auch nicht so in Kontakt mit den falschen Leuten kommen, damit die nicht auch so diesen Ärger mit der Polizei bekommen wie ich früher. Ich will auch nicht, dass meine Eltern das alles noch ein zweites Mal mitmachen müssen – das haben die nicht verdient.

I: Da gibt es ja einige Faktoren, die im Moment eine gute Wirkung auf Sie haben: Keine negativen Kontakte, weniger Cannabiskonsum, Ihre Vaterrolle, der Glaube, die Ausbildung, der Sport und das Verhältnis zu Ihrer Familie – da sind neben dem Glauben also noch einige andere wichtige Faktoren.

K: Ja, die Beschäftigung mit dem Glauben ist ja auch nicht so, dass ich jetzt gar nichts anderes mehr mache, aber ich beschäftige mich eben ausführlicher damit als früher.

I: Ein Grund von mehreren Gründen, die Ihnen momentan gut tun.

K: Genau.

I: Und ein paar menschliche Schwächen haben Sie sich ja auch bewahrt.

K: Kann man so sagen, ja, aber ich finde es auch schwer, wenn man auf alles verzichten würde – manchmal geht das auch gar nicht anders, finde ich.

I: Sie müssen das gar nicht rechtfertigen, A., das passt schon.

K: Danke.

I: Wie gesagt: passt schon. Sie erinnern sich vermutlich an die Karten mit den Aussagen.

K: Ja, genau.

I: Da gab es die Aussage ‚Es gibt mir ein gutes Gefühl, dass Leute Angst vor mir haben‘. Ihre Antwort war: ‚Stimmt nicht, weil ich erkannt habe, dass ich lieber möchte, dass die Leute mich respektieren‘. Und dann kam noch eine Anmerkung von Ihnen, die auch zu dem Erwachsenwerden passt: ‚Das ist so Kleinkinderdenken‘.

K: Ja, so ist das auch wirklich. Heute würde ich nie mehr auf die Idee kommen, so rumzulaufen wie früher, weil das auch irgend wie peinlich wäre, finde ich. Das passt dann auch gar nicht mehr, wenn man älter wird.

I: Eine weitere Aussage war: ‚Meine Freundin darf alleine in die Disco gehen‘ – wissen Sie noch, was Sie dazu gesagt haben?

K: Das stimmt nicht, weil ich ja weiß, was da für Jungs sind, also geht das schon mal gar nicht, dass sie da alleine hingeht. Ich kenne auch kein Mädchen, das nur zum Tanzen in die Disco geht.

I: So haben Sie das vor einigen Wochen auch gesagt. Und in dem Zusammenhang haben Sie dann gesagt – mit Blick auf die Treue der Männer –: ‚Deshalb darf man ja in meiner Religion vier Frauen heiraten‘, und haben dann noch ergänzt: ‚Das ist ja auch erniedrigend für die Frau‘ – das finde ich bemerkenswert, dass Sie das so bewerten, A..

K: Ich finde, das ist so. Der Mann darf sich mehrere Frauen nehmen, und die Frau darf nur mit einem Mann zusammen sein – das ist doch nicht gerecht.

I: Sie haben ja sogar von ‚erniedrigend für die Frau‘ gesprochen – das ist ja noch eine Nuance schärfer ausgedrückt.

K: Das ist doch auch erniedrigend für die Frau, wenn sie weiß, dass es noch drei andere Frauen gibt, die sie dann mit ihrem Mann teilen muss.

I: Ich widerspreche Ihnen da gar nicht, A., allerdings glaube ich auch nicht, dass Sie mit Ihrer Ansicht beim Freitagsgebet in der Moschee Pluspunkte sammeln würden.

K: Die würden mich da rausschmeißen, wenn ich das sagen würde, aber trotzdem finde ich das für die Frauen richtig erniedrigend. Das ist ja sowieso so, dass der Koran eigentlich die Vorteile nur für die Männer hergibt, wenn man das mal auf bestimmte Punkte hin betrachtet.

I: Sie sind da belesener und wissender als ich, A. – das könnte durchaus so sein.

K: In diesem Punkt mit dem Heiraten ist das auf jeden Fall so.

I: Sie wissen, dass Religion nicht meine Welt ist, wobei ich Ihnen ja gesagt habe, dass es nicht verkehrt ist, wenn Sie sich zu einigen Punkten Ihren eigenen Kopf machen und sich eine eigene Meinung und eventuell auch Widerspruch erlauben.

K: Das geht manchmal auch gar nicht anders.

I: Wir hatten ja auch bei einigen Wochenrückblicken diese Fragestellung, wenn Sie erzählt haben, dass Sie mit Ihrem Bruder und zwei Freundinnen auf dem Kiez zum Feiern gewesen sind – das eine schließt für Sie das andere eben nicht aus.

K: Nein, das wäre ja für mich auch nicht gut.

I: Sehen Sie – diese Prise Menschlichkeit scheint für Sie auch richtig und wichtig zu sein.

K: Es muss auch nicht alles verboten sein, finde ich.

I: Wobei wir wieder bei dem Faktor ‚Interpretation' sind, und Sie erlauben sich neben den Interpretationen anderer Leute auch Ihre eigenen – und so passt es dann im Moment für Sie.

K: Ich muss sagen, dass mir das auch jedes Mal hilft, wenn wir hier über solche Sachen sprechen. Mit meinem Vater will ich so bestimmte Themen auch gar nicht besprechen, weil ich gar nicht möchte, dass ihm das vielleicht peinlich sein könnte. Hier kann man dann doch einfacher reden, weil Sie das einfach besser verstehen als mein Vater.

I: Möglicherweise habe ich in manchen Punkten eine andere Sichtweise als Ihr Vater.

K: Auf jeden Fall. Weil mein Vater ja auch gar nicht so wirklich vertraut ist mit dem Leben wie es hier geführt wird. Der hat ja auch gar nicht viel mit anderen Menschen zu tun und weiß auch viele Sachen einfach gar nicht. Das ist ja auch so, dass wir ihm immer helfen müssen, wenn irgendwelche Post von Behörden oder so kommt, weil er das gar nicht richtig versteht, was die überhaupt wollen. Ich glaube, deshalb lässt er mich und meine Brüder bei bestimmten Sachen auch einfach in Ruhe.

I: Was ja auch eine Art Verständnis sein kann, ohne das es gleichbedeutend mit Zustimmung sein muss.

K: Das stimmt, vielleicht ist das auch so, und deshalb spricht mein Vater bestimmte Sachen auch gar nicht erst an.

I: Und Sie wiederum auch nicht – was ja auch durchaus etwas mit beiderseitigem Respekt zu tun haben könnte.

K: Das stimmt, ja.

I: Auch hier trifft dann ja der Satz zu: Respekt ist keine Einbahnstraße.
K: Respekt ist keine Einbahnstraße, genau – das passt sogar sehr gut.
I: Respekt passt in der Regel immer.

K: Aber hier passt der Satz auf jeden Fall.

I: Und Sie tragen etwas dazu bei, dass er passt, A. – ohne Ihr Zutun würde der Satz hier gar nicht zur Geltung kommen.

K: Danke.

I: Gerne. Noch einmal zurück zu den Aussagekarten: 'Wer eine Waffe bei sich trägt, benutzt sie auch' – da haben Sie gesagt: ‚Stimmt – das kann ich so sagen, weil ich das selbst oft so erlebt habe'. Und dann haben Sie auf Nachfrage gesagt, dass Sie das sozusagen von beiden Seiten kennen, also dass Sie andere mit einer Waffe bedroht haben und dass Sie mit einer Waffe bedroht worden sind. Und dann haben Sie ergänzt: ‚Zum Glück ist nie etwas passiert – da hätte ja auch jemand sterben können, aber daran denkt man in so einer Situation gar nicht. Aber deshalb sag ich meinen Brüdern auch immer, sie sollen gar nicht erst damit anfangen, weil das zu gefährlich ist'.

K: Ja, genau. Die sollen ihre Schule machen und sehen, dass sie dann eine Ausbildung und einen guten Beruf haben. Die müssen nicht diesen Umweg machen, so wie bei das mir gewesen ist. Die sollen den geraden Wege gehen.

I: Wann ist Ihnen denn klar geworden, dass das mit den Waffen und so wie Sie den Weg gegangen sind ‚zu gefährlich ist'?

K: Eigentlich hab ich das immer gewusst, aber ich hab das nie so gesehen, dass das für mich irgendwie mal gefährlich sein könnte, weil ich eigentlich immer wusste, mit wem ich es zu tun habe, weil ich die meisten Leute ja auch kannte. Das war nur ganz selten, dass man da mal mit jemandem eine Auseinandersetzung hatte.

I: Bis auf das eine Mal, als scharf geschossen wurde – damit haben Sie in dem Moment auch nicht gerechnet.

K: Das stimmt, aber dazu muss ich sagen, dass der Typ auch echt verrückt ist. Den nennen alle auch nur ‚Psycho‘, weil der eigentlich immer völlig stoned ist und gar nichts mehr versteht, was um ihn herum passiert – der ist völlig durch.

I: Und der hätte beinahe Ihr Leben beendet – kein schöner Abgang von der Erde.

K: Danach hab ich mir ja auch gesagt, dass ich damit aufhören muss [meint: Verkauf von Drogen; Anm.], weil ich das auch nicht noch mal erleben wollte. Und das lohnt ja auch nicht wirklich, wenn man sich das mal richtig überlegt. Was hat man denn davon, wenn man sich das mal genau überlegt? Das bringt nur Probleme und vielleicht sogar Knast, wenn man das übertreibt – das hat man ja gesehen bei den vier Abschnitten mit den Vor- und Nachteilen [meint: Arbeit mit der Vier-Felder-Matrix; Anm.].

I: Das stimmt. Das Ganze ist nicht ohne Risiko und irgendwie hat sich das für Sie nicht wirklich gerechnet.

K: Überhaupt nicht. Eigentlich war das nur ein großes Minus, wenn man das mal ehrlich sagen will.

I: Die Vorteile ohne das Verticken haben wir ja vorhin schon erwähnt. Bauen Sie die mal weiter aus – das passt besser zu Ihnen, A..

K: Danke, auch dafür, dass Sie mir dabei geholfen haben. Dadurch ist mir das alles auch viel deutlicher geworden und ich konnte die Zusammenhänge viel besser verstehen. Alleine kommt man auch gar nicht auf solche Fragen wie hier, finde ich – da muss man mit jemandem reden, um das überhaupt richtig verstehen zu können.

I: Die Fragen würden Sie sich eventuell sogar stellen können – vermutlich wäre es mit den Antworten etwas schwieriger.

K: Ja, so meinte ich das auch, genau. Auf jeden Fall hat mir das hier geholfen. Und ich liebe mein Leben so, wie es jetzt ist. Ohne Kiffen, ohne Kriminalität – genau so.

I: Dann machen Sie was daraus, A., und bewahren Sie sich dabei diese Prise Menschlichkeit – gutes Gelingen.

K: Danke, danke.

Fallbeispiel X

Klient: SC (19)

Urteil: Körperverletzung; Nötigung

Ziel: Ich will meine Aggressionen besser kontrollieren. Ich will mehr für mich verstehen können, was für ein Mensch ich eigentlich bin – einfach mehr über mich wissen.

Interview zu Fallbeispiel X oder: „Man muss das auch menschlich sehen."

I: S, Sie haben zum Beginn des Einzel-AATs als Ziel formuliert: ‚Ich will meine Aggressionen besser kontrollieren. Ich will mehr für mich verstehen können, was für ein Mensch ich eigentlich bin – einfach mehr über mich wissen' – was würden Sie am Ende des Trainings sagen: Zu wieviel Prozent haben Sie diese Punkte jeweils erreicht?

K: Zu wieviel Prozent?

I: Ja. Hundert Prozent ist das Maximum.

K: Also, meine Aggressionen habe ich auf jeden Fall besser unter Kontrolle jetzt – da würde ich sagen, bin ich schon so bei achtzig bis neunzig Prozent. Mit dem zweiten Teil bin ich eigentlich auf jeden Fall auch voran gekommen, würde ich sagen, also auch so bei siebzig, fünfundsiebzig, achtzig Prozent so.

I: Hätten Sie das so erwartet, dass Sie dieses Ziel mit diesen Werten erreichen?

K: Das weiß ich gar nicht so genau. Ich glaube, am Anfang konnte ich mir das gar nicht so vorstellen, wo ich da am Ende ankomme für mich. Also so gesehen, bin ich da schon ganz zufrieden mit mir. Oder finden Sie, dass das jetzt ein schlechtes Ergebnis ist?

I: Gar nicht. Aggressionen zu achtzig bis neunzig Prozent besser kontrollieren können, ist in jedem Falle ein gutes Ergebnis. Und wenn ich Sie richtig verstanden habe, sind in den Wochen während des Trainings auch keine weiteren Kontrollverluste aufgetreten – insofern ist das richtig gut.

K: Da hat es auch nichts mehr gegeben. Es gab ja auch gar keine Gründe, dass da etwas hätte passieren können.

I: Wie sind diese Gründe denn damals zustandegekommen?

K: Sie meinen, wieso ich überhaupt hierher musste?

I: Meinetwegen auch so. Irgendwelche Gründe oder Anlässe oder Situationen muss es ja gegeben haben, dass Sie die Körperverletzungsdelikte begangen haben.

K: Ja, natürlich – da war ja immer irgendwie was, dass man gar nicht anders konnte oder jedenfalls gedacht hat, das geht jetzt gar nicht mehr ohne Fetze. Aber ich muss auch sagen, dass ich das schon auch darauf angelegt habe, dass sich so eine Situation ergeben hat, damit ich zuschlagen konnte.

I: Zum Beispiel?

K: Ja, diese Sache, die Sie ja auch in dem Urteil gelesen haben. Das war eigentlich völlig unnötig und albern irgendwie, aber damals war ich auch noch so, dass ich gedacht habe: Egal, wenn' s sein muss, muss es eben sein. Dabei stimmt das ja auch eigentlich gar nicht so, weil es ja eben gar nicht sein musste, sondern eher sein sollte – so muss ich das sagen.

I: Können Sie sagen, welche Gründe es damals für Sie gab, dass es ‚sein sollte‘?

K: Alles nur alberne Gründe eigentlich: Man wollte sich einfach
fetzen, weil man zeigen wollte, was man so drauf hat; man wollte
sich beweisen; man hat seinen Jungs geholfen, wenn die irgendwo
Stress hatten; oder man war sauer oder hatte einfach irgendwie
Wut auf jemanden – also gar nichts, was so richtig dafür spricht,
dass man da eine Schlägerei starten musste.

I: Wie Sie es gesagt haben: ‚Musste nicht sein, sollte eher sein‘.

K: Das hört sich doch total krank an, oder?

I: Inwiefern?

K: Na ja, wenn man sich das mal richtig überlegt, wenn man
darüber nachdenkt so, dann war das doch alles nur albern eigentlich. Es gab ja eigentlich nie so den einen richtigen Grund, bei
dem man hätte sagen können: Jetzt bleibt mir nur noch diese eine
Wahl – man hätte immer ‚Nein‘ sagen können.

I: Das sagen Sie heute. Damals haben Sie sich für ‚Ja‘ entschieden.

K: Ja, aber damals war ich auch anders. Heute kann mir sowas
gar nicht mehr passieren.

I: Da wird der aufmerksame Zuhörer natürlich neugierig, wie Sie
das begründen.

K: Mir wäre das heute einfach peinlich. Ich will meine Schule gut
abschließen und nicht im Gefängnis meine Zeit auf unnötig verbringen. Obwohl Gefängnis hier in Deutschland ja Luxus ist,
verglichen mit meinem Land [Elfenbeinküste; Anm.] – da wäre
das die Hölle, aber deshalb will ich trotzdem nicht meine Freiheit
riskieren.

I: Das war ja auch einer der entscheidenden Gründe, die Sie genannt hatten bei der Fragestellung ‚Was fehlt im Knast am

meisten?' Da ist Ihnen ja eine ganze Menge eingefallen, und ,Freiheit' mit all den Punkten, die sich daraus ergeben, war ja ganz oben dabei.

K: Daran kann man doch schon wieder sehen, wie albern das eigentlich ist, wenn man sich nur wegen so Kindersachen die Freiheit nehmen lässt – albern und unnötig.

I: Die Einsicht des Neunzehnjährigen, der dem Sechzehn-, Siebzehnjährigen eben zwei bis drei Jahre mehr Lebenserfahrung voraus hat.

K: Sowas kann man eigentlich auch schon als Zwölfjähriger verstehen, finde ich.

I: Da wäre der Zwölfjähriger Ihnen als Siebzehnjähriger aber um einiges an Vernunft oder Einsicht voraus gewesen, S..

K: Das stimmt auch wieder, aber damals war ich eben noch so peinlich und kindisch unterwegs. Das hat sich eben erst im Laufe der letzten ein, zwei, drei Jahre ergeben, dass ich das anders sehe.

I: Wie würden Sie diese nunmehr andere Sichtweise erklären?

K: Ich bin, ja, wie soll sagen, ich bin vernünftiger geworden, so dass ich viele Sachen jetzt auch einfach besser verstehe als früher. Man lernt ja auch jeden Tag eigentlich was Neues dazu, wenn man sich bemüht.

I: Um was bemühen Sie sich denn so in Ihren täglichen Lernerfahrungen?

K: Dass ich jeden Tag vielleicht ein bisschen mehr an Weisheit bekomme, damit ich immer mehr und besser verstehen kann, worauf es eigentlich ankommt.

I: Das könnte ein durchaus gehaltvoller Satz sein. Wenn Sie in Ihrem Alter bereits bewusst die ersten der wohl zahllosen Stufen der Weisheit erklimmen, werden Sie zum Ende Ihres Lebens vermutlich über eine Menge an Weisheit verfügen können.

K: Ich meinte das jetzt so, dass ich mir einfach mehr bewusst darüber bin, was ich überhaupt mache und welche Folgen das dann hat, was ich mache – auch für andere.

I: Was haben Sie denn bisher an Erkenntnis darüber gewinnen können, ‚worauf es eigentlich ankommt‘?

K: Da gibt es jetzt gar nicht so die genauen Beispiele, was ich dazu sagen könnte, aber ich achte jetzt schon mehr darauf, dass ich eben nicht immer nur so für den Moment gerade entscheide, worauf ich gerade Lust habe oder was mir für ein paar Minuten Spaß machen könnte, sondern ich überlege einfach mehr und mach nicht mehr so viele Sachen auf spontan – ich weiß jetzt im Moment gar nicht, wie ich das anders erklären kann.

I: Da wird ja schon eine Richtung erkennbar – sortieren wir das noch mal ein klein wenig. Was wäre denn zum Beispiel so ein Moment, bei dem Sie vor dieser neu gewonnenen Einsicht auf spontan gesagt hätten: ‚Das mach ich jetzt, weil ich da ganz spontan Lust zu habe – egal, was andere darüber denken oder welche Folgen das hat‘?

K: Ja, zum Beispiel auch so irgendwelche Aktionen mit meinen Jungs – wenn da einer gesagt hat: ‚Lass mal die Mädels da klarmachen‘, dann haben wir uns das irgendwie organisiert und dann haben wir versucht, da unseren Spaß zu haben; oder wenn irgendwo Party war, dann sind wir da auch hin, egal, ob am nächsten Tag Schule oder sonst was gewesen ist – das hat uns dann gar nicht interessiert. Heute würde ich sagen: ‚Geht nicht

260

bro', weil ich am nächsten Tag zur Schule muss', also wird während der Woche nicht so gefeiert.

I: Das wäre dann ein Beispiel für das, was Sie vorhin als bewusstes Handeln bezeichnet haben?

K: Ja, sowas zum Beispiel. Oder auch, das ich jetzt viel weniger kiffe als früher. Und wenn ich jetzt kiffe, dann auch nur am Wochenende.

I: Früher war tägliches Kiffen angesagt?

K: Ich war leidenschaftlicher Kiffer – da gab es nicht einen Tag in der Woche, an dem nicht geraucht wurde. Das war schon nicht mehr normal, was wir uns da angetan haben.

I: Was hat da für Sie zu der Erkenntnis oder zum Entschluss geführt, dass einzustellen oder zumindest zu reduzieren?

K: Weil ich gemerkt habe, dass ich so gut wie gar nichts mehr auf die Reihe bekommen habe. Die wollten mich ja auch von der Schule schmeißen, weil ich so viele Fehlzeiten hatte. Da war eine Lehrerin, die sich richtig für mich eingesetzt hat – ohne die wäre ich sonst geflogen. Die hat es echt gut mit mir gemeint.

I: Das hört sich allerdings auch so an, als dass Sie verstanden hätten, dass Ihnen da eine Chance gegeben wird, die nicht allzu oft wiederkehren würde.

K: Das war für die Schule sozusagen meine letzte Chance, weil ich sonst gar keinen Schulplatz bekommen hätte – also vom Ding her hätten die mir keinen Platz mehr geben müssen.

I: Weil Sie die Schulpflichtjahre voll hatten

K: Genau. Das haben die mir auch gesagt: Wenn wir wollen, können wir Dich sofort von der Schule nehmen und dann kannst Du selbst sehen, wie Du zurechtkommst. Nur diese eine Lehrerin hat sich immer wieder für mich eingesetzt.

I: Die scheint Ihr Potential geahnt zu haben.

K: Die hat mir immer wieder gesagt: ‚Du kannst das schaffen. Wenn Du Dir richtig Mühe gibst, kannst Du sogar viel mehr als nur Deinen ESA [meint: Ersten Schulabschluss; Anm.] schaffen.‘ Die hat nicht locker gelassen. Zum Glück, muss ich sagen, sonst wär’s das gewesen mit der Schule.

I: Aus Ihrem Elternhaus gab es keinerlei solche Unterstützung?

K: Meine Mutter hat das auch immer versucht, aber da muss ich ehrlicherweise sagen, dass mich das dann überhaupt nicht interessiert hat, weil wir sowieso andauernd nur Stress hatten und wir dann manchmal tagelang nicht miteinander geredet haben.

I: Hat sich das im Laufe der Zeit entspannt oder sonstwie geändert?

K: Das ist dadurch entspannter geworden, dass ich dann ja in eine Jugendwohnung gegangen bin. Seitdem ist das auf jeden Fall besser geworden. Eigentlich verstehen wir uns seitdem richtig gut, kann man sagen.

I: Annäherung durch Distanz.

K: So ungefähr, ja. Wir nerven uns eben gegenseitig nicht mehr so. Das ist auf jeden Fall besser so für uns beide.

I: Noch einmal zu Ihrem Zugewinn an Erkenntnis oder Einsicht: Würden Sie das Nutzen dieser Chance, die Ihnen die Lehrerin ja geradezu aufgenötigt hat, auch dieser zunehmenden Einsicht oder Vernunft zuschreiben?

K: Ich denke schon, ja. Weil ich sonst ja vielleicht gar nicht darauf eingegangen wäre, sondern vielleicht sogar gesagt hätte: ‚Jetzt nerven Sie mal nicht so. Das geht Sie doch auch gar nichts an, was ich mit meinem Leben anfange‘ – so auf diesen. Aber zum Glück ist das anders gekommen.

I: Welchen Schulabschluss wollen Sie versuchen?

K: Auf jeden Fall Real, und dann mal sehen, ob ich mein Fachabi versuche.

I: Versuchen Sie's. Kommen wir auf einige Inhalte des Trainings zu sprechen. Bei den Aussagekarten, mit denen wir hier gearbeitet haben, ist die Karte mit der Aussage 'Mit Gewalt kann man sich Respekt verschaffen' dabei gewesen – erinnern Sie sich?

K: Na klar.

I: Erinnern Sie sich auch noch in etwa daran, was Sie dazu gesagt haben?

K: Ich glaube, ich habe das so gesagt, dass das schon stimmt, aber dass dieser Respekt dann eben doch eher Angst ist und der dann nicht so richtig zählt, weil der eigentlich nichts wert ist. Angst bedeutet ja nicht, dass der Andere Respekt vor mir hat.

I: Gut erinnert. Und dann haben Sie in diesem Zusammenhang noch darauf hingewiesen, dass Ihnen damals immer Sachen Spaß gemacht haben, „die mir einen ‚Turn‘ geben“. Was war denn damals so ein ‚Turn‘ für Sie?

K: Oh, das waren eigentlich meistens so Sachen, die nur wir komisch oder lustig gefunden haben – also auch wieder nur so peinliche Kinderaktionen.

I: Damals waren diese ‚peinlichen Kinderaktionen‘, die Sachen, die Ihnen den ‚Turn gegeben‘ haben.

K: Ich weiß, damals war das auch so.

I: Was zum Beispiel?

K: So, als wir zum Beispiel einmal mit einigen Leuten im [Freizeitbad] gewesen sind und da waren ein paar richtig süße Mädchen, aber wirklich richtig süß, Herr Schawohl, das können Sie mir glauben – die wollten wir uns klarmachen und sind dann zu denen hin, obwohl die mit ihren Freunden da waren.

I: Das wird jetzt vermutlich was aus der Reihe ‚Sie flirten auf eigenes Risiko‘.

K: So ungefähr. Jedenfalls sind dann die anderen Jungs von denen gekommen und haben sich bei uns versammelt und haben da voll Palaver veranstaltet und Faxen gemacht.

I: Und was ist dann letztendlich passiert?

K: Die Mädchen haben dann gesagt, dass wir sie angraben wollten …

I: …was ja auch nicht falsch ist: ‚Die wollten wir uns klarmachen‘, ist Ihre Formulierung gewesen.

K: Ja, aber wir haben ja eigentlich noch gar nichts gemacht, weil die Jungs ja sofort da waren. Und dann waren da gleich zwei Leute von der Security und die haben dann zu uns gesagt, dass wir raus müssen und im [Freizeitbad] jetzt Hausverbot haben.

I: Der ‚Turn‘ wäre der Erfolg bei den Mädchen gewesen, obwohl oder gerade weil die mit ihren Freunden da waren – das habe ich verstanden. Allerdings vermute ich, dass die Situation nicht ganz so ohne weitere Auseinandersetzungen abgelaufen ist, wenn die Security-Leute da auflaufen.

K: Na ja, das ist dann schon vorher noch ein bisschen lauter geworden, weil die Jungs auf uns los wollten.

I: S., Sie wissen doch, dass die Wahrscheinlichkeit groß ist, dass
ich nun frage, weshalb die ‚Jungs auf sie los wollten‘?

K: Ja, weil die nicht damit einverstanden waren, dass wir zu den
Mädchen hin sind und die angesprochen haben.

I: ‚Angesprochen haben‘ bedeutet ja nun vermutlich nicht, dass
Sie mit ausgefeilter Höflichkeit Komplimente verteilt haben.

K: Wohl nicht so. Das war dann ja auch wieder so auf dumm,
muss man ehrlich sagen. Wir haben ganz direkt gefragt, ob die
Lust hätten, mit uns in die Umkleiden zu gehen, und da hat die
eine dann gleich angefangen, Theater zu machen.

I: Und an der Stelle kommen deren Freunde dazu.

K: Genau. Und dann haben die Mädchen rumgezickt und auf
Show gemacht, weil die natürlich nicht wollten, dass die Jungs
denken, dass die was von uns wollten, obwohl: Die eine von denen hätte nicht ‚Nein‘ gesagt – da bin ich mir hundertprozentig
sicher.

I: Diese Vermutung ist wahrscheinlich gut für Ihr Ego.

K: Nein, glauben Sie mir, die wäre mit uns mitgekommen.

I: Die Szene wird sich vermutlich nicht auf Reset spulen lassen;
nun sind stattdessen die Freunde und die Security angekommen.

K: Ja, aber das war ja nur, weil die anderen Mädchen da auf Belästigung und so gemacht haben.

I: Belästigung kann ich nachvollziehen, der eigentliche Knall hat
doch in Ihrer Erzählung aber immer noch nicht stattgefunden,
oder habe ich den überhört?

K: Sie meinen, ob da noch mehr passiert ist?

I: Ich meine, was denn wohl _eigentlich_ passiert ist?

K: Der eine von den Typen wollte auf uns los, weil der meinte, dass wir ihn provoziert haben – da wäre das dann beinahe eskaliert.

I: Die vermeintliche Provokation bestand worin?

K: Jetzt wird's peinlich irgendwie.

I: Für wen?

K: Von uns hat einer gesagt, dass die Mädchen bestimmt auch mal mit einem richtigen Männerschwanz ihren Spaß haben wollen, und das fand der eine nicht so witzig.

I: Das ist ja wohl auch eher Provokation als Witz, oder?

K: Na klar – wer lässt sich sowas schon gefallen – vor allem, wenn die eigene Freundin daneben steht? Ja, aber da ist dann ja auch das Personal gekommen und hat uns rausgeschmissen.

I: S., dieselbe Situation, nur umgekehrt, also dass Ihre Freundin so in irgendeinem Schwimmbad von anderen Jungs angesprochen wird, um es mal zurückhaltend auszudrücken, – wie würden Sie da reagieren?

K: Ich hätte dem anderen sofort eine gegeben. Das geht doch auch nicht, wenn die sehen, dass ich mit dabei bin. Das muss doch jedem klar sein, dass man sich dafür eine fängt.

I: Wahrscheinlich ist das auch jedem klar – mit Ausnahme von Ihnen.

K: Ja, aber das war eben so der Spaß damals.

I: Oder der ‚Turn‘.

K: Oder der Turn, ja. Aber wie gesagt, sowas passiert heute ja auch nicht mehr.

I: Mit zunehmendem Alter werden solche Aktionen doch auch zunehmend peinlicher, oder nicht?

K: Ja, natürlich.

I: Stichwort ‚peinlich‘ – bei der Karte ‘Es gibt mir ein gutes Gefühl, dass Leute Angst vor mir haben’, kam spontan Ihre Antwort: ‚Nein, stimmt nicht. Die sollen auch gar keine Angst vor mir haben, sondern Respekt. Obwohl die manchmal bestimmt auch Angst hatten damals‘. Und jetzt folgt die beinahe einsichtige Erkenntnis: ‚Aber auf eine Art ist mir das heute tatsächlich schon ein bisschen peinlich, weil ich mich ja sozusagen genauso verhalten habe, wie ich es von anderen niemals akzeptieren könnte. Das heißt ja, ich mache etwas, was ich eigentlich ablehne und womit ich gar nicht einverstanden sein kann‘.

K: Ja, das stimmt, und heute ist das ja auch so, und damals war das eigentlich auch schon so. Wenn ich mir das mal überlege, ist das doch eigentlich nur peinlich, wenn man sich wie der letzte Steinzeitmensch verhält, der meint sein Revier verteidigen zu müssen. Eigentlich unglaublich, wenn man mal ein bisschen darüber nachdenkt.

I: Und jetzt haben Sie, was das Verhalten angeht, den Sprung aus der Steinzeit in das Digitalzeitalter geschafft?

K: Das will ich mal hoffen, dass ich jetzt doch zivilisierter und sozialer rüberkomme.

I: Bei einem Blick in Ihr Urteil lässt sich nachlesen, dass Ihnen im Namen des Volkes deutlich vor Augen geführt werden müsse, ‚dass die körperliche Integrität anderer Personen zu respektieren ist'. Weiterhin hätten Sie ‚die Taten aus nichtigem Anlass begangen' und sie seien ‚völlig sinnlos' gewesen. ‚Der Angeklagte', also Sie, ‚setzt seine Interessen ohne Rücksicht auf die körperliche Integrität anderer durch und schreckt auch vor möglichen schwerwiegenden Folgen nicht zurück' – können Sie diese Ausführungen so nachvollziehen?

K: Bezogen auf die Sachen von damals muss ich zugeben, dass das im Nachhinein leider alles so stimmt. Aber damals hab' ich mir darüber gar keinen Kopf gemacht. Das gehört dann auch zu diesen ‚Peinlich-Aktionen'.

I: Wenn in dem Urteil von ‚völlig sinnlos' gesprochen wird und Sie heute von ‚diesen Peinlich Aktionen' sprechen – erinnern Sie, welchen Sinn die Taten damals hatten?

K: Auf jeden Fall nichts, was ich irgendwie als guten Grund angeben könnte, da fällt mir nichts ein – leider. Das war so auf doof und eben sich beweisen müssen und so auch einfach, weil man Bock darauf hatte.

I: Das sind ja zumindest zwei Gründe – unabhängig davon, ob die sinnvoll sind, aber damals haben sie dem Ganzen einen Sinn gegeben. Und an einer Stelle des Urteils heißt es ja tatsächlich, es hätte Ihrerseits eine gewisse ‚Lust am Konflikt' gegeben, also ist zumindest der Eindruck entstanden, dass Sie es auf Stress angelegt hätten

K: Das stimmt wohl auch, leider, ja.

I: Solche peinlichen Aktionen finden bei Ihnen heute nicht mehr statt?

K: Ich bitte Sie – das wäre dann ja wohl nur noch peinlich, oder finden Sie nicht?

I: Können diese Augen lügen, S.? Wie begründen Sie Ihre diesbezügliche heutige Sicherheit?

K: Was soll mir das bringen, Herr Schawohl? Wir haben doch die Vorteile und Nachteile alle aufgeschrieben, die es gibt, wenn ich da nichts ändern würde (meint: Arbeit mit der Vier-Felder-Matrix; Anm.], und da gab es doch gar keine Vorteile, wenn ich weiter so unterwegs sein würde, aber dafür umso mehr Nachteile. Wenn ich das jetzt nicht verstehe, verstehe ich das doch niemals mehr.

I: Wenn die Augen tatsächlich nicht lügen, klingt das ja durchaus nach der Einsicht, von der wir schon gesprochen haben beziehungsweise von einer bestimmten Stufe der Weisheit, wie Sie es genannt haben.

K: Ja, mein Weg soll jedenfalls in diese Richtung gehen, dass sowas nicht mehr stattfindet.

I: Da schwingt jetzt wieder ein bisschen die Hinwendung zum Glauben mit, oder?

K: Schon ein bisschen vielleicht, aber das passt auch so nicht.

I: Nicht mehr.

K: Nicht mehr, ja. Aber vielleicht auch, weil ich mich mehr damit auseinandersetze jetzt.

I: Bei Ihrer Hinwendung oder Ihrer Auseinandersetzung mit dem Islam gestatten Sie sich ja allerdings einige Freiräume, die doch in der Schrift so gar nicht vorgesehen sind, oder?

K: Ja, aber ich finde, dass muss auch möglich sein. Und ich bin mir sicher, dass die meisten da so ihre kleinen Ausnahmen am Laufen haben, weil das doch auch normal ist. Aber ich bin auch kein praktizierender Muslim. Ich finde, man muss das auch menschlich sehen.

I: Ein schön formulierter Satz, den ich Ihnen sofort unterschreibe, wobei meine Unterschrift an dieser Stelle wohl nicht allzu viel Bedeutung haben dürfte – Sie wissen: Vor Ihnen sitzt ein Kafir[251].

K: Alles gut, alles gut. Wenn man das jetzt alles wortwörtlich nehmen würde, würde das ja auch für mich gelten.

I: Das stimmt wohl.

K: Ja, und da würde ich ja auch nicht so gut aussehen. Aber ich finde, man kann auch gerade für junge Leute nicht alles so streng festlegen – sonst bleibt doch gar nichts mehr übrig vom schönen Leben, sag ich mal.

I: Sie meinen, würde man ,alles so streng festlegen', bliebe kein Freiraum mehr für sex and drugs and rock'n roll?

K: So ungefähr – und man will doch auch mal feiern gehen oder sich mit Mädchen und Freunden treffen, und welcher junge Mensch, vor allem welcher Junge, will darauf denn schon gerne verzichten?

I: Das wäre doch das, was als größter Dschihad bezeichnet wird, oder? Also das Ringen des Einzelnen, um zu seiner Vollkommenheit zu gelangen, also sich auch nicht einfach seinen Trieben hinzugeben – so ungefähr steht es doch im Koran, oder?

---

251 Kafir: wird im Allgemeinen mit Ungläubiger übersetzt (vgl.: Gerlach 2006, S. 251)

K: Uuuh, da sind Sie aber gut informiert, Herr Schawohl – und dabei haben Sie doch selbst gesagt, dass Sie ein Ungläubiger sind. Da erstaunen Sie mich aber jetzt richtig.

I: Ich komme nur darauf, weil Sie am Anfang davon gesprochen haben, dass Sie jeden Tag ein bisschen mehr an Weisheit gewinnen möchten und Sie jetzt davon sprechen, dass man das auch menschlich sehen müsse, und Weisheit und Menschlichkeit im Zusammenwirken – welcher vernünftige Mensch würde dagegen angehen wollen oder können?

K: Hm, das hört sich zumindest irgendwie überzeugend an, das stimmt schon.

I: Ehe wir hier ins Seminar Philosophie für Anfänger einsteigen, würde ich gerne einen Ihrer Gedanken aufgreifen, der an dieser Stelle ganz gut passt, wie ich finde: Sie erinnern sich vermutlich an die Karte mit der unsinnigen Aussage 'Schwule haben selbst Schuld', oder?

K: Ja, das weiß ich noch.

I: Dazu haben Sie gesagt: ‚Ja, irgendwo schon, weil ich finde, die sind irgendwie undankbar‘, und Ihre Begründung war: ‚Ich finde das irgendwie undankbar, wenn die Ihre Befürfnisse unter sich ausmachen oder befriedigen, wenn man das doch mit Frauen viel besser und schöner erleben kann.‘

K: Ja, das ist doch auch so, finde ich.

I: Das sieht aus der schwulen Perspektive allerdings anders aus.

K: Ja, aber das muss doch auch nicht sein. Aber Homosexualität wird langsam normal.

I: Wie meinen Sie das?

K: Wenn man sich umguckt, wo die überall unterwegs sind: In
der Politik, Musik sowieso, in der Modebranche gibt es doch keinen Designer, der nicht irgendwie schwul ist, und dann auch
dieser eine Fußballspieler – aber die meisten Schwulen haben alle
richtig viel Geld, das muss man denen lassen.

I: Also, S., wenn Sie den Zusammenhang so herstellen, wissen
Sie ja, wie Sie ganz einfach zu Wohlstand und Reichtum gelangen könnten.

K: Niemals! Niemals!

I: Sie haben damals angemerkt, Sie finden das ‚oberflächlich,
eklig und niveaulos‘.

K: Ist es ja auch.

I: Sie haben Ihre Ablehnung allerdings nicht mit Ihrem Glauben
begründet.

K: Nein, ich finde, das hat damit auch nichts zu tun – das muss
jeder für sich entscheiden. Wenn die so glücklich sind, dann sollen die glücklich werden.

I: Ein Anflug von Menschlichkeit.

K: Ja, das sind ja auch Menschen, also: Warum sollen die nicht
Ihren Spaß auf ihre Art haben, wenn sie sich damit gut fühlen?

I: Das hört sich ja beinahe zustimmend an, zumindest klingt
nicht mehr Ihre anfängliche Ablehnung durch.

K: Ich kann denen das doch auch nicht verbieten.

I: Das stimmt. Und vor allem muss das auch gar nicht verboten
werden. Sie hatten während des Trainings bei einem der Termine
gesagt: ‚Ich bin sowieso gerade in einem Loch – religiös. Man
sieht so diese Widersprüche‘ – das passt dann wieder zu Ihrer

Auffassung, dass auch etwas vom schönen Leben übrig bleiben muss?

K: Ja. Weil ich finde, man müsste als praktizierender Muslim auf zu viele Sachen verzichten, auf die man einfach nicht verzichten will, wenn man jung ist.

I: Sind Sie kein praktizierender Muslim, weil Sie noch jung sind?

K: Gute Frage, das ist echt schwierig zu sagen.

I: Oder anders gefragt: Ist es vom Alter abhängig, ob jemand den Islam praktiziert?

K: Vielleicht ist das tatsächlich so, dass es einfach einfacher ist, wenn man zumindest kein Jugendlicher ist oder in meinem Alter – da passt das einfach nicht, wenn man sich an alle Vorgaben halten soll.

I: Also muss noch etwas Zeit vergehen, ehe Sie diese Frage für sich passend beantworten können.

K: Ja, noch ist das auf jeden Fall zu früh.

I: Als letzte Karte hatten Sie: 'Ehrlich gesagt: Ich scheiß' auf mein Opfer' – dazu haben Sie gesagt: ‚Nein, weil ich ein Mensch bin; ich kann niemandem wehtun'. Laut Gerichtsurteil sind Ihre Opfer allerdings nicht alle schmerzfrei davon gekommen.

K: Das stimmt, aber das heißt ja nicht, dass ich auf die scheiß'. Die tun mir ja schon irgendwie leid. Ich hab mich bei denen ja auch entschuldigt bei Gericht.

I: Bei allen?

K: Ja, natürlich.

I: Weil Ihnen das wichtig war oder weil Ihr Anwalt meinte, das kommt gut an?

K: Hm, also schon meistens freiwillig, weil ich ja weiß, dass die sowas gerne hören.

I: Man muss Ihnen zumindest lassen, dass Sie ehrlich sind.

K: Ach so – ja, aber so ist das doch: Da muss mein Anwalt mir gar nicht sagen, dass das besser für mich ist, wenn ich sage, dass mir das leid tut.

I: Unabhängig davon, ob das stimmt?

K: Das geht doch gar nicht anders bei Gericht.

I: Da spricht jemand aus Erfahrung.

K: Na ja, schon.

I: Trotzdem: Da Sie ja ein Mensch sind: Gab es denn mal eine aufrichtige Entschuldigung von Ihnen, weil Ihnen tatsächlich eines Ihrer Opfer leidgetan hat?

K: Doch, auf jeden Fall. Bei dem hab ich mich auch richtig entschuldigt, weil der mir echt leid tat, als ich gehört habe, was dem alles passiert ist.

I: Nämlich?

K: Der hatte seinen Kiefer ausgerenkt und das musste dann wieder eingerenkt werden und das war wohl schon ziemlich schmerzhaft, kann ich mir denken. Und dabei hatte der noch Glück, weil das wohl auch fast gebrochen gewesen wäre.

I: Da sind Ihre Gedanken wohl einigermaßen zutreffend. Sekunde mal eben, bitte, dann lese ich Ihnen mal was vor zum Thema Kieferbruch, und dann werden Sie feststellen, dass es für Ihr Opfer in der Tat noch viel schlimmer hätte kommen können [Suche in Unterlagen; Anm.]. Voilà: Hier habe ich ein Urteil, bei dem durch einen Schlag – ähnlich wie bei Ihnen – der Kiefer tatsächlich zu Bruch gegangen ist, und das liest sich im Urteil so: ,Der Schlag war so kräftig geführt, dass der Treffer ein lautes Knacken verursachte und der geschädigte J. [Name des Opfers; Anm.] sofort zu Boden fiel. [...]. Infolge dieser Verletzung erlitt der Geschädigte eine Fraktur der Kiefernhöhlenvorderwand links, die operativ versorgt werden musste. Der Geschädigte erhielt während eines fünftägigen Krankenhausaufenthalts eine Metallplatte implantiert, die [später] operativ entfernt werden musste. Er war [für einen Zeitraum von sechs Wochen] krank geschrieben. Zudem [muss er] wegen einer Kieferverschiebung einen sog. Aqualizer tragen. Der Angeklagte hatte den Geschädigten durch seinen Schlag zwar verletzen wollen, das tatsächlich eingetretene Ausmaß der Verletzungen hat er aber nicht beabsichtigt. In der Hauptverhandlung entschuldigte er sich persönlich bei dem Geschädigten, der die Entschuldigung aber nicht annehmen konnte'. Können Sie nachvollziehen, dass diese Entschuldigung nicht angenommen werden konnte?

K: Ja, klar. Das ist ja eigentlich auch gar nicht zu entschuldigen, wenn man sich das mal richtig überlegt. Da reicht es ja schon, wenn man sich bloß anhört, was dem da passiert ist. Wie soll man sich für sowas entschuldigen – überlegen Sie doch mal.

I: Bei richtiger Überlegung im Vorherein käme so eine Verletzung gar nicht erst zustande, S..

K: Stimmt, da haben Sie Recht. Mir ist das ja auch wirklich bis heute richtig, richtig peinlich, was ich dem Anderen angetan habe, muss ich sagen, und was der nur wegen mir leiden musste.

I: Im Urteil heißt es dann noch: ,Die Verletzungsfolgen bei dem Geschädigten [...] waren erheblich. Vor der Anwendung massiver Gewalt schreckt der Angeklagte nicht zurück, er verfügt über ein latent vorhandenes großes Aggressionspotential'. Würden Sie eine solche Einschätzung bezogen auf Ihre Person heute noch als gültig erachten?

K: Das gar nicht mehr würde ich sagen, nein. Da ist ja auch definitiv nichts mehr gewesen, was in diese Richtung geht – ich schwör bei allem, was mir wichtig ist.

I: Das müssen Sie gar nicht. Ist die Schmerzensgeldsache eigentlich schon durch?

K: Nein, aber das kommt auf jeden Fall noch.

I: Das sei Ihnen und vor allem dem Opfer auch gegönnt.

K: Ja, muss man wohl so sagen, leider.

I: Um mal bei Ihren Worten zu bleiben: Mit dieser Tat haben Sie sich weder Respekt verschafft und sind dafür aber zu einhundert Prozent peinlich und auch ,asig' rübergekommen.

K: Auch da muss ich Ihnen leider wieder Recht geben.

I: Schon zum zweiten Mal.

K: Ja, aber dagegen kann ich ja auch wirklich nichts sagen, außer das mir das von Herzen leid tut. Wenn ich könnte, würde ich das am liebsten alles ungeschehen machen.

I: Können Sie nicht, aber Ihr zumindest früher auch vorhandenes Aggressionspotential könnten und sollten Sie deutlich reduzieren beziehungsweise auf null setzen.

K: Sowas passiert mir garantiert nie, nie wieder, niemals.

I: Halten Sie sich daran, anderenfalls würden weitere Menschen durch Sie unnötig zu Opfern werden, und für Sie wäre möglicherweise Abschiednehmen von der Freiheit angesagt – das eine wäre unverdient, das andere möglicherweise nicht.

K: Auf gar keinen Fall, niemals – hab ich ja schon gesagt.

I: Ich hätte gedacht, Sie würden mir direkt ein drittes Mal einfach nur Recht geben.

K: Stimmt, da haben Sie auch wieder mal Recht.

I: Also: Drei zu null für mich.

K: Drei zu null für Sie.

I: Ehe es möglicherweise vier zu null steht: Hat Ihnen dieses Training etwas gebracht?

K: Hundertprozentig ja, würde ich sagen. Sogar einiges.

I: Was denn zum Beispiel?

K: Also: Auf jeden Fall ist mir klar geworden, was da alles so dranhängt, also was nach so einer Straftat noch alles kommt – nicht nur so wie bei dem Opfer, was Sie in dem Urteil vorgelesen haben, aber auch für einen selbst; und ich muss sagen, dass mir auch das Reden selbst gut gefallen hat und dass mir das auf jeden Fall richtig viel gebracht hat, weil man sich schon extrem mit sich selbst beschäftigt dadurch und auch richtig viel zum Nachdenken kommt; und man bekommt so ein anderes Bewusstsein, wenn man sich so intensiv damit auseinandersetzen muss, finde ich, also so, dass man dann auch immer noch beim Rausgehen darüber nachdenkt – bei mir war das jedenfalls so, dass mein Kopf dann immer noch so seine Gedankenzündungen hatte, sag ich mal, weil das nicht sofort auf null runtergespult werden kann danach.

I: Hört sich reflektiert und reflektierend an.

K: Reflektieren – genau, das ist das richtige Wort dafür. Ich bin reflektierter geworden und dadurch eben auch bewusster, dass niemand wirklich etwas Gutes von solchen Aktionen hat.

I: Wenn dass das Ergebnis Ihrer Reflektion ist, behalten Sie das immer in Erinnerung.

K: Ja, und an das Training hier werde ich mich auch gerne erinnern. Das hat richtig Spaß gebracht und wir hatten immer gute Gespräche miteinander, finde ich jedenfalls so aus meiner Sicht – das hatte immer irgendwie Tiefgang und dadurch musste man sich schon einigermaßen anstrengen, um da auch gut mitreden zu können. Wo führt jemand wie ich denn schon mal solche Gespräche?

I: Resultiert diese Hymne jetzt aus diesen von Ihnen erwähnten Gedankenzündungen?

K: Vielleicht so, ja; aber so ungefähr war das dann jedes Mal hier für mich, ja.

I: Setzen Sie diese Gedanken entsprechend um, dann passt es. Ich schalte das Gerät dann jetzt mal aus – besser können Sie Ihr Schlusswort ja gar nicht formulieren.

K: Dann sage ich vorher noch eben schnell danke für alles, damit das dann auch noch drauf ist, bevor Sie ausschalten.

I: Ist gespeichert – und aus.

Literatur

Ahrbeck, B.: Kinder brauchen Erziehung. Die vergessene pädagogische Verantwortung. Stuttgart 2004.

Albrecht, H.-J.: Forschungen zur Implementation und Evaluation jugendstrafrechtlicher Sanktionen. In: ZJJ 3/2003, S. 224 – 233.

Albrecht, P.A./Lamnek, S.: Jugendkriminalität im Zerrbild der Statistik. München 1979.

Aman, M./Baumgärtner, M./Gude, H./Hipp, D./Hornig, F./Knobbe, M./Neukirch, R./Neumann, C./Röbel, S./Schindler, J./Schmid, F./Ulrich, A.: SEK Politik. In: Der Spiegel 2/2017, S. 10 – 17.

Amling, U.: Musik durchpulst das Universum. In: Der Tagesspiegel vom 04.03.2019, S. 19.

Backes, L./Dahlkamp, J./Diehl, J./Eberle, L./Heise, T./Meyer-Heuer, C./Ulrich, A.: Die Gangster von nebenan. In: Der Spiegel 8/2019, S. 12 – 23.

Bärsch, T./Rohde, M.: Kommunikative Deeskalation. Norderstedt 2008.

Bandura, A.: Aggressionen: eine sozial-lerntheoretische Analyse. Stuttgart 1979.

Bergmann, W.: Gute Autorität. Grundsätze einer zeitgemäßen Erziehung. München 2001.

Bicher, N.: Mut und Melancholie. Bonn 2017.

Blum, J.: Die Zauberflöte – eine Polemik. In: Journal 1/2016/2017, S. 4 – 6.

Böhnisch, L.: Abweichendes Verhalten. Eine pädagogisch-soziologische Einführung. Weinheim und München 1999.

Böckem, J.: „Ich bekomme eh Prügel". In: Die Zeit 15/2019, S. 18.

Braun, M: http://www.lettersofnote.com 24.11.2013.

Brecht, B.: Lektüre für Minuten. Auswahl und Nachwort von Günter Berg. Frankfurt am Main 1998.

Breyer, A.: Völlig losgelöst. In: Zeit Schule & Erziehung 8/2017, S. 4 – 9.

Brockschmidt, R.: Eine neue kulturelle Karte von Afrika. In: Der Tagesspiegel vom 06.03.2019, S. 25.

Buber, M.: Reden über Erziehung. Heidelberg 1953.

Burger, R.: Eine Frage des fehlenden Respekts. In: Frankfurter Allgemeine Sonntagszeitung vom 07.04.2014, S. 5.

Burger, R./Ghadban, R.: „Wir müssen die Clan-Strukturen jetzt schnell zerschlagen". In: Frankfurter Allgemeine Zeitung vom 07.04.2018, S. 4.

Cialdini, R. B.: Die Psychologie des Überzeugens. Bern 2006.

Cleven, T./Giffey, F.: „Ich beobachte den Verlust von Respekt". In: Hamburger Morgenpost vom 24.12.2018, S. 4.

Colla, H. E.: Konfrontative Pädagogik – Impulse der Glen Mills School und Chance ihrer Übertragbarkeit. In: Hörmann, G./Trapper, T. (Hrsg.): Konfrontative Pädagogik im intra- und interdisziplinären Diskurs. Baltmannsweiler 2007, S. 33 – 74.

Ders.: Glen Mills Schools. In: Colla, H. E./Scholz, C./Weidner, J. (Hrsg.): „Konfrontative Pädagogik": Das Glen Mills Experiment. Mönchengladbach 2001, S. 55 – 92.

Ders.: Personale Dimension des (sozial-)pädagogischen Könnens – der pädagogische Bezug. In: Colla, H. E./Gabriel, T./Millham, S./Müller-Teusler, S./Winkler, M. (Hrsg.): Handbuch Heimerziehung und Pflegekinderwesen in Europa. Neuwied 1999, S. 341 – 362.

Diening, D./Toprak, A.: „Konfrontation heißt: Ich mag dich". In: Der Tagesspiegel vom 15.07.2018, S. S1.

Di Lorenzo, G.: Herr Unfehlbar. In: Die Zeit 19/2019, S. 1.

Dörr, M.: Über die Verhüllung der Scham in der spätmodernen Gesellschaft und ihre Auswirkungen auf die pädagogische Praxis. In: Dörr, M./Herz, B. (Hrsg.): „Unkulturen" in Bildung und Erziehung. Wiesbaden 2010, S. 191 – 207.

Dreves, J./Neuburger, M: Brauchen wir die Respekt-Rente? In: Hamburger Morgenpost vom 06.02.2019, S. 2/3.

Droemer, R./Fraenkel, C.: „Philosophie muss bescheidener werden." In: Hohe Luft 5/2016, S. 48 – 53.

DUDEN: Die deutsche Sprache. Berlin/Mannheim/Zürich 2014.

DUDEN: Das Fremdwörterbuch. Mannheim/Zürich 2011.

DVJJ: Veranstaltungskalender 2013.

Ders.: Veranstaltungskalender 2018.

Ebert, H./Pastoors, S.: Respekt. Wie wir durch Empathie und wertschätzende Kommunikation im Leben gewinnen. Wiesbaden 2018.

Eder, S./Wehn, J./Bortot, D.: „Rap ist mehr als ein Sound". In: Frankfurter Allgemeinen Zeitung vom 16.04.2019, S. 9.

Eisenreich, R./Wilm, S.: „Er war sehr still". In: Die Zeit 17/2018, S. 2H.

Eubel, C.: Eine Frage des Respekts. In: Der Tagesspiegel vom 05.03.2019, S. 4.

Feldenkirchen, M./Heyer, J. A./Hickmann, C./Hujer, M./ Knobbe, M./Kummert, T./Medick, V./Neukirch, R./Teevs, C.: Echt jetzt? In: Der Spiegel 24/2019, S. 14 – 22.

Fischer, M./Röttger, M.: „Er bereitet sich auf ein anderes Leben vor". In: Hamburger Abendblatt Sonntags vom 11.02.2007, S. 4/5.

Flitner, A.: Konrad, sprach die Frau Mama… Über Erziehung und Nicht-Erziehung. Weinheim und Basel 2004.

Franck, N.: Praxishandbuch Kommunikative Kompetenz. Weinheim/Basel 2019.

Fröhlich, H./Hajabi, G.: „Es gab in Deutschland keine Vorbilder, die so aussahen wie ich". In: brand eins 09/2017, S. 154 – 160.

Gauck, J.: Das Eigene und das Fremde. In: Die Zeit 17/2018, S. 9.

Geissler, E. E.: Autorität. In: Flitner, A./Scheuerl, H. (Hrsg.): Einführung in pädagogisches Sehen und Denken. Weinheim und Basel 2000, S. 76 – 87.

Gerlach, C.: Zwischen Pop und Dschihad. Muslimische Jugendliche in Deutschland. Bonn 2006.

Giesecke, H.: Die pädagogische Beziehung. Weinheim und München 1999.

Ders.: Das „Ende der Erziehung". Ende oder Anfang pädagogischer Professionalisierung? In: Combe, A./Helsper, W. (Hrsg.): Pädagogische Professionalität. Untersuchungen zum Typus pädagogischen Handelns. Frankfurt am Main 1996, S. 391 – 403.

Gleißner, T.: Ein wirksamer Weg aus der Gewalt – Neue Perspektiven für Sozialarbeit, Justiz und Schule. In: Schanzenbächer, S. (Hrsg.): Gewalt ohne Ende. Freiburg im Breisgau 2004, S. 9 – 12.

Goethe, v., J. W.: Faust. Der Tragödie erster Teil. München 1984.

Gohlis, T.: Chronist der Straße. In: Die Zeit 17/2018, S. 14.

Gözübüyük, D.: Kein Respekt vor der Polizei. In: Hamburger Morgenpost vom 05.09.2017, S. 1.

Gompertz, S.: Vom guten Benehmen. In: Ehalt, H. C./Asserate, A.-W./Gompertz, S./Rabinowich, J./Röggla, K.: Höflichkeit heute. Zwischen Manieren, Korrektheit und Respekt. Wiener Vorlesungen im Rathaus, Band 175. Wien 2015, S. 30 – 40.

Gottschalch, W.: Wahrnehmen, Verstehen, Helfen. Grundlagen psychosozialen Handelns. Heidelberg 1988.

Grawe, K: Komplementäre Beziehungsgestaltung als Mittel zur Herstellung einer guten Therapiebeziehung. In: Margraf, J./Brengelmann, J. C. (Hrsg.): Die Therapeuten-Patienten-Beziehung in der Verhaltenstherapie. München 1992, S. 215 – 244.

Großekathöfer, M.: Frontalunterricht. In: Der Spiegel 5/2019, S. 58 – 63.

Günter, M.: Anlehnung und Autonomie, Kontrollbedürfnis und Risikobereitschaft, Sexualität und Gewalt. Zur Normalität und Pathologie adoleszenter Entwicklungsprozesse. In: ZJJ 1/2011, S. 15 – 24.

Hagedorn, V.: Weltruhm über Nacht. In: Die Zeit 9/2019, S. 40.

Hassemer, W.: Warum Strafe sein muss. Ein Plädoyer. Berlin 2009.

Havel, V.: Am Anfang war das Wort. Reinbek 1990.

Heilemann, M.: Chronifizierte Gewaltbereitschaft. In: Familiendynamik 3/2018, S. 212 – 221.

Heinrichs, D.: Da hab ich nur noch rot gesehen. Köln 2008.

Herz, B.: Ist die ‚Konfrontative Pädagogik‘ der Rede wert? In: Behindertenpädagogik 4/2005, S. 355 – 373.

Hertzer, K.: Was ist eine gute Therapie? In: Psychologie Heute 11/2002, S. 47 – 49.

Hestermann, T.: Von Lichtgestalten und Dunkelmännern. In: Hestermann, T. (Hrsg.): Von Lichtgestalten und Dunkelmännern. Wie die Medien über Gewalt berichten. Wiesbaden 2012, S. 15 – 24.

Hesse, H.: „Eigensinn macht Spaß". Individuation und Anpassung. Zusammengestellt von Volker Michels. Frankfurt am Main 1992.

Heuer, S.: Konfrontative Pädagogik als Risikoprävention. In: ZJJ 2/2012, S. 195 – 202.

Hinz, W.: Soziales Gebot oder „Lebenslüge"? Der Erziehungsgedanke bei der Jugendstrafe. In: Zeitschrift für Rechtspolitik 6/2005, S. 192 – 195.

Hirschbiegel, T.: So brutal raubte die Teenie-Gang am Jungfernstieg. In: Hamburger Morgenpost vom 05.02.2019, S. 8/9.

Ders.: Wie gefährlich ist der Jungfernstieg? In: Hamburger Morgenpost vom 03.01.2017, S. 2/3.

Hirtenlehner, H./Hiebinger, I.: Rückfallergebnisse eines gruppenorientierten Antigewalttrainings in der Bewährungshilfe – Befunde aus Österreich. In: ZJJ 1/2013, S. 57 – 64.

Hörster, R.: Pädagogisches Handeln. In: Krüger, H.-H./ Helsper, W. (Hrsg.): Einführung in Grundbegriffe und Grundfragen der Erziehungswissenschaft. Wiesbaden 2004, S. 35 – 43.

Hörster, R./Müller, T.: Zur Struktur sozialpädagogischer Kompetenz. Oder: Wo bleibt das Pädagogische der Sozialpädagogik? In: Combe, A./Helsper, W. (Hrsg.): Pädagogische Professionalität. Untersuchungen zum Typus pädagogischen Handelns. Frankfurt am Main 1996, S. 614 – 648.

Hoppe, O.: Vertrauen. In: Meyer, C./Tetzer, M./Rensch, K. (Hrsg.): Liebe und Freundschaft in der Sozialpädagogik. Personale Dimension professionellen Handelns. Wiesbaden 2009, S. 135 – 155.

Horeni, M./Grindel, R.: „Wir müssen die Spieler stärker sensibilisieren". In: Frankfurter Allgemeine Zeitung vom 27.06.2018, S. 35.

Hürter, T: Lebt das Denken vom Geist allein? In: Hohe Luft 6/2018, S. 50 – 53.

Hummelmeier, A.: Was ist wirklich interessant? In: Hestermann, T. (Hrsg.): Von Lichtgestalten und Dunkelmännern. Wiesbaden 2012, S. 79 – 86.

IKD Homepage: www.konfrontative-paedagogik.de. Stand 15.02.2019.

Jaeger, M.: Frankfurts mutige kleine Schwester. In: Frankfurter Allgemeine Zeitung vom 07.03.2019, S. 3.

Jantos, R.: Etwas mehr Respekt, bitte! In: Hannoversche Allgemeine Zeitung vom 10.04.2019, S. 12.

Joop, W./Prüfer, T.: Verführung und Vernichtung. In: Die Zeit 9/2019, S. 30.

Kähler, H.: Soziale Arbeit in Zwangskontexten. Wie unerwünschte Hilfe erfolgreich sein kann. München 2005.

Kermani, N: Wer ist Wir? Deutschland und seine Muslime. Bonn 2009.

Kilb, R.: Einladung zum Fachtag ‚Austausch zu Weiterentwicklungen Konfrontativer Pädagogik' in Mannheim am 02.03.2017.

Ders.: Weshalb und wozu „Konfrontative Pädagogik", AAT und CT? In: Kilb, R./Weidner, J./Gall, R. (Hrsg.): Konfrontative Pädagogik in der Schule. Weinheim und München 2009, S. 45 – 74.

Ders.: Der Einsatz konfrontativer Techniken bei Ablöseprozessen Jugendlicher in pädagogischen Maßnahmen und Einrichtungen. In: Weidner, J./Kilb, R. (Hrsg.): Konfrontative Pädagogik. Konfliktbearbeitung in Sozialer Arbeit und Erziehung. Wiesbaden 2004, S. 149 – 163.

Kilb, R./Weidner, J.: Einführung in die Konfrontative Pädagogik. München 2013.

Dies.: Hintergründe verstehen – Taten verurteilen – Täter konfrontieren: Das Anti-Aggressivitätstraining. In: Theorie und Praxis der Sozialen Arbeit 5/2001, S. 174 – 181.

King, V.: Pädagogische Generativität: Nähe, Distanz und Ambivalenz in professionellen Generationenbeziehungen. In: Dörr, M./Müller, B. (Hrsg.): Nähe und Distanz. Ein Spannungsfeld pädagogischer Professionalität. Weinheim und München 2007, S. 59 – 72.

Klapsa, K./Krauthausen, K.: „Jetzt entlädt sich der Frust an den behinderten Kindern". In: Die Welt vom 16.04.2019, S. 4.

Klatetzki, T.: Wie die Differenz von Nähe und Distanz Sinn in den Einrichtungen der Sozialen Arbeit stiftet. In: Dörr, M./Müller, B. (Hrsg.): Nähe und Distanz. Ein Spannungsfeld pädagogischer Professionalität. Weinheim und München 2007, S. 73 – 84.

Klug, W.: „Motivationsarbeit" – Theoretische Grundlagen und praktische Folgerungen der Motivationsarbeit in Zwangskontexten. In: Bewährungshilfe 4/2012, S. 325 – 344.

Köber, C./Habermas, T.: Erzähl dein Leben. In: Gehirn & Geist 01/2016, S. 26 – 31.

Köhler, D.: Behandlungsprogramme für jugendliche und heranwachsende Straftäter. In: Cornel, H./Kawamura-Reindl, G./Maelicke, B./Sonnen, B.-R. (Hrsg.): Resozialisierung. Baden-Baden 2009, S. 413 – 421.

Kohlenberg, K.: Der Feind in meinem Land. In: Die Zeit 44/2018, S. 10.

Koltermann, M./Hirschbiegel, T.: Soll der Protz-Star gefeuert werden? In: Hamburger Morgenpost vom 07.01.2019, S. 2/3.

Krüger, T.: Über das Studieren bei Herbert Colla. In: Sozialpädagogische Impulse 2/2016, S. 54/55.

Kunstreich, T.: antiGEWALTiges Training. In: Sozialextra Mai/Juni 2000, S. 35 – 39.

Landgericht Hamburg: Beschluss aus 2018.

Lamprecht, S. /Lange, C.: „Hängt sie höher, sperrt sie ein, weist sie aus!" In: Hamburger Morgenpost vom 09.11.2016, S. 10.

Lang, B./Toscani, O.: „Wenn andere Menschen nicht frei sind, bin ich es auch nicht." In: S. Magazin 4/2018, S. 16 – 18.

Lauermann, K.: Herbert E. Colla – 75 Jahre. In: Sozialpädagogische Impulse 2/2016, S. 36/37.

Lenz, S.: Lesebuch. Ausgewählt und mit einem Vorwort von Karl-Heinz Ott. Hamburg 2017.

Ders.: Bedenkenloser Entwurf eines ganz und gar idealen Verlags. In: Der Autor und sein Verlag. Zusammengestellt von Daniel Kampa. Hamburg 2015, S. 85 – 93.

Ders.: Die Sprache des Präsidenten. In: Gelegenheit zum Staunen. Herausgegeben von Heinrich Detering. Hamburg 2014, S. 166 – 173.

Ders.: Das Interview. In: Die Maske. Hamburg 2011, S. 105 – 123.

Leutner, C.: Praxisevaluation auf dem Prüfstand am Beispiel von Gewaltpräventionsprojekten. Köln 2010.

Mitzel, W.: „Der ganz normale Wahnsinn…?" Persönlichkeitsentwicklung und Identitätsbildung junger Menschen – Konsequenzen für die berufliche Praxis. In: ZJJ 4/2016, S. 417.

Motamedi, S.: Konfliktmanagement. Vom Konfliktvermeider zum Konfliktmanager. Offenbach 1999.

Müller, B.: Nähe, Distanz, Professionalität. In: Dörr, M. Müller, B. (Hrsg.): Nähe und Distanz. Weinheim und München 2007, S. 141-157.

Nohl, H.: Jugendwohlfahrt. Sozialpädagogische Vorträge. Leipzig 1927.

Oehmsen, S.: Elphi sehen – und gehen. In: Schleswig-Holstein am Wochenende 3/2019, S. 4 – 7.

Petry, J.: Behandlungsmotivation. Grundlagen und Anwendungen in der Suchttherapie. Weinheim 1993.

Plewig, H.-J.: Rezension: Handbuch Konfrontative Pädagogik.in: ZJJ 1/2013, S. 84 – 87.

Ders.: ,Konfrontative Pädagogik'. In: Dörr, M./Herz, B. (Hrsg.): „Unkulturen" in Bildung und Erziehung. Wiesbaden 2010, S. 151 – 168.

Ders.: „Konfrontative Pädagogik". In: Dollinger, B./Schmidt-Semisch, H. (Hrsg.): Handbuch Jugendkriminalität. Wiesbaden 2010, S. 427 – 439.

Ders.: Neue deutsche Härte – Die „Konfrontative Pädagogik" auf dem Prüfstand (Teil 1). In: ZJJ 4/2007, S. 363 – 369.

Preuß, R./Özuak, B.: „Mit Brutalität kann ich mir Respekt verschaffen." www.sueddeutsche.de, 31.03.2019.

Rehbein, C.: Einzel-AAT: Umgang mit einer neuen ambulanten Hilfe in Hamburg. In: standpunkt: sozial 3/2018, S. 99 – 103.

Reichart, E.: Was heißt hier RESPEKT? München 2015.

Reinhard, R./Vasek, T./Hürter, T.: Worauf wir bauen können. In: Hohe Luft 3/2017, S. 18 – 25.

Reinhard, U./Schorn, M.: „Die soziale Verarmung nimmt zu." In: Die Zeit 32/2018, S. H3.

Rödler, P.: Alternative zur ,Kusstherapie'? In: Behindertenpädagogik 4/2005, S. 343 – 355.

Rousseau, J.-J.: Émil oder: Über die Erziehung. Paderborn 1998.

Sadigh, P./Pfetsch, J.: Gewalt an Schulen: „Diese Kinder stecken im Ärger fest". www.zeit.de/gesellschaft/schule/ 2018-05/gewalt-schule-praevention-schutz/komplettansicht.

Santos-Stubbe, C. dos/Noyon, A.: Methoden der Gesprächsführung. In: Kilb, R./Peter, J. (Hrsg.): Methoden der Sozialen Arbeit in der Schule. München 2009, S. 159 – 170.

Schäfer, S. A.: Konfrontative Pädagogik und Anti-Aggressivitäts-Training: Licht in das Dunkel einer (schwarzen?) Pädagogik. In: Reinnickel, S. (Hrsg.): Erziehung krimineller Jugendlicher in kriminalpolitischen Institutionen. Wiesbaden 2011, S. 95 – 112.

Schawohl, H.: „Und was haben Sie noch immer gesagt: Respekt ist keine Einbahnstraße". In: standpunkt: sozial 3/2016, S. 100 – 104.

Ders.: Zur Kritik am Anti-Aggressivitäts-Training. Eine replizierende Betrachtung. Mönchengladbach 2014.

Ders.: Konzept Einzel-Anti-Aggressivitäts-Training (Einzel-AAT). Hamburg 2014.

Ders.: Kommunikation als motivationaler Faktor für die Arbeit mit gewaltbereiten Jugendlichen. Mönchengladbach 2013.

Ders.: Außerschulisches Anti-Aggressivitäts-Training für gewaltbereite sowie gewaltauffällige Jugendliche und junge Heranwachsende. In: Fingerle, M./Grumm, M. (Hrsg.): Prävention von Verhaltensauffälligkeiten bei Kindern und Jugendlichen. München 2012, S. 70 – 82.

Ders.: Kommunikation: Das Herzstück der Konfrontativen Pädagogik. In: standpunkt: sozial 1 + 2/2012, S. 163 – 167.

Ders.: Kommunikative Kompetenz im Kontext der Konfrontativen Pädagogik. In: Weidner, J./Kilb, R. (Hrsg.): Handbuch Konfrontative Pädagogik. Weinheim und München 2011, S. 157 – 166.

Ders.: Vom Behandlungszwang zur Freiwilligkeit. Göttingen 2009.

Ders.: Gewalt junger Täter und Opferleid. In: Soziale Arbeit 9/2006, S. 336 – 342.

Ders.: Das Anti-Aggressivitäts-/Coolness-Training® (AAT/CT). In: Soziale Arbeit 8/2005, S. 302 – 310.

Ders.: Das Anti-Aggressivitäts-Training (AAT) im Jugendstrafvollzug. In: Standpunkt: Sozial 2/2005, S. 78 – 83.

Ders.: Sprich mit ihnen von Mensch zu Mensch. In: unsere jugend 3/2004, S. 99 – 106.

Ders.: Konfrontation provoziert prosoziales Verhalten. Anti-Aggressivitäts-Training soll Jugendliche zur Biografie-Erweiterung motivieren. In: ZJJ 3/2003, S. 271 – 277.

Ders.: Von Glen Mills lernen. Vom Interventionsrecht zur Interventionserlaubnis im deutschen Anti-Aggressivitäts-Training. In: Colla, H. E./Scholz, C./Weidner, J. (Hrsg.): „Konfrontative Pädagogik": Das Glen Mills Experiment. Mönchengladbach 2001, S. 199 – 226.

Ders.: Diskussionsbeitrag. In: Martha Stiftung (Hrsg.): Gewalt in Institutionen. Dokumentation der Fachtagung im Sozialtherapeutischen Zentrum für Suchtkranke am 22.11.2001.

Schawohl, H./Weidner, J.: Konfrontative Pädagogik: it works! In: Sozial Extra 5/2014, S. 38 – 40.

Scheffel, A./Hill, J.: Hinfallen, wieder aufstehen. In: Süddeutsche Zeitung vom 07.03.2019, S. 10.

Schiefele, H.: Lernmotivation und Motivlernen. München 1974.

Schneider, K./Schmalt, H.-D.: Motivation. Stuttgart 2000.

Schmid, W.: Gegen die Betriebsblindheit. In: Psychologie Heute 09/2017, S. 34 – 38.

Schulz, R./Pflug, A.: „Ich habe ein Problem mit allen, die mich nicht respektieren". In: Hamburger Morgenpost vom 29.04.2019, S. 14/15.

Schwoon, D. R.: Motivationsbehandlung bei Alkoholkranken. In: Schwoon, D. R./Krausz, M. (Hrsg.): Suchtkranke: Das ungeliebte Kind der Psychiatrie. Stuttgart 1990, S. 166 – 181.

Sennett, R.: Erfolg im Zeitalter der Ungleichheit. Berlin 2002.

Sieland, B./Tarnowski, T.: Emotionskompetenz als Kernkompetenz für (Sozial-)Pädagogen und für ihre Schüler. In: Meyer, C./Tetzer, M./Rensch, K. (Hrsg.): Liebe und Freundschaft in der Sozialpädagogik. Personale Dimension professionellen Handelns. Wiesbaden 2009, S. 121 – 134.

Simon, T.: Wo Zuwendung nicht hilft, hilft Konfrontation? In: Sozialextra Juli/August 2006, S. 38 – 41.

Stimmer, F. (Hrsg): Lexikon der Sozialpädagogik und der Sozialarbeit. München 1996.

Tausch, R./Tausch, A.-M.: Erziehungspsychologie. Psychologische Prozesse in Erziehung und Unterricht. Göttingen 1973.

Taefi, A./Görgen, T./Kraus, B.: Jugendkriminalität und ihre Prävention. In: forum kriminalprävention 3/2013, S. 53 – 60.

Thiele, C./Lerner, H.: „Eine gute Entschuldigung stärkt die Beziehung". In: Psychologie Heute 11/2017, S. 28 – 32.

Thiersch, H.: Nähe und Distanz in der Sozialen Arbeit. In: Dörr, M./Müller, B. (Hrsg.): Nähe und Distanz. Ein Spannungsfeld pädagogischer Professionalität. Weinheim und München 2007, S. 29 – 45.

Ders.: Sozialarbeit zwischen Expertentum und Selbsthilfe. In: Kleiber, D./Rommelspacher, B. (Hrsg.): Die Zukunft des Helfens. Weinheim und München 1986, S. 241 – 263.

Ul-Haq, S.: „Islamisten tanzen uns auf der Nase herum". In: Hamburger Morgenpost vom 04.12.2018, S. 2/3.

Ullenboom, D.: Editorial. In: Sozial Extra 5/2014, S. 3.

Uslar, v., M.: In der Russenhocke. In: Die Zeit 19/2018, S. 42.

Vasek, T.: Energie des Lebens. In: Hohe Luft 2/2019, S. 40 – 45.

Vasek, T./Beckers, M.: Eine besondere Art des Miteinander. In: Hohe Luft 2/2019, S. 14 – 21.

Vollmers, B.: Streben, leben und bewegen. Kleiner Abriss der Motivationspsychologie. Göttingen 1999.

Wahba, A.: Straße der Glücksritter. In: Zeit-Magazin 19/2019, S. 14 – 27.

Walsh, M./Hausenberger, R./Krischker, S./Platten, G./ Rimer, S./Schmid, A.: Beziehungsarbeit im Rahmen einer Intensivbetreuung. In: ZJJ 3/2016, S. 242 – 246.

Walter, J.: Zwischen Erziehung und Strafe. Was kann Jugendstrafvollzug leisten? In: Brumlik, M. (Hrsg.): Ab nach Sibirien? Wie gefährlich ist unsere Jugend? Weinheim/Basel 2008, S. 154 – 183.

Weidner, J.: Vorwort. In: Schawohl, H.: Kommunikation als motivationaler Faktor für die Arbeit mit gewaltbereiten Jugendlichen. Mönchengladbach 2013, S. 5/6.

Ders.: Das Anti-Aggressivitäts-Training (AAT®) in der Konfrontativen Pädagogik. In: Weidner, J./Kilb, R. (Hrsg.): a.a.O. (2011), S. 13 – 29.

Ders.: Konfrontative Pädagogik: Erfreuliche Forschungsergebnisse und selbstkritische Neuorientierungen beim Anti-Aggressivitäts- und Coolness-Training (AAT/CT®). In: Dörr, M./Herz, B. (Hrsg.): „Unkulturen" in Bildung und Erziehung. Wiesbaden 2010, S. 71 – 85.

Ders.: Konfrontative Pädagogik (KP). Ein Plädoyer für eine gerade Linie mit Herz – auch im schulischen Alltag. In: Kilb, R./Weidner, J./Gall, R. (Hrsg.): Konfrontative Pädagogik in der Schule. Weinheim und München 2006, S. 29 – 43.

Ders.: Konfrontation mit Herz: Eckpfeiler eines neuen Trends in Sozialer Arbeit und Erziehungswissenschaft. In: Weidner, J./Kilb, R. (Hrsg.): a.a.O. (2004), S. 11 – 23.

Ders.: Anti-Aggressivitäts-Training für Gewalttäter. Bonn/Mönchengladbach 1997.

Weidner, J./Kilb, R. (Hrsg.): Handbuch Konfrontative Pädagogik. Weinheim und München 2011.

Dies.: Vorwort. In: a.a.O. (2011), S. 5 – 7.

Dies.: Einladung Kongress 20 Jahre AAT am 09.05.2008 in Mannheim.

Dies.: Konfrontative Pädagogik. Konfliktbearbeitung in Sozialer Arbeit und Erziehung. Wiesbaden 2004.

Dies.: Vorwort. In: a.a.O. (2004), S. 7/8.

Widulle, W.: Gesprächsführung in der Sozialen Arbeit. Wiesbaden 2011.

Winkler, M.: Die konkrete Theorie der Sozialpädagogik. In: Sozialpädagogische Impulse 2/2016, S. 46 – 50.

Ders.: Konfrontative Pädagogik: Unerträglich und doch bedenkenswert. In: Sozial Extra 5/2014, S. 50 – 53.

Ders.: Verliebt in das eigene Programm. In: Sozial Extra April 2003, S. 44 – 46.

Winter, S./Kugel, J.: Was müssen wir jetzt lernen? In: Hannoversche Allgemeine Zeitung vom 18.05.2019, S. 3.

Wintergerst, T.: Autorität und Regeln. Prinzipien funktionierender Teamarbeit. In: Sozialmagazin 2/2001, S. 25 – 32.

Wöller, W.: Auf den Therapeuten kommt es an! In: Psychologie Heute 07/2016, S. 62/63.

Wörterbuch der deutschen Sprache. Gütersloh/München 2004.

Zimbardo, P. G.: Psychologie. Augsburg 1995.